全国高等院校和职业院校经济与商务专业的选用教材

实用写作培训丛书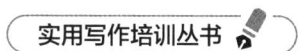

Copywriting Guide to Commercial paper writing

商务文书
写作指要【第二版】

陈星野　陈建中◎编著

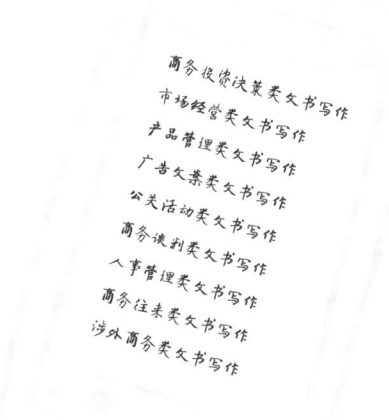

商务投资决策类文书写作
市场经营类文书写作
产品管理类文书写作
广告文案类文书写作
公关活动类文书写作
商务谈判类文书写作
人事管理类文书写作
商务往来类文书写作
涉外商务类文书写作

中国经济出版社
CHINA ECONOMIC PUBLISHING HOUSE

·北京·

图书在版编目（CIP）数据

商务文书写作指要/陈星野，陈建中编著 . —2 版 .
—北京：中国经济出版社，2020.3
ISBN 978-7-5136-5529-3

Ⅰ.①商… Ⅱ.①陈… ②陈… Ⅲ.①商务—应用文—写作 Ⅳ.①H152.3

中国版本图书馆 CIP 数据核字（2019）第 011682 号

责任编辑	陈 瑞
责任印制	马小宾
封面设计	任燕飞

出版发行	中国经济出版社
印 刷 者	北京力信诚印刷有限公司
经 销 者	各地新华书店
开 本	710mm×1000mm 1/16
印 张	25.25
字 数	414 千字
版 次	2020 年 3 月第 2 版
印 次	2020 年 3 月第 1 次
定 价	49.80 元

广告经营许可证 京西工商广字第 8179 号

中国经济出版社 网址 www.economyph.com 社址 北京市东城区安定门外大街 58 号 邮编 100011
本版图书如存在印装质量问题，请与本社销售中心联系调换（联系电话：010-57512564）

版权所有 盗版必究（举报电话：010-57512600）
国家版权局反盗版举报中心（举报电话：12390） 服务热线：010-57512564

再版前言

《商务文书写作指要》出版以来,深受广大读者朋友欢迎。该书作为全国高等院校和职业院校经济与商务专业的选用教材,受到广大师生、各级政府经济与商务管理部门以及商业系统和商业企业实际工作者的普遍认同和好评。本书坚持理论与实际相结合,为广大商务管理人员和实际工作者解决商务活动中出现的实际问题以及商务交往中的文案文件写作,提供了理论指导与范文示例,对于推动我国国际国内商务交往与交易活动,促进对内对外贸易发展,都有着积极的理论与实践指导意义。

作为高等经济院校商务专业教材,本书对于培养实践型商务专业人才具有一定的示范作用。传统商业理论教材多偏重于商务基础理论知识的培养与教育,但缺少实际应用和实际操作能力的培养。本书采用理论与实际相结合的方式,在编写体例上,既有关于商务文书写作的基本理论知识和写作要领,又有与实际问题和实际工作紧密联系的范文示例,把理论传授与实际写作结合起来,对培养学生的动手写作能力和实际操作水平具有明显的效果。

本书也为各级政府经济和商务管理部门管理人员提供了有益的参考。随着我国改革开放的深入发展,进一步扩大了国际、国内的商务合作与商贸交往活动,为了解决商务交往活动中出现的各种实际问题,加强贸易双方的商务往来和科学管理,加深相互了解和深化合作,科学规范的商务文书写作就显得愈益重要,本书则为政府有关部门科学管理商务活动,增进交流合作提供了指导。

本书还为我国商贸系统及商业企业工作人员提高商务文书写作水平,加强双方贸易交流与合作提供了具体的示范文本和工具书指导。随着国际国内商贸交往交易活动的深入扩大,正确处理商贸纠纷,加强贸易合作,熟练掌握商务文书写作显得尤为重要,其在商务交往活动中已显得须臾不可缺少，也成为现代商贸工作者一项必备的基本职业素养与素质。

应广大商务管理与商贸工作人员的具体要求，我们在该书再版之际，对全书进行了系统全面的修订与修改，归纳起来，主要进行了以下改动：

1. 习近平总书记在党的十九大报告中提出，当前我国社会的主要矛盾，已经转化为人民日益增长的美好生活需要和不平衡不充分发展的矛盾。所谓发展不平衡，既有经济部门之间不平衡，如一、二、三产业发展不协调问题；又有区域发展不平衡，如城乡发展、东西部发展、发达地区与落后地区发展不平衡问题；还有需求与供给之间的结构不平衡问题。所谓发展不充分，既有质量问题，又有结构问题；既有公平问题，又有效率问题；既有创新能力不足问题，又有发展动能减弱问题；既有收入分配不公问题，又有贫富分化问题；既有经济活力下降问题，又有经济增速放缓问题等。根据十九大报告精神，我们对部分涉及内容进行了修改调整。

2. 党中央与国务院提出了全面深化改革进入深水区，并进一步简政放权，下放和废除了大批不合理与过时的法规文件和审批规章制度，深入推动供给侧结构性改革，国家政策变化引起经济形势发生变化。我们对原书中涉及一些已经下放和废除的规章制度也进行了修改。如商业企业人力资源管理涉及有关职工休假制度中，关于晚婚晚育、独生子女津贴等都进行了适当修改。

3. 随着电子商务等新型商业业态的迅猛发展，商业流通领域出现了新的变化与趋势，如淘宝网店的开设，电子商务对传统实体店的冲击等，书中对此也进行了适当的修改，以适应电子商务与新型业态的发展。

4. 全书对原来引用的比较陈旧的资料和数据都进行了修订和改动，重新引用了近年来经济发展的最新数据与资料，如人口计划生育放开二胎政策后，2017年我国新生人口约为1723万人，其中头胎为53%左右，二胎为47%左右。文中对于由此引起的经济发展变化进一步进行了修订修改。

5. 全书还对一些疏漏、错误及语言文字进行了修改。

尽管我们对全书进行了大量修改，但难免仍然会存在不少错误与缺点，希望广大读者朋友批评指正，并有待在以后的再版中进一步修订。

作者于北京

2019年10月9日

前　言

随着经济社会的不断发展,商务活动越来越频繁,商务文书的使用频率也日益增加。如何撰写商务文书,不仅是专业商务工作者的职责,也是很多人工作的一部分。商务文书到底有多重要? 对此,《福布斯》杂志的创始人——马尔克姆·福布斯曾经这样说道:"一封好的商务信函,可以让你得到一次面试的机会,帮助你摆脱困境,或者为你带来财富。"

鉴于此,为了让更多的读者了解和掌握商务文书的写作知识,并能够灵活运用这种文体,我们特此精心编写了这本《商务文书写作指要》,以便为广大读者提供帮助和借鉴。

在撰写本书的过程中,我们力求构建一个全面的商务公文写作体系,将工作生活中涉及商务活动的多方面公文类型进行介绍,如商务投资决策、市场经营、产品管理、广告文案策划、商务谈判、人力资源管理、工商税务等,这些工作领域中,免不了经常要与商务文书打交道,我们精心选取这些内容,正是为了给读者提供切实可行的帮助。

此书在正文结构与编写体例的设置上,分为参考范文和写作要领两部分。在参考范文部分,编者考虑到不同层次、不同领域的读者需求,努力做到同一文种每一个小项都有一则例文,每一个层次都有一则例文。所选的例文较为新颖,且与实际工作联系紧密;在写作要领部分,我们吸收了商务公文写作领域最新的研究成果,介绍了每种公文的主要特点,以及写作时的注意事项,让读者一目了然,极具实用价值。

商务公文在行文格式和文体要求上,可以参照国际惯例或国家行政机关公文格式。一般来说,标题可采用宋体,正文可采用仿宋。由于考虑篇幅有限,以及出版要求和美观等方面的因素,本书排版均采用了教材所适用的字体、字号,与实际使用中的公文格式有所区别,敬请读者见谅。在实际运用过程中,读者应参照正规行文标准和具体需要来做出选择。

需要说明的是，本书在编写过程中，参考了不少专家的研究成果，采纳了部分书籍和文献资料，并将参考文献以附录形式分列在书后。在采纳和引用的资料中对涉及的具体单位名称或个人名称都做了相关处理，以避免产生争议。在此作者特意向他们致以诚挚的谢意。此外，书中如有疏漏或行文不当之处，还望予以谅解。

2012年4月

目 录

第一章 商务投资决策类文书写作

第一节 投资建议书 ……………………………………………… 002
参考范文 …………………………………………………………… 002
【范例1】工程项目投资建议书 …………………………………… 002
【范例2】加工项目投资建议书 …………………………………… 004
写作要领 …………………………………………………………… 007

第二节 投资申请书 ……………………………………………… 008
参考范文 …………………………………………………………… 008
【范例1】生产技术改造投资申请书 ……………………………… 008
【范例2】游乐园项目投资申请书 ………………………………… 009
写作要领 …………………………………………………………… 011

第三节 可行性研究报告 ………………………………………… 012
参考范文 …………………………………………………………… 012
【范例1】项目开发可行性研究报告 ……………………………… 012
【范例2】项目扩建可行性研究报告 ……………………………… 014
【范例3】项目合作可行性研究报告 ……………………………… 018
写作要领 …………………………………………………………… 019

第四节 投资价值分析报告 ……………………………………… 020
参考范文 …………………………………………………………… 020
【范例1】加油站投资价值分析报告 ……………………………… 020
【范例2】小水电站投资价值分析报告 …………………………… 023

写作要领 ·· 024

第五节　投资前景预测报告 ·································· 026
　　　参考范文 ·· 026
　　　【范例1】玻璃行业投资前景预测报告 ················· 026
　　　【范例2】饰品连锁店投资前景预测报告 ··············· 027
　　　写作要领 ·· 029

第六节　投资风险分析报告 ···································· 030
　　　参考范文 ·· 030
　　　【范例1】亲子服装店项目投资分析 ···················· 030
　　　【范例2】大豆产业投资风险分析 ······················· 031
　　　【范例3】淘宝开店投资风险分析 ······················· 033
　　　写作要领 ·· 034

第七节　项目引进预测与实施报告 ··························· 035
　　　参考范文 ·· 035
　　　【范例1】引进项目预测报告 ···························· 035
　　　【范例2】ERP项目实施报告 ···························· 036
　　　写作要领 ·· 039

第二章　市场经营类文书写作

第一节　经营计划书 ·· 042
　　　参考范文 ·· 042
　　　【范例1】公司年度经营计划书 ························· 042
　　　【范例2】连锁快餐店经营计划书 ······················· 044
　　　写作要领 ·· 046

第二节　销售计划书 ·· 047
　　　参考范文 ·· 047
　　　【范例1】年度销售计划书 ······························ 047
　　　【范例2】产品销售计划书 ······························ 051

【范例3】个人销售计划书 ·· 052
　　　写作要领 ··· 054
第三节　市场调研计划书 ·· 055
　　参考范文 ··· 055
　　【范例1】护肤霜市场调研计划书 ·· 055
　　【范例2】啤酒市场研究计划书 ·· 057
　　　写作要领 ··· 060

第四节　市场调查报告 ··· 062
　　参考范文 ··· 062
　　【范例1】洗衣机市场调查报告 ·· 062
　　【范例2】家用空调市场调查报告 ·· 065
　　【范例3】施工人员伤残保险市场调查报告 ································ 068
　　　写作要领 ··· 070

第五节　市场推广方案 ··· 072
　　参考范文 ··· 072
　　【范例1】装饰市场推广方案 ·· 072
　　【范例2】地产市场推广方案 ·· 074
　　　写作要领 ··· 078

第六节　促销活动方案 ··· 079
　　参考范文 ··· 079
　　【范例1】商场店庆促销方案 ·· 079
　　【范例2】节日商品促销方案 ·· 083
　　【范例3】社区现场促销方案 ·· 086
　　　写作要领 ··· 089

第七节　会议营销策划案 ·· 091
　　参考范文 ··· 091
　　【范例1】房地产会议营销策划案 ·· 091
　　【范例2】月饼展销会营销策划案 ·· 093

【范例3】旅游营销联谊会策划案 …………………………………… 095
　　　写作要领 ………………………………………………………… 096

第八节　品牌营销策划案 …………………………………………… 098
　　　参考范文 ………………………………………………………… 098
　　【范例1】化妆品品牌营销策划案 …………………………………… 098
　　【范例2】休闲食品品牌营销策划案 ………………………………… 106
　　　写作要领 ………………………………………………………… 109

第三章　产品管理类文书写作

第一节　产品市场定位报告 ………………………………………… 112
　　　参考范文 ………………………………………………………… 112
　　【范例1】某轿车的市场定位 ………………………………………… 112
　　【范例2】某咖啡店的市场定位 ……………………………………… 114
　　　写作要领 ………………………………………………………… 115

第二节　产品定位说明报告 ………………………………………… 116
　　　参考范文 ………………………………………………………… 116
　　【范例1】保健品产品定位 …………………………………………… 116
　　【范例2】服装产品定位 ……………………………………………… 118
　　　写作要领 ………………………………………………………… 119

第三节　新产品开发计划书 ………………………………………… 120
　　　参考范文 ………………………………………………………… 120
　　【范例1】家电新产品开发计划书 …………………………………… 120
　　【范例2】新型晾衣架开发计划书 …………………………………… 125
　　　写作要领 ………………………………………………………… 127

第四节　产品说明书 …………………………………………………… 128
　　　参考范文 ………………………………………………………… 128
　　【范例1】产品介绍说明书 …………………………………………… 128
　　【范例2】产品使用说明书 …………………………………………… 129

写作要领 ·· 131

第五节　产品推介书 ·· 133
　　　参考范文 ·· 133
　　【范例1】电子产品推介书 ·· 133
　　【范例2】杂志媒体推介书 ·· 135
　　　写作要领 ·· 137

第六节　新产品推广宣传策划书 ·· 138
　　　参考范文 ·· 138
　　【范例1】某品牌牛奶推广宣传策划书 ·· 138
　　【范例2】某红酒推广宣传策划书 ·· 140
　　　写作要领 ·· 145

第七节　产品售后服务书 ·· 146
　　　参考范文 ·· 146
　　【范例1】某公司产品售后服务书 ·· 146
　　【范例2】离合器售后服务说明书 ·· 147
　　　写作要领 ·· 149

第四章　广告文案类文书写作

第一节　广告策划书 ·· 152
　　　参考范文 ·· 152
　　【范例1】男性化妆品广告策划书 ·· 152
　　【范例2】××手机广告策划书 ·· 156
　　【范例3】豆奶品牌广告策划书 ·· 163
　　　写作要领 ·· 167

第二节　广告文案 ·· 170
　　　参考范文 ·· 170
　　【范例1】香水电视广告文案 ·· 170
　　【范例2】轿车报纸广告文案 ·· 171

写作要领 …………………………………………………… 172

第三节　广告创意策划文案 …………………………………… 174

参考范文 …………………………………………………… 174

【范例1】汽车广告创意策划文案 ………………………… 174

【范例2】服装广告创意策划文案 ………………………… 176

写作要领 …………………………………………………… 178

第四节　促销活动广告文案 ……………………………………… 179

参考范文 …………………………………………………… 179

【范例1】产品赠送促销广告文案 ………………………… 179

【范例2】抽奖活动促销广告文案 ………………………… 179

【范例3】价格折扣促销广告文案 ………………………… 183

【范例4】有奖竞赛促销广告文案 ………………………… 184

写作要领 …………………………………………………… 184

第五节　展销订货广告文案 ……………………………………… 185

参考范文 …………………………………………………… 185

【范例1】迎春供货会广告 ………………………………… 185

【范例2】秋季钓具展销订货会 …………………………… 186

写作要领 …………………………………………………… 187

第六节　启事类广告文案 ………………………………………… 188

参考范文 …………………………………………………… 188

【范例1】商城招商启事 …………………………………… 188

【范例2】合资办厂启事 …………………………………… 189

【范例3】邀请中外企业家聚会启事 ……………………… 189

写作要领 …………………………………………………… 190

第七节　征订类广告文案 ………………………………………… 190

参考范文 …………………………………………………… 190

【范例1】书籍团购征订广告 ……………………………… 190

【范例2】文学杂志征订广告 ……………………………… 191

写作要领 ·············· 192

第五章　公关活动类文书写作

第一节　新闻发布会文案 ·············· 196
　　　参考范文 ·············· 196
　　【范例1】公益救助活动新闻发布会 ·············· 196
　　【范例2】商场周年庆典新闻发布会 ·············· 197
　　　写作要领 ·············· 199

第二节　新闻策划文案 ·············· 200
　　　参考范文 ·············· 200
　　【范例】美国鸽子事件 ·············· 200
　　　写作要领 ·············· 202

第三节　专题报道策划文案 ·············· 203
　　　参考范文 ·············· 203
　　【范例】房地产专题报告策划书 ·············· 203
　　　写作要领 ·············· 204

第四节　文化主题活动策划文案 ·············· 205
　　　参考范文 ·············· 205
　　【范例】某楼盘茶文化公关活动策划案 ·············· 205
　　　写作要领 ·············· 207

第五节　演出活动策划文案 ·············· 208
　　　参考范文 ·············· 208
　　【范例1】劳动节文艺演出活动策划 ·············· 208
　　【范例2】银行文艺演出活动策划书 ·············· 210
　　　写作要领 ·············· 213

第六节　联谊活动策划文案 ·············· 213
　　　参考范文 ·············· 213
　　【范例1】客户联谊会活动策划案一 ·············· 213

【范例2】客户联谊会活动策划案二 ················ 215
　　✏ 写作要领 ················ 220

第六章　商务谈判类文书写作

第一节　商务谈判方案 ················ 222
　　📖 参考范文 ················ 222
　　【范例1】延迟交货索赔问题谈判方案 ················ 222
　　【范例2】引进产品及技术问题谈判方案 ················ 225
　　【范例3】业务洽谈合作谈判方案 ················ 227
　　✏ 写作要领 ················ 229

第二节　商务接待方案 ················ 229
　　📖 参考范文 ················ 229
　　【范例】洽谈业务的接待方案 ················ 229
　　✏ 写作要领 ················ 230

第三节　商务谈判纪要 ················ 231
　　📖 参考范文 ················ 231
　　【范例1】补偿贸易谈判纪要 ················ 231
　　【范例2】业务洽谈纪要 ················ 232
　　✏ 写作要领 ················ 233

第四节　商务谈判备忘录 ················ 233
　　📖 参考范文 ················ 233
　　【范例1】项目合资谈判备忘录 ················ 233
　　【范例2】技术引进谈判备忘录 ················ 234
　　✏ 写作要领 ················ 235

第五节　商务谈判合作意向书 ················ 236
　　📖 参考范文 ················ 236
　　【范例1】地产项目合作意向书 ················ 236
　　【范例2】合资生产产品意向书 ················ 238

　　　　写作要领 ·· 239

第六节　商务谈判合同书 ·· 241

　　　　参考范文 ·· 241

　　　　【范例1】商务合作合同 ································· 241

　　　　【范例2】商务采购合同 ································· 243

　　　　【范例3】商务长期合作合同 ····························· 245

　　　　写作要领 ·· 247

第七章　人事管理类文书写作

第一节　人力招聘计划文案 ·· 250

　　　　参考范文 ·· 250

　　　　【范例1】招聘工作计划 ································· 250

　　　　【范例2】招聘工作规程 ································· 252

　　　　【范例3】招聘广告文案 ································· 254

　　　　写作要领 ·· 256

第二节　人力招聘面试及笔试文案 ·································· 258

　　　　参考范文 ·· 258

　　　　【范例1】员工招聘面试工作的规程 ······················· 258

　　　　【范例2】员工招聘工作中笔试办法 ······················· 261

　　　　写作要领 ·· 262

第三节　人力招聘正式书面通知文案 ································ 263

　　　　参考范文 ·· 263

　　　　【范例1】面试通知书 ··································· 263

　　　　【范例2】录用通知书 ··································· 263

　　　　【范例3】企业聘任书 ··································· 264

　　　　写作要领 ·· 264

第四节　员工培训管理方案 ·· 265

　　　　参考范文 ·· 265

【范例1】集团营销培训策划案 ·················· 265
【范例2】公司的人才培养与发展策略 ·················· 269
【范例3】员工教育培训实施办法 ·················· 270
【范例4】员工培训制度的编制 ·················· 272
写作要领 ·················· 275

第五节 公司薪酬管理计划书 ·················· 277
参考范文 ·················· 277
【范例1】公司薪酬管理制度 ·················· 277
【范例2】营销人员薪酬管理 ·················· 281
【范例3】员工工资调整调查 ·················· 283
写作要领 ·················· 286

第六节 员工激励计划书 ·················· 287
参考范文 ·················· 287
【范例】公司员工激励策划书 ·················· 287
写作要领 ·················· 288

第七节 员工考勤管理制度 ·················· 289
参考范文 ·················· 289
【范例】职工考勤实施细则 ·················· 289
写作要领 ·················· 292

第八节 员工奖惩规定 ·················· 293
参考范文 ·················· 293
【范例】职工奖惩条例 ·················· 293
写作要领 ·················· 296

第九节 员工测评与考核策划方案 ·················· 297
参考范文 ·················· 297
【范例】公司员工测评和考核实施方案 ·················· 297
写作要领 ·················· 300

第八章　商务往来类文书写作

第一节　询价函 ······ 302
- 参考范文 ······ 302
- 【范例1】机动车采购询价函 ······ 302
- 【范例2】茶叶采购询价函 ······ 303
- 写作要领 ······ 303

第二节　回复询购函 ······ 304
- 参考范文 ······ 304
- 【范例】回复询购函 ······ 304
- 写作要领 ······ 305

第三节　报价函 ······ 306
- 参考范文 ······ 306
- 【范例1】常用报价函 ······ 306
- 【范例2】主动报价函 ······ 307
- 【范例3】要价报价函 ······ 307
- 写作要领 ······ 308

第四节　回复报价函 ······ 309
- 参考范文 ······ 309
- 【范例】回复报价函 ······ 309
- 写作要领 ······ 310

第五节　还价函 ······ 310
- 参考范文 ······ 310
- 【范例1】还价函一 ······ 310
- 【范例2】还价函二 ······ 311
- 写作要领 ······ 311

第六节　确认订购函 ······ 312
- 参考范文 ······ 312

【范例1】确认订购函一 ·················· 312
【范例2】确认订购函二 ·················· 312
　　写作要领 ························ 313

第七节　成交函 ····················· 314
　　参考范文 ························ 314
【范例】成交函 ······················· 314
　　写作要领 ························ 314

第八节　催款函 ····················· 316
　　参考范文 ························ 316
【范例1】索取逾期账款 ·················· 316
【范例2】逾期借款催收函 ················· 316
　　写作要领 ························ 317

第九节　投诉处理函 ··················· 319
　　参考范文 ························ 319
【范例1】投诉处理函一 ·················· 319
【范例2】投诉处理函二 ·················· 319
【范例3】投诉处理函三 ·················· 320
　　写作要领 ························ 320

第十节　索赔书 ····················· 321
　　参考范文 ························ 321
【范例1】质量不符索赔函 ················· 321
【范例2】品质不符索赔函 ················· 322
　　写作要领 ························ 323

第十一节　理赔书 ···················· 324
　　参考范文 ························ 324
【范例1】质量不符理赔函一 ················ 324
【范例2】质量不符理赔函二 ················ 324
　　写作要领 ························ 325

第十二节　道歉函 …… 326
　　参考范文 …… 326
　　【范例1】商业道歉函 …… 326
　　【范例2】难以供货道歉函 …… 327
　　【范例3】延期供货道歉函 …… 328
　　【范例4】误发货物道歉函 …… 328
　　写作要领 …… 329

第九章　涉外商务类文书写作

第一节　中外合资企业项目建议书 …… 332
　　参考范文 …… 332
　　【范例1】筹建合资企业项目建议书 …… 332
　　【范例2】中外合资大蒜深加工项目建议书 …… 334
　　写作要领 …… 335

第二节　中外合资协议书 …… 336
　　参考范文 …… 336
　　【范例】中外合资企业协议书 …… 336
　　写作要领 …… 337

第三节　中外合资企业章程 …… 338
　　参考范文 …… 338
　　【范例】合营有限责任公司章程 …… 338
　　写作要领 …… 346

第四节　经济合作意向书 …… 347
　　参考范文 …… 347
　　【范例1】合资新建工厂意向书 …… 347
　　【范例2】产品经济合作意向书 …… 349
　　【范例3】经济联营意向书 …… 350
　　写作要领 …… 353

013

第五节　国际商情调研报告 ·············· 354
　　参考范文 ·············· 354
　　【范例1】瑞士钟表市场调研报告 ·············· 354
　　【范例2】连锁经营市场调研报告 ·············· 356
　　【范例3】北欧纺织品市场调研报告 ·············· 359
　　写作要领 ·············· 360

第六节　涉外商务谈判方案 ·············· 365
　　参考范文 ·············· 365
　　【范例1】关于引进××公司矿用汽车的谈判方案 ·············· 365
　　【范例2】涉外合资商务谈判方案 ·············· 367
　　写作要领 ·············· 368

第七节　出口商品价格方案 ·············· 369
　　参考范文 ·············· 369
　　【范例1】日用品出口价格方案 ·············· 369
　　【范例2】食品出口价格方案 ·············· 370
　　写作要领 ·············· 371

第八节　涉外贸易协议书 ·············· 372
　　参考范文 ·············· 372
　　【范例1】贸易仲裁协议 ·············· 372
　　【范例2】贸易代理协议书 ·············· 373
　　写作要领 ·············· 378

第九节　国际商务谈判纪要 ·············· 379
　　参考范文 ·············· 379
　　【范例】国际商务谈判纪要 ·············· 379
　　写作要领 ·············· 381

参考文献 ·············· 382

第一章

商务投资决策类文书写作

第一节　投资建议书

 参考范文

【范例1】工程项目投资建议书

饮水工程项目投资建议书

一、饮水工程项目建议书概况

××地处××沿线(×××省道)边上,交通较为便利,该村气候温和,四季分明,降雨充沛,属亚热带季风气候,该村共有32户127口人,粮食产量仅供自给,经济收入主要来自林、茶,由于人均拥有量偏低和林、茶初级产品市场价格的下降,以及产业结构布局不合理和调整未跟上,导致近年来村民实际生活水平不断下降,多数青壮年外出打工糊口,多数村民生活水平不高。

为了尽快改变该村贫穷落后的面貌,切实提高该村人民的生活水平,同时也为了满足村民们的殷切期望,我们建议在该村修建一饮水工程。目前,村民们用水主要靠到村边小溪挑水,人畜共用,既不方便,也不卫生,容易引起病毒传染,并且该自然村四面环山,环境优美,存在可接引入村的洁净水源。因此,修建饮水工程可充分地利用当地的自然资源,为村民造福。

二、饮水工程项目建设内容与规模

××村有32户127口人,根据水源流量及用水量,经实地勘察计算,我们确定了1个取水点,并按到户水头5~10米计算,分别确定蓄水池海拔高度,利用山区特有的水流落差来实现自来水的自流供给,无须消耗额外能源。

据初步测算,考虑水源承受能力及便于管理,127人按每人0.1立方米蓄水量确定水池容量,并预留出一定的容量,考虑修建内尺寸为2.5m×3m×2m=15立方米的蓄水池为宜,水池采用150号混凝土现场浇筑,边墙厚度为80cm,底板厚度为50cm,则该蓄水池约需150号混凝土48立方米,池盖厚20cm,池盖需200号钢筋混凝土5立方米,该取水点距供水点平均距离约4000米,共需150号混凝土15立方米,池盖200号钢筋混凝土共需2.2立方米。

三、投资估算与资金筹措方案

建池所需的150号混凝土按照180元/立方米计算,池盖钢筋混凝土按250元/立方米计算,建水池共需资金3250元。根据供水流量及压力,蓄水池引水干线采用直径12cm钢管,总长度为2000米,购置及安装费用需80000元。

村中采用直径为8cm的塑料引水管作二级引水管道,全村共需引水管400米,购置及安装费用需2000元,到户自来水管采用直径为2cm的塑料引水管,按每户平均20米计算,共需640米,购置及安装费用需960元,总计塑料引水管购置及安装费用为2960元。

按每户两个水龙头、一个洗衣台计算,共需水龙头64个,计价192元,洗衣台面32个,单位造价为80元,需投入2560元。

综上所述,该工程共需投入88962元。

目前,乡政府财政吃紧,资金难以筹集,发动干部捐资及压缩开支,最多也只能挤出1万元投入该工程;按每户集资100元计算,也只能筹集3200元,资金缺口为75762元,须请求上级有关部门予以解决,该工程方能顺利启动。

四、饮水工程项目效益分析

该工程无直接经济效益,但与改善当地人民生活密切相关,是一项提高人民生活水平的基础工程,也是一项民心工程、德政工程,它产生的社会效益将是巨大而长远的。每年可按户收取20元左右管护费用,用于聘请专人进行管护,以保证该工程长期而稳定地发挥效益。

该项目意见妥否,敬请上级部门予以考察与采纳。

五、饮水工程项目建议书附件(略)

××乡政府

二○××年××月××日

【范例2】加工项目投资建议书

铝合金加工材料项目投资建议书

一、项目技术状况与产业化基础

热交换器是对汽车热交换器和民用空调的总称。热交换器铝合金材料在本项目中包括两大类材料：一是汽车热交换器用三层复合铝合金材料；二是民用空调亲水性涂层铝合金散热翅片。

汽车热交换器用三层复合铝合金材料是制造水箱散热器、汽车空调的冷凝器、蒸发器、中冷器、暖风机等部件的关键材料，也是国际上自20世纪80年代后发展起来的高性能铝合金新材料。该类材料包含铝合金5个系列（1×××、3×××、4×××、6×××、7×××系列），10余种牌号，形成了16种牌号的三层复合铝合金材料。

民用空调铝合金散热翅片是影响空调热交换效率的关键材料，通常是在1×××系铝合金箔材表面进行亲水性涂层处理技术，以提高铝箔的耐蚀性能和热传导性能。

1. 产品用途和性能。

汽车热交换器用三层复合铝合金材料，主要用于制造汽车两大冷却系统的关键部件——水箱散热器和汽车空调器。散热片和水箱高频焊管坯料通常是用三层复合铝合金带材，呈卷料供货；侧板和端头使用复合板。

复合带常用的芯材是 Al-Mn 系合金，包覆层（皮材）Ai-Si 系合金，包覆率在10%左右，芯材和皮材在热轧机上经高温、高压焊合在一起。双面包覆钎焊料的复合带材具有良好的加工性能和钎焊性能，其最大的优点在于，钎焊时无须再施加焊料，从而简化了水箱散热器、冷凝器和蒸发器的制造工艺，减低了生产成本，为汽车铝制散热器的普及创造了条件。

2. 技术特点。

汽车热交换器用三层复合铝合金材料的工艺技术特点是采用轧制复合工艺，在3×××系防锈铝的双面包覆上4×××系铝合金钎焊料，在热轧机上经高温、高压焊合轧制在一起，随后冷轧至成品，这一生产工艺技术难度很大，在国内铝加工业属首创。目前，只有少数几个工业发达国家拥有该材料的成熟生产技术。

民用空调亲水涂层铝箔的工艺技术特点是采用双涂双烘的先进生产工艺,在1×××系铝箔上,双面涂覆两层有机或无机防腐层和亲水层,达到耐蚀和防水珠在散热翅片上搭桥而影响热交换频率的目的。这一先进工艺技术是国际上近10年来开发成熟的技术,亲水涂料大多采用日本、意大利进口解决,国产涂料仍在研制开发阶段。

3. 技术先进性。

汽车热交换器用三层复合铝合金材料是国际上铝加工业公认的高技术产品。该产品生产工艺比较复杂,合金成分涉及范围广,热轧复合、包覆率控制、热轧—冷轧板形控制以及剪切精度等是生产的关键。

××大学汽车材料研究所对三层复合铝合金箔的生产技术进行了全面的研究开发,在基础理论和工艺研究上取得了创新性的科研成果,为生产汽车热交换器铝合金复合带箔提供了可靠的技术保证。该成果在基础理论研究方面获得多项创新,其技术内涵包括九大关键技术:

(1)芯材与皮材的成分调整与控制;

(2)复合轧制前的表面预处理;

(3)芯材与皮材的复合工艺与包覆率的控制;

(4)加工工艺参数的优化与控制;

(5)芯材与皮材界面组织的控制;

(6)成品的最佳综合性能控制;

(7)成品状态及尺寸公差精度控制;

(8)复合箔性能检测技术;

(9)复合箔废料回收与再利用。

三层复合铝合金材料产品性能与××大学产品达到的实际水平。(表略)

××××年××月××日由××计委、科委组织对本项目进行了科学技术成果鉴定,并颁发了××号《科学技术成果鉴定证书》。××××年通过了国家攻关项目验收与鉴定,××××年申报了国家科技成果奖励。

专家鉴定意见认为:"研制的汽车热交换器用三层复合铝合金带材,其性能达到了国外同类产品先进技术性能指标;丰富了该学科的理论内容,有较高学术价值……该成果具有国际先进水平。"

4. 产业化基础。

××大学汽车材料研究所于××××年与××计委签订了汽车热交换器用铝合金材料技术开发的项目专题合同,组织了长期从事铝合金材料研究和开发的专家、教授、研究人员组成的科研队伍,发挥了人才、知识、基础理论研究和测试检测方面的优势,全面地完成了专题合同要求的任务。×××年,该项目作为国家重点项目,为进一步全面、系统、深入研究汽车热交换器用三层复合铝合金带材提供了有利条件,其技术性能达到了国外同类产品的先进指标,确定了铝合金带材生产的工艺流程和工艺规范,在产品系列化方面做了大量的工作。至今,通过×年多的研制与开发,历经了小试、中试和工业化试验,已具备了成果产业化的技术条件,表明我国已拥有独立知识产权的三层复合铝合金材料的全部生产技术。

至今已累计生产复合带3000余吨,应用于国内20余家汽车空调和散热器制造厂家,已与国内外轻、微型车部分配套,共计生产各类散热交换器60余万(台)套,从而得到了国内多家用户的好评与支持,为汽车热交换器用铝合金复合箔的工业化生产打下了坚实基础。

二、市场需求分析

1. 项目产品特色(略)。

2. 国内外同类产品市场状况(略)。

3. 本产品的市场分析。

(1)三层复合铝合金带材市场分析(略);

(2)民用空调铝带箔市场前景分析(略)。

三、项目经济效益和社会效益分析

1. 产品方案(略)。

2. 项目投资估算(略)。

3. 生产成本与销售收入(略)。

4. 财务分析(略)。

5. 社会效益(略)。

综上所述,本项目建设能带来一系列的重大经济效益和社会效益,因此,创造我国热交换器用铝材专业生产基地,加速我国汽车热交换器等专用铝合金材料的研究、开发和规模生产至关重要,尽快实现其国产化,可推动铝加工行业的技术进步,提高我国铝加工技术水平,缩短与发达国家的差距,使我国铝材品种、质量和档次朝高技术、高起点方向发展,解决国家的重大需求,其战略意义十分深远。

四、项目合作方式

技术成果转让或股权融资以及其他商定的合作方式。

××××
二〇××年××月××日

 写作要领

一、投资建议书的写作格式

投资建议书通常由标题、正文和落款三部分构成。

1. 标题。标题通常为"项目名称+项目投资建议书"组成。

2. 正文。投资建议书的正文部分,应当包括以下几方面的内容:

(1)拟建项目的意义;

(2)市场需求预测;

(3)项目建设方案;

(4)相关配套安排;

(5)项目预计进度;

(6)项目投资金额及筹措来源;

(7)技术经济评价分析。

3. 落款。

(1)编制提报单位署名盖章;

(2)相关附件,如合资各方的意向书,关于外商资信情况的调查报告等。

第二节　投资申请书

参考范文

【范例1】生产技术改造投资申请书

关于××公司增加生产能力进行技术改造的申请

××集团总公司：

从本公司并入集团公司协同发展以来，本公司生产形势一直处于高峰状态，生产能力已达极限。原有的老设备多数已超过使用年限，虽经多年革新改造，但仍属于修补替换范围，总体潜力已挖掘殆尽。面对市场日益增长的需要，我们必须在进一步挖掘改造的同时，增加新的生产能力。

对此，我公司在经过行业领导、技术专家和工程设计人员的充分论证后认为，目前资金虽然很紧张，但新增生产能力上去以后，便可为本公司打下良好基础，生产的稳定增长既可满足市场需要又能增加利税，同时能提高员工生活水平。这已成为大势所趋。

经过可行性研究，我公司申请的项目是：××系统。拟新建的××系统是××公司系统技术改造的重大配套项目，是整个规划的重要组成部分，这个改造计划如果能够实现，可以说是企业生产发展的一个新的里程碑。为了与新增的生产能力相配套，大幅度提高利税水平，还必须相应新建××系统和机组，搞好上述配套项目的技术改造。

这项连续配套工程的总投资约为××亿元，投资构成：××系统投资××亿元，××投资××亿元，××系统××亿元，××系统××亿元。

投资来源：银行借款××亿元，自行筹资××亿元。在××亿元中，包括××亿元外汇。除了本公司外汇留用以外，缺乏部分拟由中行调剂贷款解决。

设备来源：该项目的大部分设备由国内订购，少数高、精、尖电器设备由国外引进。××系统拟从德国购进二手设备,并请外国专家指导安装调试,争取按计划试车投产。

工程设计:以××设计院、本公司设计院为主体,合作开发,共同承担。

施工队伍:由××冶金建设公司、××建设公司、××矿建公司承包,分工合作。

时间安排:争取在报告批准之日起,用三年半时间完成并交付使用。

这些连续配套项目工期长、困难大、资金少、风险多,我们虽然感到担子很重,但从本公司及集团公司今后长远发展来看,一旦建成,将是着眼长远、多年受益、功遗后世。因此,宁可现在辛苦一些,也要把公司的技术改造搞好。只有这样,本企业的生产能力和集团公司的实力才能保持稳定的增长及可持续发展。

上述报告如无不妥,请予以批准施行。

附:可行性研究报告三份(略)

×××分公司财务部

二○××年××月××日

【范例2】游乐园项目投资申请书

建造××游乐园项目投资申请书

尊敬的××市政府领导、××市城建规划局:

为了认真贯彻市委市政府"建设利于兴业、宜于人居、便于旅游新兴城市"的重要精神,完善旅游项目,丰富市民文体娱乐生活,我公司拟在××区投资建设游乐园项目,具体投资可行性报告如下。

一、项目可行性分析

主题公园是现代化旅游娱乐发展的重要内容之一,也是未来旅游娱乐发展的必然趋势。随着中国经济的崛起和中国城市化进程的加快,主题公园这种都市型旅游游乐休闲产品将逐渐成为人们闲暇游憩的主要消费对象,中国将成为主题公园竞争的主场地。粤港地区、长三角地区和国内主要城市,是国际公司主要争夺市场,民族品牌的崛起、中国主题公园的兴起将大大地激发本土品牌的发展壮大,进一步促进国内大型旅游游乐公司、主题公园公司加快发展和产品多元化。

为了满足人民日益增长的美好生活需要,中国即将进入一个大型主题公园发展的新时期。除了国内品牌国际化,国际品牌国内化之外,在产品上也呈现多元化的趋势。集中为三个产品方向:一是出现大型的主题公园;二是出现生态、会议展览、休闲游乐相结合的度假区;三是出现既有国际市场又体现民族化的大型"演艺秀",投资前景广阔。现在,各地不仅营造了良好的投资环境,而且对国际品牌和国内大型游乐企业给予了空前的优惠条件,并且在基础设施投入方面进行了大力配合。此外,还采取"大旅游"等先进的开发理念,将旅游游乐发展与城市发展结合在一起,游乐项目规划与城市规划结合在一起,非常注意对资源的利用和对环境的保护。现在旅游娱乐业包括主题公园业的发展前景日益被投资者看好,有不同行业、不同企业的资金流向主题公园,其中民营资本和境外资本的投资力度还会加大。特别是地产业受益最大,游乐园的建成将会汇聚人气,促进旅游产业与经济的持续发展。

二、项目概况

1. 项目名称。

××游乐园。

2. 项目发起方。

中外合资××××有限公司。

3. 项目公司简介。

××××有限公司系香港独资经营的外资企业,注册资本2000万美元,主营游乐设备、纺织印染设备、压力容器。下属分支有××××游乐园,××××游乐园(正在兴建,×月开业),×××旅游公司,×××游乐园,下属工厂有香港××电子有限公司,××市××汽车摩擦器有限公司。×××游乐园、×××游乐园与××××游乐园均是自主经营投资,并取得很好的市场效应。

三、项目投资市场因素

主推自行开发的游乐产品,带动上下游产业联动,推动整体品牌的盈利能力,在取得产品的市场效应和社会效应的同时争取更多的经济效益。

四、项目建设的重要性和必要性

中国的游乐设备行业正处于快速发展和激烈竞争的时期,产品的研发设计是否能适应时代潮流,游乐企业如何才能发展壮大,关键是将产品更多地呈现在市场,由市场消费决定的时代潮流也会让游乐企业更好地更新产品,主题广场、游乐园的迅猛发展是游乐企业发展壮大的最好契机。

五、项目总体方案设计

项目确定后,根据地形及周边环境统一设计规划。

六、游乐项目风险控制和对策

1. 游乐设备存在一定的风险性,全国各地因设备维护不当出现的事故时常发生,这往往与设备使用者对设备缺乏认知和对设备的定期维护有关,而由游乐企业自主经营和管理的游乐园,设备使用者均是培训上岗,设备维护有企业售后服务专业人员,极大地减少和降低设备使用风险。

2. 游乐园项目经营存在的风险,一般的私营业主购买游乐设备虽然经过一定的市场考察,但经营后发现设备的适用性并不理想,从成本上考虑也不会轻易更换,从而导致整个游乐园人气不足。而游乐企业对设备的投资具有可比性,不同的消费市场投资不同的设备,如出现不理想状况,作为生产厂家会很快进行调整更换。

七、设备的采购

设备的投资以自主生产为主,大型设备生产周期较长,需要时间准备。小型设备条件允许情况下可外购。

八、项目运营期间的组织与管理

项目投资运营前需要组织管理人员学习培训,每套设备配齐管理人员,经培训合格由国家特检部门颁发上岗证持证上岗。游乐公司建立严格的管理规章制度,项目处设有医护中心。

九、总投资估算

游乐园初步投资估算2000万美元。

恳请××市政府主管部门批复为盼!

中外合资××××有限公司
二〇××年××月××日

写作要领

企业项目投资申请,是企业的下属分公司、部门或项目筹划组就项目的投资能否实施等相关事宜,向总公司呈交并请求批准的一种上报性文书。

一、投资申请书的写作格式

投资申请书由标题、正文和落款三部分组成。

1. 标题。投资申请书的标题通常为"公司名称＋项目名称＋申请"组成，即××公司×××的申请"。

2. 正文。在标题之下，顶格书写上报批准部门或总公司的尊称。在正文的主体部分，具体包括以下几方面内容：

(1)项目投资事因；

(2)项目投资金额及其来源；

(3)项目投资的配套工作及相关装备；

(4)项目投资的时间安排；

(5)相关附件。

3. 落款。署明公司名称及申请日期。

第三节　可行性研究报告

参考范文

【范例1】项目开发可行性研究报告

"××山庄"项目的可行性报告

为适应国家迅猛发展的经济形势，加快××集团专业化建设步伐，提高企业经济效益，集团经充分调查、论证和董事会、办公会多次专题研究，拟利用在××房地产市场运作的成功经验作为"××××"的品牌效应，报请国家土地管理部门批准，继续新征用地300亩，进行"××山庄"项目（以下简称项目）开发，并将其作为集团今后×年房地产开发打造知名品牌和形象的经济增长点的重点项目。现将项目开发的可行性分析情况报告如下。

一、项目概况

1. 征地位置。拟征项目用地位于××市××区×××国道东侧开发区。地理位置图(略)。

2. 地形环境(略)。

3. 项目规划设计主要技术指标。

(1)占地面积(略);

(2)建筑面积(略);

(3)总单元数(略);

(4)建筑密度(略);

(5)容积率(略);

(6)其他需说明的参数(略)。

二、房地产市场分析

1. 项目所在地××镇经济、城建、交通环境状况。

(1)地理位置优越,经济发展迅速,交通便利……

(2)区位规划合理,市政配套设施完备,已初具中等城市规模……

2. 项目的市场定位及理由。

经过反复的市场调查和综合分析,项目的规划设计定位为中高档次。市场营销对象主要定位为下列两类人:一是新一轮的内地移民白领阶层及铁路沿线和××物流中心附近的内销对象;二是满足当地富起来的居民为追求更高的生活质量,二次购房置业的需要。销售市场的这一定位,与目前整个××市的房地产市场定位及走势是基本一致的。其理由如下(略)。

3. ××市房地产现状及走势(略)。

三、设计分析

1. 项目的规划设计科学合理(略)。

2. 采用超前的规划设计构思,突出的项目概念,树立独特的品牌形象(略)。

四、竞争实力分析

1. 竞争对手的情况。

(1)竞争格局(略);

(2)主要竞争对手的规模(略);

(3)竞争对手的特点(略);

(4)竞争对手的营销手段(略);

(5)竞争对手的不足(略)。

2. 集团在××实业发展总公司(以下简称××公司)于××××年初进驻××市从事房地产业,成功地进行了"××"项目的开发,取得了良好的经济效益,站稳了脚跟,为开发新的项目奠定了坚实的基础。

我们开发项目拥有以下一些有利条件(略)。

3. 各级领导、机关的支持和重视。

五、开发效益分析

根据当地的房地产开发运作实际,工作造价按每平方米××元,商品房价格按每平方米××元,税费、开发管理费等按当地政府部门计收标准进行计算,做如下投资效益分析:

总收入×××万元;

经营成本×××万元;

单位成本×××元;

利税×××万元(营业税、所得税×××万元;纯利润×××万元)。

随着××市的整体经济实力的增强,房地产业潜力巨大。当前在××市进行房地产开发,是一个难得的商机。而"××山庄"的确是一个可行而不可多得的好项目。只要集团认真吸收"××"项目开发的成功经验,以创新和超前意识进行合理规划,严格施工,科学管理,营销得力,该项目的开发一定能够取得圆满成功。如果资金充裕,还可以缩短开发周期,提前达到和超过预期的效益。

××集团有限公司

二〇××年××月××日

【范例2】项目扩建可行性研究报告

××县无公害蔬菜和无公害禽畜肉产品扩建项目可行性报告

一、总论

(一)项目概况

1. 项目名称:××县大自然农业开发公司无公害蔬菜和无公害禽畜肉产品扩建项目。

2. 项目地址:××县××镇城南。

3. 项目实施单位及法人代表:××县×××农业开发公司,法人代表×××。

4. 建设性质及工期安排:扩建,20××年底完工。

5. 项目摘要:××县×××农业开发公司无公害蔬菜和无公害禽畜肉产品扩建项目,是根据党的十九大和中央农村工作会议精神……

(二)编制依据及范围

1. 农业农村部发布施行的《无公害农产品管理办法》。

2. ××省人民政府第二次常务会议通过,5月1日起施行的《××省种植业无公害农产品管理办法》。

3. 《××省农业地方标准汇编(一)》。

4. ××县委、县政府编制实施的《××县建设丘陵地区经济发展示范县工作规划》。

5. 国家和省、市、县关于农牧业深加工产品企业的有关法律规定。

6. 编制范围。

报告着重对项目建设的意义和必要性、可行性、建设条件、建设内容及规模、环境保护、实施计划等进行可行性研究;按照国家的有关法规政策和市场需求情况进行经济和社会效益分析;提出建设性意见,供项目主管和有关部门决策参考。

二、项目建设背景及投资的经济和社会意义

(一)项目背景

1. ××县情况简介(略)。

2. 项目业主情况简介(略)。

3. "无公害"农产品的特点和前景。

无公害农产品是产地环境、生产过程和产品质量符合国家有关标准和规范要求,经农业农村部农产品质量安全中心认证合格,获得认证证书并允许加贴无公害农产品标志的未加工或者初加工的食用农产品……(略)

(二)项目建设的必要性和可行性

1. 必要性(略)。

2. 可行性(略)。

三、产品市场需求预测及生产规模选择

(一)需求预测

1. 无公害农牧产品在全国的产量比重不足20%,品种数量比重不足30%,但随着无菌育种、无土栽培、大棚温室种植、渗灌滴灌、病虫害生物防治、转基因繁殖、多元杂交繁殖等无毒害种养殖技术的创新应用,随着人们对新种养技术生产及加工产品的了解,无公害的农牧产品已普遍被人们作为消费的首选商品。

2. 我县市场上无公害农牧产品数量很少,且多是由外地进入的,主要是供应大型餐馆,因其价格高、品少、选择性低,未被老百姓普遍接受,尚未占据一定的市场规模。

3. 作为食品,"无公害"是一种基本要求。但目前市场上的农产品如蔬菜,要么有农药残留,要么是亚硝酸盐超标,给人体健康带来极大隐患。党和政府对此十分重视,在全国大中城市逐步推行市场准入制度。因此,无公害农产品的市场前景十分广阔。

4. 随着人们的消费习惯、饮食结构、营养知识的不断改善,无公害食品将逐步取代传统蔬菜。

(二)生产规模选择

按全县百万人需求量××万吨,现有产量××万吨,缺口××万吨。第一期扩建××亩无公害生产基地,取代传统菜品×%;第二期扩建××亩,进入邻县市场;第三期扩建××亩,总计扩建×××亩。据此拟建蔬菜大棚××万平方米,购加工设备、检测仪器××台套。

四、加工工艺方案及选址

(一)经营管理模式(略)。

(二)加工工艺(略)。

(三)选址

1. 自然条件(略);

2. 工程地质及水文地质条件(略);

3. 选址方案(略)。

五、公共设施情况

1. 供水条件(略)。

2. 供电条件(略)。

3. 供气条件(略)。

4. 排水条件(略)。

5. 交通条件(略)。

6. 通信条件(略)。

综上所述,本项目投资环境良好,建设条件具备。

六、环境评价及保护措施

(一)根据××县环保部门要求,本项目执行下列环境标准

1. 废水(略);

2. 废气(略);

3. 噪声(略)。

(二)本工程建设主要污染因素分析

1. 施工噪声及施工场地物料运输产生的扬尘;

2. 生活污水、生活垃圾;

3. 少量设备有噪声。

(三)预测项目对环境的影响关系(略)

(四)环境保护措施(略)

(五)预期效果评价

只要在项目建设过程中,按"三同时"认真落实污染治理措施,工程施工期和营运期均不会对环境造成很大影响;同时,作物将有效地改善基地周围的空气环境质量及附近区域的生态环境质量。

七、建设内容(略)

八、投资计划和资金来源

1. 投资计划(略)。

2. 资金来源(略)。

九、效益分析

1. 社会效益(略)。

2. 经济效益(略)。

十、综合评价

通过论证分析,××县×××农业开发公司扩大无公害蔬菜和无公害草禽家畜产品生产项目规模既是合理的,也是可行的。项目的经济效益、社会效益、生态效益均较好,项目的实施对××县农业和农村工作将产生重要影响,对农民增收和繁荣农村经济,满足市场需求,促进居民生活水平提高,都能起到积极的作用。

【范例3】项目合作可行性研究报告

××××服装厂与美国××有限公司合资经营

——××品牌的可行性研究报告

一、项目概况

1. 项目名称：××××服装厂与美国××有限公司合资经营××品牌的可行性研究报告。

2. 项目主办单位：××××服装厂。

3. 项目总负责人：厂长×××。

4. 可行性研究技术负责人：总工程师×××。

5. 可行性研究经济负责人：总会计师×××。

6. 委托咨询单位：××××会计师事务所、××服装学院。

7. 本项目建议书已由××市对外经济贸易委员会于20××年××月××日以京×字×号批准。

二、中方合营者的基本情况（略）

三、外方合营者的基本情况（略）

四、筹办合资经营的理由与依据，合营方案总的分析与结论（略）

五、市场

1. 销售金额分率预测表（略）。

2. 国外市场调查预测表（略）。

3. 进入国际市场的联想措施（略）。

六、生产

1. 主要产品生产能力分率选定表（略）。

2. 主要产品分年产销方案表（略）。

七、原材料供应

1. 主要原材料、动力、燃料供应计划表（略）。

2. 主要原材料规格质量要求，如甲醇（BG338-76），比重0.791~0.792（略）。

3. 物资供应分年计划表（略）。

八、人员、工资预测表（略）

九、厂址选择(略)

十、技术与设备(略)

十一、基本建设(略)

十二、横向配套(略)

十三、环境保护(略)

十四、投资估算与资金措施(略)

十五、财务与经济分析(略)

十六、社会经济效益(略)

十七、项目实施计划与进度要求

附录:(略)

 写作要领

项目可行性研究报告,是企业在不动产投资决策前,对拟建项目的技术先进性、经济合理性、工程实用性、财务营利性等方面所进行的调查研究,是为投资决策从技术经济方面提供科学依据,以提高项目决策的科学性和成功率,增强项目的综合效益,为编制设计任务书提供依据,作为筹备开发建设项目、签订合作协议以及项目前期准备工作等的一种依据性的文书。

一、可行性研究报告的写作格式

1. 标题。标题通常由"项目名称+项目可行性研究报告"组成。

2. 正文。正文是可行性研究报告的主体部分,在撰写此部分内容时,应包含以下内容:

(1)项目概况;

(2)市场调查与市场需求预测;

(3)开发文案;

(4)项目实施进度;

(5)投资估算;

(6)资金筹措及使用计划;

(7)现金流量分析;

(8)经济效益评价;

(9) 社会、环境评价;

(10) 对开发项目的可行性做出结论。

第四节　投资价值分析报告

参考范文

【范例1】加油站投资价值分析报告

关于筹建××加油站的可行性分析报告

××公司领导:

　　遵照上级公司指示精神,为了尽快在××市及其周边地区新建一批现代化的加油站,以利发挥××公司石油经营的整体优势,进一步扩大成品油自销量,实现批零销售网点的良性循环,我公司特抽出精干力量组成专门班子,经过两个月的调研与考察,已初步选定××县××区××镇××村为新建加油站站址,筹建××加油站。为此,我们进行了如下可行性研究和效益论证,现报告如下。

　　一、选址简况

　　该站地处A地至B地的国道旁,这是××省及××省通往××省运输的必经之路,汽车从A地开往B地,进入××市第一站是收费站,而与收费站紧邻的就是该站,据此往前×××米则是××加油站(现代化的大型加油站),再往前还有四五个大型加油站(如××加油站等)。据初步考察,途经这条国道的汽车流量每天都在2万多辆(次)以上,附近虽有多个加油站,仍供不应求。如有1%汽车在该站加油,每天就有200多辆汽车需要加油,平均每辆车每天需要加油××升,那么一年要加油××万多升。

　　选择在××村建站,还有其他一些有利的条件,具体情况如下:

　　1. 经协商,已达成购买一家个体户开办的旧加油站的协议,该加油站占地×亩,作价××万元(分期付款,直至新站建成开业止付清),价格合适。

2. 合作方××村委会具有诚意合作,经双方协商一致,同意新征土地×亩,办理征地手续由该村协作并提供一切方便条件。

3. 我公司与××村签订土地租用合同,每亩地年租金为×万元,承租期十五年,每五年按第一年的租用费递增×%。从租金价格看,我方比较合算,××村还负责供电,我方只需每月据实交付电费。

4. ××站距本公司××公里,运输方便,我公司既可保证供应成品油,又能确保油罐车运输等。

二、建设规模构想

近年来加油站经营状况,尽管××站所处地理位置优越,但市场竞争日趋激烈,实践证明中小型加油站由于缺乏实力,难以同现代化的大型加油站抗衡,必须建造设备先进、形式新颖、技术领先、宽敞明亮、电脑计量、车辆进出方便、经营品种齐全、配套服务健全的现代化的大型加油站,才能在激烈的市场竞争中处于不败之地。

我们初步构想,在×亩土地上建造一座加油站(地上两层,地下一层),拥有××台加油机的加油大厅,还附有汽车小修、副食品店、快餐店、洗手间、休息室、保管室等。这座楼长××米,宽××米,框架式建筑结构,坚固而美观的外观设计,在加油大厅后面建造一座×××平方米的办公楼,也为三层(地上两层,地下一层),润滑油经营部设在地上一楼,除办公室外,还设有保管室、休息室。预计投资总额为×××万元,初步预算如下:

1. 收购旧加油站一个,价值××万元。
2. 办理新征用土地×亩(顷)的手续费用××万元。
3. 加油站及办公楼建筑费用共计×××万元。
4. 消防设施、防爆设施、油罐、加油机、水电安装等计××万元。

投资的资金来源向上级公司申请拨款。

三、经营范围及经营资金运算

××站经营范围:经营汽油、柴油及××牌润滑油的销售,冲洗汽车,经营副食等;浴室、餐厅也可以附随着开设营业。以成品油销售为主营业务。轻油计划设×个油罐(品种有70#汽油、90#汽油、0#柴油等),计划储存量为××吨。润滑油为听装销售。

预计经营成品油需要的流动资金××万元,由上级公司借用,油站每月按银行贷款利率计付贷款利息。

四、经济效益测算

1. 经济效益测算的依据。

(1)加油站按比较现实的预计,日平均销油量为15吨。

(2)人工工资及福利费按××人计算。

(3)固定资产按××万元计算,使用期平均×年。

(4)使用土地租金每年暂按×万元计算。

(5)综合毛利率按×%计算。

(6)销售税金及附加参照经济效益较好的××站的实绩计算。

(7)经营费用、管理费用参照加油站的平均水平计算。

(8)财务费用应计利息,按年息×%计算。

2. 效益测算表。

(1)商品销售收入××千万元(××吨/天×360天×加权平均进价/吨)(含税价)。

(2)商品的销售成本××千万元(××吨×360天×加权平均进价/吨)(含税价)。

(3)销售毛利×千万元。

(4)毛利率×%。

(5)销售税金及附加××。

(6)经营费用××。

经营费用中,包含运杂费××、工资××、福利费××、仓储保管费××、商品损耗××、其他××。

(7)管理费用××。

在管理费用中,包含折旧费××、修理费××、土地租用费××、业务招待费××、水电费××、低值易耗品摊销××、其他××。

(8)财务费用××。

(9)本年计划利润××。

3. 投资回报率为××。

4. 投资回收期×年。

如果××站每天平均销油量达到××吨,即如果较计划多销×吨,一年则可多销××吨,按每吨毛利××元计算,可增加利润××万元(假定费用不变,则净增利润××万元),那么,投资回收期只需×年,如果××站日平均销油量达到××吨,则×年就可收回全部投资。

即便投资回收期为×年,我们认为效益仍是可观的,因为该加油站可为本公司分流富余人员××人,这本身就是效益;多开辟一个零售渠道,为上级公司一年多销××吨油,如果××站日平均销量能达到××吨,一年就可销油××吨,相当于××年前上级公司销油量的总和。

在效益测算中,有的费用打得偏紧(如人工工资及福利费、修理费、业务招待费、其他费用等),但有些收入可予以弥补,如全年销售润滑油收入预算××万元左右(每日销××升,一年××吨,每吨盈利××元计算),此外,油站办的附属经营业务如汽车小修、餐厅、浴室、便民商店收入,也可以达到"以副养副"的目的。

以上报告,仅供领导决策参考。

××公司(盖章)
二〇××年××月××日

【范例2】小水电站投资价值分析报告

××县××乡小水电站投资分析报告

一、项目概况

××县电站,位于县西北部××乡××河堤,属×××系××河的一支流××河。在××河上游取水,为建坝引水式电站,引水天然落差×m,坝高×m,最高发电落差为×m,总装机容量为××kWh,距××乡所在地15公里,离公路×公里,是一个高水头、小容量的小型发电站。该电站建成后,可以缓解边远贫困地区用电难、电价高的问题,实现农村电气化,发展农村电力建设,同时推动边远地区第三产业发展,推动贫困地区尽快实现小康社会。

二、建设规模

拟建2×300kWh小型电站建设规模。

三、建设投资及资金来源

估算工程建设投资为××万元。资金来源靠自筹、引资或独资。

四、经济效益分析及投资回收期

年发电量××万kwb,以现行价××/kwb计算,年销售收入××万元,除发电成本××元/kwb支出之外,企业收入利润××万元。×年收回投资。

五、投资分析报告结论

建新××河电站虽然是一座小型电站,但作为一个贫困的边远地区,充分利用能源优势转化为经济优势,带动地方第三产业发展起到脱贫致富作用,社会效益是可观的,从经济效益方面看,项目建成后投资利润较高,投资回收期短,适合于群众集资建设成民营企业,所以此项目是可行的,电站前景是乐观的。

小水电工程简单、建设工期短,一次基建投资小,水库的淹没损失、移民、环境和生态等方面的综合影响甚小。项目融资相对简单。由于小水电接近用户,故输变电设备简单、线路输电损耗小。以上这些优点使小水电在我国和其他发展中国家发展迅速,成为农村和边远山区发电的主力。

 写作要领

投资价值分析报告是针对某一特定的、以谋取商业利益、竞争优势为目的的投资行为,就其产品方案、技术方案、管理及市场等,进行投入产出预期分析和选择的一个过程。

在各个投资领域中,为降低投资者的投资失误和风险,每一项投资活动都必须建立一套系统科学的,适合自己的投资活动特点的理论和方法。投资价值分析报告正是吸纳了国际上投资项目分析评价的理论和方法,利用丰富的资料和数据,定性与定量相结合,对投资项目的价值进行全方位的分析评价。

一、投资价值分析报告的意义

投资价值分析报告是国际投资商在进行投资决策时的重要依据,其要求在掌握项目基本投资额的基础上,对项目背景、宏观环境、微观环境、相关产业、地理位置、资源和能力、SWOT、市场详细情况、销售策略、财务详细评价、项目价值估算等进行分析研究,更能反映项目各项经济指标,得出更科学、更客观的结论。

对企业或项目法人而言,利用项目投资价值分析报告可以对项目的投融资方案以及未来收益等进行自我诊断和预知,以适应资本市场的投资要求,进而达到在资本市场上融资的目的。一份好的项目投资价值分析报告将会使投资者更快、更好地了解投资项目,使投资者对项目有信心、有热情,动员促成投资者参与该项目,最终达到为项目筹集资金的目的。

二、投资价值分析报告的主要内容

投资价值分析报告通常由以下几个部分构成:

1. 项目概况:主要包括项目名称、承办单位、项目投资方案、投资分析、项目建设目标及意义、项目组织机构等。

2. 背景分析及规划:介绍项目的背景、项目建设的规划、主要产品和产量,以及工艺技术方案等。

3. 外部环境分析:分析外部环境时,既要对外部一般环境进行分析,也要进行产业分析。

4. 市场需求预测:包括国外市场需求预测以及国内市场需求分析。

5. 内部分析:项目地理位置分析、资源和技术分析、项目SWOT分析、项目竞争战略选择等。

6. 财务评价:主要包括评价方法的选择及依据、项目投资估算、产品成本及费用估算、产品销售收入及税金估算、利润及分配、财务盈利能力分析、项目盈亏平衡分析、评价分析结论。

7. 融资策略:主要包括资金筹措、资金来源、资金运作计划等。

8. 价值分析判断:主要包括价值判断方法的选择、价值评估等。

在具体写作时,也可根据项目的实际情况,对上述各项问题进行详略安排。

三、写作时的注意事项

投资价值分析报告有别于《项目建议书》《可行性研究报告》《商业计划书》,它主要在于项目的投资价值分析,把项目放在市场、社会这个大环境中更全面地分析项目能不能实施,实施后到底有没有价值。投资价值分析报告不只是停留在"计划"等理论的分析,它的分析是理论和实际的结合。

第五节 投资前景预测报告

参考范文

【范例1】玻璃行业投资前景预测报告

我国玻璃行业投资前景预测报告

一、我国玻璃行业现状

20××年我国玻璃行业在结构调整、技术进步方面成效显著,特别是名牌战略取得了重大进展。20××年也是我国玻璃行业推进名牌战略成效最为显著的一年,共有3个产品7家企业被确定为中国名牌产品,产品包括空心玻璃砖、中空玻璃、汽车玻璃等,是历年来玻璃行业获得中国名牌产品品种最多的一年。

根据统计结果,20××年我国玻璃市场容量为:透明中空玻璃大约××万平方米,主要用于民用住宅建筑。新增的镀膜玻璃(含Low-E玻璃)约××万平方米,主要用于公共建筑项目,部分将用于民用住宅建筑。

在工装方面,20××年以前,××新楼盘施工、涉外星级酒店装修、旧房改造等项目,都用上了大量的装饰玻璃。毫无疑问,装饰玻璃、卫浴玻璃、家居玻璃等作为玻璃产业高端产品的装饰材料,将与我国室内装饰行业紧密地联系在一起,有着广阔、持久的市场。

1. 行业发展周期分析(略)。

2. 行业营利性分析(略)。

3. 我国玻璃行业存在的主要问题(略)。

4. 玻璃行业的竞争分析(略)。

5. 行业重点企业分析(略)。

二、我国玻璃行业的市场前景

在电子、电器产业高速增长,产品不断创新以及个人收入水平显著提升等因素的影响下,预计到20××年,电子、电器玻璃市场将会以最快的年均增长速度急剧扩张,而汽车玻璃的市场需求在汽车业迅猛发展的有利形势的驱动下增长也会相当可观。深加工玻璃包括中空玻璃、钢化玻璃、夹层玻璃、镜子及其他特种玻璃产品。深加工玻璃的市场需求将以年均×%的速度增长,全面超越整个平板玻璃业的增长速度,预计到20××年,其需求总量将达到××亿平方米。建筑业仍将是平板玻璃产品最大的消费市场,到20××年,其所占比例将高达×%。

玻璃深加工能力是企业竞争的核心,节能玻璃、电子信息玻璃以及太阳能用玻璃是今后企业竞争的主要方向。20××年,我国LCD市场的销售量将达到××万台,占全球销售量的×%以上。TFT-LCD产业发展中不可或缺的重要材料玻璃基板,未来几年的需求量也将以×%的速度增长。国家提出的建筑节能目标是到20××年,全国新增建筑的1/3达到节能×%;到20××年,全国新增建筑全部达到节能×%的目标。按20××年的目标计算,今后×年将新增节能建筑面积约××亿平方米。需要节能玻璃约×亿平方米,平均每年新增节能玻璃约××亿平方米,Low-E玻璃面临良好的发展前景。

附录:相关图表(略)

【范例2】饰品连锁店投资前景预测报告

饰品连锁店投资前景分析报告

饰品连锁店目前在我国还不是很多,很有市场潜力。投资或加盟饰品连锁店是个不错的选择,通常能获得比其他产品的连锁经营更高的投资回报。下面我们一起来分析一下投资饰品连锁店的市场前景及其他各方面的情况。

一、市场分析

随着社会经济的飞速发展,我国社会的主要矛盾已经转化为人民日益增长的美好生活需要和不平衡不充分发展之间的矛盾。人们正从温饱型步入小康型,崇尚个性和时尚,不断提高生活品质,已成为人们的追求。因此,顺应时代的饰品文化显示出强大的发展势头和越来越广的市场需求,决定了从事饰品生产和销售有着广阔的利润空间。

据我国权威机构对中国女性饰品市场的调查,我国女性饰品市场平均占有率不足5%,而日本达到98.2%,泰国为68%,中国香港为54%,新加坡为48％，马来西亚为47％，而女性饰品消费率正按19％的年增长率递增。据专家预计，到20××年中国的女性饰品占有率将增加到55％以上。中国有13亿人口，6亿多为女性，按每10人有一件饰品计算，需要6000万多件。女性成为饰品消费人群的主体，她们需要满足精神需求的时尚用品，但专业的时尚消费经济圈供给明显存在不足。

时尚饰品让女性释放美丽，美丽情结让女性慷慨解囊，而街上的女性人流四处寻找着时尚饰品，可是市场供给和服务难以满足，也没有形成特定的女性时尚专业经济圈。女性无奈地叹气声，触动着商家投资者的神经。

二、要选对品牌和产品

找对一个已经投放市场并占据了一定市场份额的品牌饰品来连锁经营（加盟），可赢得最大商机，其理由如下：

1. 这些产品谱系全，品种繁多，广告投放已成一定的市场，在一定程度上可以满足不同层次、不同职业、不同年龄、不同民族女性的消费者。

2. 由于这些饰品设计本身就具备自己的风格，并有着与众不同的特色，饰品也与世界流行元素同步，所以在市场上吸引了众多爱美的女性。

3. 鬼斧神工的做工，异想天开的创意，奇思妙想的款式，倾注了专业设计师的心智结晶。品牌效应突出，产品附加值高。

4. 这些产品通常选料考究，精工制作，价格实惠，与一般粗糙的手工制品存在很大的不同。

5. 这些产品的制造商一般都有较强的实力，所以他们的产品适销对路，更新换代比较快，能始终刺激消费欲望，从而提高顾客回头率。

三、投资预算

根据地段、店面大小来决定投资金额。10～20平方米的店面首次投资大约为××万元，20～40平方米首次投资大约为××万元。如果是在繁华闹市区，则相同面积的费用要上涨30％～40％，尤其是一些地段比较好的店面位置，费用会更高一点，但是投资回报率也会相应提高。

店面月租金大约为×××元/平方米，雇佣人工2～3人一般就够了，人均工资约在×××元/月，水电杂费约××元/月，工商税务等合计约为××元/月。每月经营投资合计为××万元左右。

效益分析：从目前饰品市场状况来看，一个产品一般都能产生3～8倍的利润回报。以20平方米店面每天营业额××万元计，月经营投资××万元，月纯利润为××万元左右。年终还会获取返还的销售奖励。

四、营销建议

1. 品牌饰品连锁店可选址在城镇或市区繁华地段,也可在大型超市、商场设专柜专卖,还可在一些批发商城专设批发柜台。

2. 开业期间及时做好宣传策划工作,虽然品牌店本身已具有一定的知名度,但也需在各种媒体上发布公告,或印制一些宣传品分发和张贴于居民小区和各单位、院校,也可制作条幅挂在街区,深入到消费者的生活角落。

3. 年轻男女是最追求时尚的目标人群,也是最具购买力的消费群体,可以在品牌上稍做广告宣传,品牌本身的名片效应和风格对他们具有牢牢的吸引力。

4. 装修格调规范、显眼,强化品牌的情感性、时代性,让招牌成为免费宣传广告。

5. 节假日可适当开展促销活动,刺激顾客的购买欲望,提升销售额。还可开展积分消费和会员卡消费活动,累计消费返还,借以吸引和稳固消费群体与回头客。

6. 在适当的时候,还可制作一些会员卡跟踪服务,既可以把最新的消息传递给消费者,又可以固定自己的客源。

写作要领

投资前景预测是在大量的调查之后,对投资者将要投资行业的运行环境、投资回报、市场前景以及产品需求变化的长期和短期趋势等做一个系统的分析,以提出对该行业的投资计划及战略,帮助企业准确把握行业发展动向、正确制定企业竞争战略。

投资前景预测报告的写作应当包括行业现状、市场分析、投资回报和发展趋势等部分,其写作的关键点在于收集资料,保证内容的严谨、翔实。可以说,一份有着严谨的内容、翔实的数据支持的报告,才称得上是佳作,倘若能够再辅以直观的图表,定会增色不少。

第六节 投资风险分析报告

 参考范文

【范例1】亲子服装店项目投资分析

亲子服装店项目投资分析

近年来，受"韩潮"影响，国内服装市场刮起了一股"亲情"风。在这股"亲情"风里，以增进亲情为卖点的亲子服装受到越来越多消费者的青睐。亲子服装专营店抓住"亲子"商机，引得众多顾客"拖家带口"前来消费。业内人士介绍说，亲子服装店已成为国内服装行业发展潜力巨大的细分市场之一。

一、创业分析与风险提示

1. 前期投入。

开设一家亲子服装专卖店的前期投入主要包括店面租金、装修费用、首批存货等。店面面积为××平方米，店面租金为每月每平方米××元，按照"押一付三"的房租交付惯例来计算，该店的首期租金为××元/平方米；装修上，需要营造温馨的家庭感觉，前期的装修费用为×万元左右；专营店前期投入的最大部分是产品，首批进货约需××万元。算下来，亲子服装专营店的前期投入在××万元左右。

2. 利润分析。

亲子服装专营店每月的经营成本主要包括租金、人工成本、水电杂费、流动资金等。亲子服装专营店每月的水电杂费为×××元，租金为×万元，人工工资为×万元，流动资金为××万元，每月的经营成本约为××万元。

目前，专营店主要销售亲子装、母婴产品及童装，以中高档产品为主，每件衣服的售价在××至×××元。据业内人士介绍，服装行业的进货成本和售价的可变动范围较大，导致利润空间波动较大，毛利率一般在×%～×%。如果按×%来计，要达到盈亏平衡，小店每月的营业额必须达到××万元左右,按照店内一套"三人家庭亲子装"×××元的售价估算,平均每月要售出×××套亲子装,才能达到收支平衡。

二、亲子服装专卖店选址

为吸引稳定客源,亲子服装专卖店的选址除繁华街区、大型商场之外,还可以选择在妇幼医院、幼儿园、小学及大型居民区附近。

我国放开二胎政策之后,2017年有1723万的新生儿诞生,巨大的人口增长量带来巨大的消费市场,有统计数据显示,20××年中国婴童消费市场的规模可达×万亿元。而现阶段为人父母的"80后"更加前卫、时尚,其育儿理念更注重亲子融洽程度。亲子服装作为父母与子女之间传递情感的纽带,正获得越来越多年轻父母的认同,因此,经营亲子服装专营店具有广阔的市场前景。

经营亲子服装专营店,需要经营者具有一定的服装行业从业经验,还要有较高的审美能力,能抓住潮流趋势,并结合本地市场需求,为顾客提供时尚、温馨的亲子服饰。

因投资小、门槛低,投资亲子装专营店具有一定风险,容易被跟风、复制。随着电子商务的发展,还容易受到网店的冲击。此外,随着顾客新鲜感的丧失,亲子装的吸引力可能呈逐渐减弱趋势。

三、建议

按照亲子服装店的成功经验并结合国内的市场现状,业内人士建议,亲子装专卖店要增加产品种类,如经营普通童装,还可扩大产品线,争取做到从低档到高档产品一应俱全。

【范例2】大豆产业投资风险分析

大豆产业投资风险分析报告

大豆在我国已有4700多年的种植历史,是我国非常重要的农作物,其产业链很长,是我国粮食主产区新的经济增长点。目前我国大豆产业还有很大的发展空间和增产潜力,大力开发大豆产业能够为我们带来巨大的经济和社会效益。

大豆产品精深加工是现代高效农业的发展方向,新农村建设中已将其作为增加农民收入的主攻方向。发展大豆产品的精深加工,一方面可以最大限度地延长产业链、提高产品附加值;另一方面可以延伸比初级农产品更大的市场半径,充分体现产品的科技含量,提高产品的核心竞争力,从而推进农业和农村经济结构调整,实现农村剩余劳动力的转移,带动农民创收、增收。开发大豆产业不但可促进农业增效、农民增收,还能有效地改善农村生产条件,促进农村基础设施建设,为新农村建设提供更深层次和更有效的支持。

然而,目前国内大豆种植业依然存在的一些问题应该引起我们的注意:

1. 大豆单产量低、生产规模小。我国一直将大豆作为粮食作物,而在粮食作物中大豆又是小作物,这导致了大豆种植的发展没有得到足够的重视,大豆产业在农田水利等基本设施建设、品种培育与改良、栽培技术和新技术的推广应用方面投入较少,大豆总体品质较差,单产量较低。我国的大豆单产比世界平均水平要低近30个百分点,而单产水平低直接影响了大豆的生产规模。

2. 成本高。我国大豆在种植单产量低且没有形成规模效应之前,成本自然相对较高。以××省为例,生产大豆每吨成本为×××元,比巴西南部的××元高出××元、比巴西北部的××元高出××元、比阿根廷的××元高出××元。

3. 混种混收。我国大豆没有形成专业化生产,大豆品种的混种,产品的混收、混储、混销现象很严重,这直接影响了大豆的出油率。

4. 没有跟上人们消费习惯的变化。如今,人们的消费水平和消费结构都发生了显著变化,大豆已经成为人体蛋白质来源的重要补充、优质蛋白饲料的主要来源以及高品质食用植物油的主要生产原料。因此,人们对大豆的品质也提出了更高的要求,但长期滞后的大豆种植业和大豆加工业还处于落后水平,没有跟上人们消费的需求和变化。

基于以上四方面的原因,在投资大豆加工业时,其中的风险也是显而易见的。

1. 经营风险,包括原材料风险、能源短缺和交通运输风险。

(1)原材料风险。大豆加工企业的主要产品为食用精炼油、豆粕、浓缩磷脂等,大豆生产的关键就在于原材料。近年来,很多小型大豆加工企业如雨后春笋般出现,大豆原料的供应相对紧张,价格也是稳中有升,这种情况给大豆加工企业的经营也带来了一定程度的不稳定性。

(2)能源短缺和交通运输风险。电力、热能的成本在大豆加工企业成本中占据很大的比重。随着我国能源价格节节上调,大豆加工企业的成本受到一定影响,进而影响企业的盈利能力。另外,现在铁路运输费用的提高也对大豆加工企业产生了很大的影响,是投资者不得不考虑的一个重要因素。

2. 行业风险。食用精炼油是大豆产业的一个重要领域,再加上国家对其采取积极扶持的态度,于是大豆加工企业大量跟进,使行业竞争加剧,利润走低。

3. 环保风险。精炼油在生产过程中需排放烟尘和废水,这些指标必须符合国家相关的环境保护规定,而在强调可持续发展的今天,国家此类规定必然会更加严格,从而导致企业成本的增加。

4. 政策性风险。根据国家有关政策,大豆加工企业的主要产品豆粕免缴增值税。如果国家这一政策发生变化,将进一步影响大豆加工企业的生产成本。

5. 关联性行业的风险传递。大豆加工的关联性行业,如饲料加工业、畜禽养殖业等行业的风险也会对大豆加工业产生很大的影响。

总之,投资大豆加工业还是存在一定风险的,不容我们小觑。

【范例3】淘宝开店投资风险分析

淘宝开店投资风险分析报告

随着电子商务的进一步发展,网上开店属于一种商业投资行为,任何此类行为都是具有一定风险性的,投入越大所面临的风险也就越大,但相对的回报也就会越多。淘宝店主在开店前需要对自己将要从事的行业做足风险分析,只有全面地分析了投资风险,才能够在日后的经营过程中理性地规避这些风险,减少投资损失。

要提高对风险的认识。有的店主试图追求淘宝开店的零风险,这从理论上看是不可能的,除非你经营的是零投入淘宝业务,否则只要有了前期的资金投入,就必然面临着资金不能收回的风险问题。无论多少,这种风险都不容忽视。当然店主也不必过于害怕投资风险,需要有投资风险意识,并不是所分析的风险都会发生,有的风险发生概率还是比较小的。只要你的风险分析与防范做得够好,就可以躲开这些风险。

淘宝开店面临的主要风险有货源风险、库存风险和快递风险。

1. 货源风险,就是只在销售过程中自己的货品来源可能会出现问题,有可能网上已经卖出去的商品,与自己的货源提供方联系却得不到充足的货源了。这种问题会经常出现在一些销量较大的淘宝行业中,如果出现这样的问题就会对自己店铺的诚信造成严重影响,可能会损失大量客户源。所以,店主一定要保证货源的稳定,先把货品进到自己的店铺中再销售给买家,这样就可以保证网上销售出去的商品有足够的货源保障。

2. 库存风险,就是店主进货之后,由于无法估计能卖出去多少商品,可能会造成进货过多而导致商品积压。长期的商品积压容易造成货物的贬值以及商品质量的变差,都会对店主的经济利益造成威胁。所以,店主一定要和货源方有一定的约定,或者可以保证积压商品可以卖到其他地方,这样就可以解决库存风险。

3. 快递风险,也是淘宝中常见的风险,由于商品在邮递过程中,快递公司可能会失误导致商品损坏或者丢失。这就需要店主与买家耐心交流,而且最好有可靠的快递公司作为你的邮递保障。

综上所述,只有识别好这些风险才能够更好地减少店铺经营过程中的损失。

 写作要领

任何投资活动都是有风险的,只有事先清楚地知晓投资活动将要面临的各种风险,才能做好相应的防范措施,从而避免投资失败。投资风险分析报告,就是为了分析企业在投资活动中可能遇到的各种风险而写的文书,报告有时也会包含在投资策划书或者商业计划书中。

投资风险分析报告写作的关键,是要实事求是,既不能危言耸听、夸大风险,使有可能盈利的投资活动因为潜在的风险而搁浅;也不能忽视风险,为了获得投资许可而无视风险的存在。一般来说,投资风险分析报告应当以事实为依据,逐条说明存在的风险即可。

第七节 项目引进预测与实施报告

参考范文

【范例1】引进项目预测报告

引进天然脂肪醇生产项目预测报告

一、引进天然脂肪醇生产项目的目的及意义

目前,全世界每年油脂总产量约为×××万吨,其中×%是植物油脂,×%是动物油脂。据有关方面的数据显示,国外有×%的油脂(约××吨)用作化工原料生产,主要是生产脂肪醇、脂肪酸等化工产品,并且生产技术成熟,不仅产品质量好,而且排放废气、废水、废渣少,对环境污染小。我国年产动植物油脂××多万吨,除部分食用外,主要用于表面活性剂、助剂、化妆品等的生产。我省的油脂资源在我国极为丰富,不但产量大而且品种多、质量好。大豆油、葵花油、蓖麻油的产量均逐年上升,葵花油20××年的产量更达到了××万吨。如果以这些农副产品为原料发展我省的精细化工业,肯定大有作为。

现在,全世界每年大约生产××万吨脂肪醇,其中约×%用于表面活性剂。天然脂肪醇英文名为Natural fatty alcohol,主要用于表面活性剂、助剂、化妆品、食品、药物、润滑剂、纺织、钻井助剂、皮革、建筑、造纸等方面。在国外,天然脂肪醇被称为"工业味精",其用途十分广泛。但在我国,由于工艺落后,脂肪醇不但产量低,而且品质差,种类也较少。

就目前来说,我国仅洗涤用品,每年就需要进口约××万吨脂肪醇,按每吨×万元计算,共计花费×××万元。所以,引进脂肪醇的生产技术和关键设备,可以加速我省的精细化工业发展,为各项工业生产提供原料,也可为国家节省大量外汇。

二、产品的需要预测

1. 国外市场。由于天然动植物油脂对人体安全可靠,在生产过程中产生的废气、废水、废渣较少,所以,用天然油脂生产脂肪醇的技术已经在世界范围内引起关注。到20××年,以天然油脂为原料的醇系表面活性剂在全部表面活性剂中的比重,将从20××年的×%增加到×%,产量将由××万吨增加到×××万吨。

另外,国外对天然油脂生产脂肪醇的需求量都较大。根据××机构研究结果预测:石油原料的优势只能维持××年,从长远来看,天然油脂处于更加有利的地位。

2. 国内市场。我国生产脂肪醇的厂家只有×家化工厂,包括××化工厂、××化工厂、××化工厂、××化工厂等。其总产量约为××万吨。这远远满足不了我国日渐加快的发展步伐。根据××部门发布的数据显示:20××年,我国从国外进口脂肪醇约××万吨,价值×××万元人民币。其中,仅从×国就进口了××万吨。为了改变这种局面,国家将重点扩大脂肪醇的生产能力,而在高级脂肪醇的开发利用方面,引进天然脂肪醇生产项目更是列为发展规划的重中之重。

根据上述市场分析,天然脂肪醇生产项目的前景广阔,引进之后可以成为利国利民、利省利企的好项目。

【范例2】ERP项目实施报告

××公司的ERP项目实施报告

一、项目概述

××公司是一家大型的中外合资企业。公司拥有世界一流的技术和设备,具有国际化生产与经营能力。

"××公司ERP项目"是公司领导本着提高企业管理水平、提高生产效率、加大增收节支力度的目的,在20××年××月与××软件有限公司签订而成。该项目选用××ERP应用软件,关键目标在于实现总公司对分公司所在地仓库库存、销售和分销管理的实时控制,保证总公司和分公司的财务部门、供应部门、物流部门、销售部门的信息畅通,为企业领导的准确决策提供依据。

1. 项目内容。××公司ERP项目由财务管理、物流业务管理构成。其中财务管理涉及公司的财务核算、结算及预决算,应用于各公司的财务部门,其特点是电算化程度高、精细化管理、业务覆盖面广。

物流业务管理涉及公司的采购、库存、销售等业务处理,应用于总公司的财务部、市场部、采购部、中央仓库、各生产车间。

2. 项目时间。××公司ERP项目中的财务管理部分于20××年××月开始实施,并于3个月后基本实施完毕并正式使用。物流业务管理部分于20××年××月开始实施,并于1个月后正式运行。

现在,整个项目基本完成,各部门、各岗位对软件的使用已通过检验试用,业务数据正确性得到可靠保证。

3. 项目实施人员。××公司ERP项目组成人员由××公司各部门人员及××软件公司的实施小组成员组成。××软件公司的实施小组成员由实施人员、程序开发人员构成。整个实施过程参与的部门有:财务ERP事业部、技术服务部等。具体人员安排如下(略)。

4. 应用的技术。××公司ERP项目硬件环境优良,网络技术先进,系统软件及应用软件庞大,在××公司的统一策划下,结构合理,性价比高。

(1) 硬件技术(略)。

(2) 软件技术(略)。

(3) 网络结构(略)。

二、实施过程及成果

ERP项目实施方法非常直观,包含六个步骤:计划和安装、教育和业务系统模拟、操作规程制定、数据转换计划、最终用户培训和系统切换、实施后的效果评估。

阶段一:计划和安装

良好的计划将保证实施的成功。在项目实施的计划阶段,ERP软件实施人员认真听取并了解客户的业务需求、目标和期望,然后配置适合的工作小组、资源和合理的步骤,并进行优化组合。

本阶段的实施成果:(略)。

阶段二:教育和业务系统模拟

教育阶段包括培训学习ERP软件产品功能和相关功能模块的知识,将ERP软件的运作方式与企业具体的业务功能相比较,对相关数据进行讨论。

本阶段的实施成果:(略)。

阶段三:操作规程制定

本阶段,项目小组汇集并分析了讨论结果,制定出详细的操作规程。

本阶段完成的各项工作:(略)。

阶段四:数据转换计划

本阶段为ERP系统投入运行做好了准备,项目实施小组制订了一组计划将原系统中的数据转换到新的系统中。

本阶段完成的各项工作:(略)。

阶段五:最终用户实际应用和系统切换(略)

本阶段完成的各项工作:(略)。

阶段六:实施后的效果评估

这是项目实施的最后一步,包括衡量用户最终的使用效率,细化管理政策和操作规程,测定系统的性能,制订新的计划来满足客户的其他需求,所有未完成的问题将在此阶段进行处理。

本阶段完成的任务:(略)。

三、项目应用情况

××公司在完成ERP项目后,ERP产品的账务管理、辅助管理、工资管理、固定资产管理、报表管理、报表汇总、成本核算、中央控制、标准管理、现金流量表分析、财务分析、财务预算、预算汇总、报表合并、综合查询子系统、采购计划、采购管理、库存管理、存货核算、销售管理等系统在我公司得到很好的应用。下面从财务、物流管理两方面分别介绍软件的使用情况。

1. 财务方面(略)。

2. 物流管理方面(略)。

四、项目效益

××公司ERP项目为我公司带来了如下效益:

1. 业务流程得到进一步的简化完善(略)。

2. 对公司业务管理水平得到很大的加强和提高(略)。

3. 提高了信息处理的及时性、快捷性(略)。

4. 减轻了公司员工的劳动强度,提高了工作效率(略)。

写作要领

项目引进预测报告是在调查研究的基础上,从项目的发展背景、基础条件出发,具体分析引进项目前景的报告文书。

项目引进预测报告的主要内容包括:建设项目的目的及其意义;项目需求预测;项目实施过程;项目实施结果分析等,此部分内容是预测报告的主要部分,为产品设计和确定市场规模提供重要依据,要在调查数据的支持下做出重点说明。

第二章 市场经营类文书写作

第一节　经营计划书

参考范文

【范例1】公司年度经营计划书

××公司年度经营计划书

一、长期计划概况

1. 公司集团计划的基本观念。

(1)依照公司集团的规模,筹措长期资金。

(2)拟订长期人才培养和发展计划。

(3)编制公司年度经营目标和发展规划,并提出具体实施措施。

(4)发布与实施。因每年元月进入下一事业年度,所以必须在本年度12月中旬将全部规划制定完毕,向全体员工发布,以使公司员工取得共识,增强公司的凝聚力和向心力。

2. 长期计划的修正。

本年度是经济的大转变期,公司要斟酌年度计划,准备大幅调整未来5年的长期计划。

3. 经营的基本方针。

(1)公司是制造名牌运动用品的企业,必须承担起引导潮流和消费的任务。

(2)公司要维护顾客的利益,对顾客的服务要做到尽善尽美,最终达到服务社会的目的。

(3)公司要重视员工的发展,重视每个人的成长,按贡献和能力高低支付薪资。

(4)公司要通过顺利完成年度经营计划目标,实现利润增长和规模效益,求得公司成长和发展,以求在竞争中立于不败之地。

二、20××年度计划的编制

1. 20××年度的展望。

虽然经营环境由极度繁盛阶段进入调整阶段,但仍有若干产品获得快速发展。公司根据经营环境的变化,坚持提高所经营商品本身效益性,使公司利润和效益进一步提高。

2008年金融危机以来,在不景气情况下需求的减少,并非与本公司经营状况和产品的价格发生很大的关联。因此,我们要更进一步地开发商品,努力加强营销与经营管理。但由于总体的变革,我们预估的年成长率将不及以往3年的50%,而只能达到20%~30%。

2. 实施企业单位利润中心制。

过去5年来,公司规模随销售额的增加而扩大至目前的阶段。为适应多种经营及产品多样化的要求,本公司由单一商品经营公司发展为具有多种相关产品的企业集团。因此,为使公司适应环境,渡过难关,必须实施企业单位利润中心制。

3. 具体方针。

(1)确立利润中心制。

(2)经费维持现状(成本中心)。

(3)库存与应收账款维持现状。

应收账款有增加的趋势,今后应收账款的增加,需配合库存量的减少。

(4)设备投资的检查。

(5)资金调度的健全化。

1)稳定资金的流入,公司将从金融机构贷入长期安定资金。

2)安全准备金,储蓄准备金×亿元。

三、名牌运动鞋事业部国外市场开发与发展计划

1. 长期展望。

(1)中国近年来运动鞋制造业发展强劲,尤以运动鞋对外输出为大宗,整厂输出的模式已蔚然成风,本公司亦考虑于3年内在国外设立分厂生产。

(2)除了海外设厂的规划,本公司亦有鉴于运动、休闲风气的普及,以及休闲人口的年轻化,准备全力开发10~17岁及18~22岁的运动休闲鞋市场。

2. 20××年度的发展计划。

(1)积极开发海外工厂所在国的销售市场。

(2)加大所在国广告宣传力度,开展当地销售网点、连锁店及专卖店的可行性评估。

(3)建立与所在国员工间良好的人际关系,并使内、外人士均认同本公司在同行业中的领导地位。

(4)组织机构的设立与事业发展规划(表格略)。

(5)名牌运动鞋事业部损益计划书(表格略)。

四、研究发展部(R&D)的方针与计划(略)

五、财务部的方针与计划(略)

【范例2】连锁快餐店经营计划书

连锁快餐店经营计划书

一、计划目标

发展中国真正意义上的快餐行业,利用合理有效的管理和投资,建立规模适度、目标明确的大型快餐连锁公司。

二、市场分析

随着社会生活节奏的加快,快餐业的存在和发展成为毋庸置疑的问题。虽然中国的快餐业发展十分迅速,但洋快餐的充斥使大部分市场都不得不与中式快餐结缘。如何去占领中式快餐的那部分市场,是我们需要解决的问题。

市场调查表明,当人均收入达到2000美元时,传统的家务劳动将转向社会。由此快餐业务的发展将进入急剧扩张的时代,所以中国快餐市场将随着我国经济发展而进入高速发展的阶段。

目前,市场上的西式快餐其实并不完全适合国人对快餐的消费观念和对传统饮食的需求。就西式快餐最普通的汉堡包而言,除了新奇,基本上是没有什么美味可言。而且,快餐在美国的发展向来是以价格低廉而著称的,是大众日常消费的对象。但在中国的市场上,西式快餐的价格还远未达到大众化所能接受的程度,这也决定了不可能让工薪阶层经常去尝试那份新奇快餐。

但考察现行中式快餐店,小、脏、乱、差的状况仍然很严重,现实中式快餐的众多弱点,给我们建立中式快餐连锁店提供了绝好的市场机会。只要我们能抓住这些市场机会,改善中式快餐经营上的诸多缺陷,并发展我们自己的特色,那么我们进入中式快餐市场占据较大市场份额的创业计划,是极有可能成功的。

三、实施方案

1. 快餐服务业的模式。以顾客为中心,以顾客满意为目的,通过提高顾客满意度,最终达到公司经营理念的推广。

2. 目标市场的定位。大众能接受的中式快餐业,顾客群是上班族、儿童、休闲族等。

3. 市场策略。产品工业化、产品标准化、管理科学化、经营连锁化。

(1) 虚拟公司的名称,员工的服装,经营的理念,内部管理和总公司保持统一,但它们没有过多的装饰,也没有营业餐厅,更像是一个快餐集配中心。它们接收公司配送中心运来的相关半制成品,只要简单加工,就可以成型。虚拟公司的快餐产品订单是提供给上班族在工作单位午餐之用。它们的前台接待服务也是虚拟的,靠的是电话订购体系和快速运送体系,我们将建立送餐专线电话,运送业务由统一的公司小巴和服务人员负责运送。

(2) 流动快餐公司。针对早餐人口流动性大、时间紧迫的特点,我们将由模式统一的公司小巴和服务人员流动至各主要需求网点向顾客提供方便、营养的早套餐。因学生人数众多,还可推出学生营养快餐,既注重经济效益,又兼顾了社会效应。

(3) 快餐公司形象策略。在位于商业区、旅游景点区的快餐厅充分显示本公司的形象:清洁、卫生、实惠、温馨。请专业公司为我们制订一套广告计划,从公司的特点出发,力求共性中有个性。

四、投资计划

由点做起,辐射到面。立足于一个地区特点的消费群,初期发展就努力形成一定的规模经营,选择好几个经营网点地址后,同时闪亮登场。然后根据发展,辐射全国经营。

发展初期,大力发展西式快餐尚未涉足的虚拟快餐公司和流动快餐公司服务,待公司实力有了一定的积累,并有了稳定的顾客消费群体,再大力发展公司全面的服务策略。我们要根据人口流动密度、居民收入水平、实际消费等因素,在商业区、购物区、旅游区和住宅区等地大力发展前厅就餐的快餐经营模式。

五、投资收益

不仅是利润,更是服务和文化。作为这个行业的倡导者,希望本公司成为大众优质服务和行业健康发展的理想和信念,我们相信,只有在一种公平、理性的经营思路下,不懈地坚持,其结果是大家都希望的双赢局面,从而在总体上促进中式快餐的形成和发展。

写作要领

经营计划书是企业建立和初创期间,在确定经营目标、经营目的和经营观念的基础上,进一步规划和落实企业各种经营计划的工作文书。

一、制定经营计划书的目的

企业经营的目的是以最少的成本获取最大限度的利润,制定经营计划书的重要意义就是为这个目的服务的。具体而言,制定经营计划书有以下目的:

(1)努力提高经营业绩。

(2)更大程度地开发潜在市场。

(3)实施有效措施使企业持续经营。

(4)发挥多方积极性使企业发展壮大。

二、经营计划书的主要作用

经营计划书不但是企业的蓝图,也是创业者向外筹资的重要依据。一份好的经营计划书,对于初创企业而言就显得非常关键。因为创业者要想吸引投资者的资金,首先就必须显示出这项创业投资不但可能成功,同时还会带来很高的报酬。创业者需要很明确地说出企业经营的构想与策略、产品市场需求的规模与成长潜力、财务计划以及投资回收年限,同时创业者也要证明他对市场、财务的分析预测,是以具体事实为依据的。这时,一份高质量且内容丰富的计划书,就会成为投资者决定投资上述项目的关键媒介。

三、经营计划书的格式与内容

1. 标题。标题名称通常是公司名称加"经营计划书"或"发展计划书"

均可。

2. 正文。

(1) 提高企业经营业绩。

(2) 开发潜在市场。

(3) 可持续性经营。

(4) 企业发展壮大。

四、经营计划书的写作注意事项

经营计划书要简明扼要,实事求是。计划书太长,人们就不会认真阅读,甚至有时计划书的重点和中心也会被忽略。计划书泛泛而谈或言过其实,都会影响投资人的投资意愿。投资人往往想知道一些关于公司的真实情况,从中得到自己的结论。

第二节 销售计划书

参考范文

【范例1】年度销售计划书

××公司年度销售计划书

一、基本目标

1. ××公司年度销售额目标。

(1) 部门全体:××××万元以上。

(2) 员工每年:××万元以上。

(3) 每一营业部人员每月:×万元以上。

2. 利润目标(含税):×××万元以上。

3. 新产品的销售目标:×××万元以上。

二、基本方针

1. 本公司的业务机构及所有工作人员都应精通业务,积极进取,具有居安思危意识,努力完成本年度经营目标和销售任务。

2. 树立创新意识,提倡创新精神,鼓励员工敢于创新,锐意改革,全身心投入工作,努力做到高效率、高收益。

3. 为提高机构功能的敏捷化、高效化,公司将大幅度委让权限,充分发挥员工积极性,使员工激发潜力,果断决策,实现上述目标。

4. 为达到目标责任,拟建立目标责任制,实施奖惩制度,对贡献大的员工实施重赏重罚政策。

5. 为顺利完成年度计划,公司将建立健全各种规章制度,加强各种业务管理。

6. 加强对外合作。××股份有限公司与本公司在交易上订有书面协定,彼此遵守责任与义务。

7. 加强连锁经营。为促进各零售店的销售,应设立销售连锁经营体制,将原有目标客户转移为销售者市场,使本公司有领导代理店、零售店的权利。

8. 搞好公司业务培训,通过职业培训,指导其促销方式,借此进一步扩大目标市场。

9. 该目标计划包括全国××家店,以"连锁经营经销方式"来推动目标的实现。

三、业务机构计划

1. ××服务中心将升格为营业处,借以促进销售活动。

2. 在××营业处管辖范围内拟增设新的办事处(或服务中心)。

3. 调整食品等部门,其所属员工转配到××营业处,进一步扩大销售活动。

4. 现有业务机构均进行不同程度的改革和调整,确立各自的目标责任体制,以适应市场发展的需要。

5. 在业务扩展方面,还需进行大量的市场调研,并酌情进行改进。

四、零售店的促销计划

1. 新产品销售模式及体制。

(1)将全国的××家零售分销店依照区域划分,并在各划分区域内采用新产品的销售模式和体制。

(2)新产品销售模式要求各区域负责人在所管辖的×家分销店严格执行和推广新的销售模式,每周或隔周做一次调查访问,并借以进行技术指导,奖励先进,促进后进。

(3)上述各区域应在原有基础上提高销售额度,无论在销售额度或利润目标上都应有明显提高。

(4)各区域负责人的职责、任务、目标应进一步明确化,实行目标责任制。

2. 新产品协作机制的设立。

(1)为使新产品的销售模式与促销活动得以配合,以全国各区域及主力零售店为基础,设立新产品连锁经营协作会。

(2)新产品连锁经营协作会的主要工作大致包括以下内容:

1)负责协调本公司在全国各区域的连锁经营工作,促进公司年度销售任务的完成。

2)制订年度工作计划,监督、检查计划执行情况,负责召开年度工作协调会议。

3)开展市场调研,及时通报市场动向,引导销售工作。

4)开展日常工作,分发、寄送总部杂志,赠送本公司产品样品,负责审核、分发连锁经营商标给协作店。

5)协调连锁经营店之间的经销活动,避免内部销售竞争。

6)加强开展各媒体的广告宣传工作。

7)积极支持本公司全国连锁经营的经销商工作。

8)定期举办培训会、讲习会、研讨会。

9)积极推广介绍各连锁经营店的成功经验。

10)推广和介绍公司新推出产品和商品。

3. 提高零售店员工的责任意识。

为提高零售店员工的工作积极性,增强其销售意愿,提高销售额,特采取下列各项措施。

(1)奖金激励政策。

实行奖金与销售额挂钩,奖金占销售额的×%,销售额越高,则奖金提成越高。同时实行销售卡制度,当销售卡达到10张时,则增加奖金给员工以激励。

(2)员工的培训与辅导。

1)公司技术人员及销售总监定时对员工进行培训指导,借此提高员工的销售技巧,增强其对产品的认知。

2）销售负责人可亲自到店里进行示范指导，传授销售要领和技巧，明确执行技术说明，让员工从中获得直接的体验和感受。

五、扩大顾客需求计划

1. 明确广告宣传计划。

（1）在新产品销售模式机制确立之时，首先要进行大量的市场调研，并确定目标顾客和消费群体，了解市场情况和顾客需求。

（2）根据顾客需求，制订广告宣传计划，有针对性地做好媒体广告宣传，并及时做好广告效果回访加以改进，争取以最小的费用创造出最大的效果。

2. 活用购买调查卡。

（1）进行市场调研，运用顾客购买需求调查卡的调查方法等进行调研，切实了解和掌握顾客的真实需求和购买动机。

（2）利用购买调查卡的调查统计，建立新产品销售模式机制及顾客调查卡的管理体制，切实做好市场需求预测。

六、营业实绩的管理及统计

利用各零售店员工所收回的顾客调查卡，将销售额的实际结果统计出来，根据市场实际需求状况，不断改革产品销售模式机制，并不断改进销售方式和经营管理。

（1）依据各区域营业处直营店经营业绩，统计汇总全国直营店的总销售额。

（2）依据连锁经营业绩，统计汇总全国各连锁店的总销售额。

（3）另外几种销售额统计须以各营业处为单位制作。

根据上述统计，可观察各销售点的销售实绩并掌握各负责人员的活动实绩、各商品种类的销售实绩。

七、营业预算的确立及控制

1. 必须确立营业预算与经费预算，经费预算的决定通常随营业实绩做上下调节。

2. 预算方面的各种基准、要领等需加以完善成为示范本，本部与各事业部门则需交换合同。

3. 针对各事业部门做出的预算和实际费用的统计、比较及分析等做出决策。

4. 各事业部门的经理应分年、季、月，分别制订本部门的营业方针及计划，并提出本部门修正后的定案。

【范例2】产品销售计划书

××产品销售计划书

一、主体思想

1. 提高市场占有率。

2. 扩大产品知名度。

3. 树立规模、优质、专业、服务的良好形象。

二、操作思路

1. 确定销售目标。

(1)市场分析。目标客户集中的行业与区域;市场总体容量;竞品活动情况;客户采购方式;敌我优劣势分析。

(2)自身分析。产品优势,主打产品以及其所应对的行业;规模、品牌、专业、服务优势提炼;我们的机会在哪儿;年度盈利目标。

2. 制订销售计划。

(1)确定目标市场。

以行业销售为主(利润和稳定市场);渠道销售为辅(提高知名度,扩大市场占有率)。

行业主要指工矿、交通、建筑、消防、制造、工厂等有一定采购规模的目标客户。

渠道销售指区县级的加盟或者代理商。

(2)市场开发思路。

1)行业销售。首先确定我公司的优势产品(指市场控制好、价位好、质量好、厂家支持力度大、利润操作空间大的产品),确定优势产品所针对的行业,找出行业中有影响力的客户,整合各种资源进行销售攻关。以此作为我公司的样板和市场宣传者,协助我们打开市场缺口。然后以点带面系统性地开发行业客户。

2)渠道销售。主要针对区县市场有一定行业和社会关系,有发展潜力的经销商进行盈利模式的引导。

开始可以针对不同经销商的不同行业关系进行分类,在一个地区发展多个经销商。

待市场发展良好,知名度提高后,可以采取加盟或设立办事处等形式进行市场的整合。

3)根据实际情况采取行业会议等营销手段。

(3)在市场开发的同时加大对市场的调研力度,以便及时对销售目标和计划进行调整。

3. 筹备销售资源。

(1)团队组成:销售内勤;业务员(大客户型+渠道型);技术商务支持;

(2)薪酬制定:基本工资+考核工资+业绩提成+奖金+福利;

(3)制定销售制度和流程;

(4)编写培训计划和内容。

4. 销售经理前期工作。

(1)熟悉公司的组织架构、产品、业务流程。

(2)了解公司目前的市场、销售情况。

(3)了解公司现有销售团队情况。

(4)制订销售目标、计划。

(5)制定业务流程。

(6)制定考核、管理、奖惩制度。

(7)管理和培训销售团队。

(8)考察市场情况。

(9)维护开发大客户。

(10)协调公司各部门,整合销售资源。

【范例3】个人销售计划书

个人销售计划书

20××年刚接触这个行业时,在选择客户的问题上走过不少弯路,由于对这个行业还不太熟悉,总是选择一些食品行业,但这些企业往往对标签和价格非常注重,所以今年不应再选一些只看价格的客户,对质量没要求的客户不是好客户。

20××年的工作计划如下:

一、对于老客户和固定客户,要经常保持联系,在有时间、有条件的情况下,送一些小礼物或宴请客户,以稳定与客户的关系。

二、在拥有老客户的同时还要不断从各种媒体上获得客户信息。

三、要有好业绩就得加强业务学习,开阔视野,丰富知识,采取多样化形式,把学业务与交流技能相结合。

四、今年在工作中的新要求。

1. 每周要增加××个以上的新客户,还要有××~××个潜在客户。

2. 一周一小结,一月一大结,看看有哪些工作上的失误,及时改正以免再犯。

3. 会见客户之前要多了解客户的状态和需求,再做好准备工作,才有可能不会丢失这个客户。

4. 对客户不能有隐瞒和欺骗,这样不会有忠诚的客户。在有些问题上你和客户是一致的。

5. 要不断加强业务方面的学习,多了解有关信息,上网查阅相关资料,与同行们交流,向他们学习更好的方式方法。

6. 对所有客户的工作态度都要一样,既要有亲近感,又不能太低三下四。既给客户一个好印象,也为公司树立更好的形象。

7. 客户遇到问题,不能置之不理,一定要尽全力帮助他们解决。要先做人再做生意,让客户相信我们的工作实力,才能更好地完成任务。

8. 自信是非常重要的。要经常对自己说你是最好的,你是独一无二的。拥有健康乐观积极向上的工作态度才能更好地完成任务。

9. 与公司其他员工要有良好的沟通,要有团队意识、合作意识,多交流,多探讨,才能不断增长业务技能。

10. 为了今年的销售任务,每月我要努力完成××~××万元的任务额,为公司创造利润。

以上是我新一年的工作计划,工作中总会有各种各样的困难,我会向领导请示,向同事探讨,共同努力克服,为公司做出自己最大的贡献。

 **写作要领**

销售计划书是企业和销售人员在编制销售计划时形成的书面材料。销售计划是企业和员工在一定时间内,对产品销售的数量和销售目标的计划。

一、销售计划书的基本内容

销售计划书是企业战略管理的最终体现,好的销售计划书可以使企业的目标有条不紊地顺利实现。形象点说,销售计划书的内容是:要卖什么(商品计划)?卖到何处(销售路径或是顾客计划)?以什么价格卖(售价计划)?由谁去卖(组织计划)?怎么卖出去(销售方法计划)?

二、销售计划书的主要作用

1. 规定计划内的经营范围,可减少经营工作中的盲目性。

2. 规定计划经营所需的资源,企业可预先测算成本和费用开支,有利于节约人力和物力。

3. 规定经营的个体策略,可使各级工作人员明确自己的工作目标,有利于提高管理水平。

4. 规定各有关单位的营销职责,有利于协调企业各部门和各环节的关系。

5. 为生产计划提供可靠的依据。

三、销售计划书写作的注意事项

1. 销售计划书是对未来的一种预测和布置,所以应留有一定的空间,以便根据实际情况变化进行修正。

2. 销售计划的措施方法应与实际相符。

3. 计划目标的制定应适当。

4. 销售计划亦应有一定的创意,不宜太保守。

第三节 市场调研计划书

参考范文

【范例1】护肤霜市场调研计划书

××护肤霜市场调研计划书

一、调研背景

我公司在充分考察化妆品市场竞争状态的情况下,结合我公司目前的研究水平,决定进行化妆品的研发生产。为了了解市场需求,也为了更好地制定公司的相关策略,在新产品开发前要进行一次市场调研,努力做到既能迎合消费者需要,又能做到有的放矢。

二、调研目的

为了给新产品开发提供客观数据支持,本次市场研究工作的主要目的如下。

1. 了解消费者对××护肤霜的消费现状,分析××护肤霜市场的竞争态势,了解男士护肤霜的市场容量,为新产品市场定位提供依据。

2. 研究××护肤霜消费者的消费心理、需求动机及其消费行为特点,为新产品确定目标消费群,并为制作广告提供参考依据。

3. 了解消费者获取化妆品的具体渠道,为新产品上市推广策略的制定提供依据。

4. 了解消费者对本公司新产品——××护肤霜的接受程度。

三、调研内容

根据上述研究目的,我们本次调研内容主要包括以下各项。

1. 了解消费者对××护肤霜的消费现状,分析××护肤霜市场的竞争态势,了解××护肤霜的市场容量,为新产品市场定位提供依据。

(1) 了解消费者购买××护肤霜时所考虑的因素(包装、渠道等)。

(2)了解现在××护肤霜市场上的竞争对手,以及其市场占有率(明确自己的市场地位及竞争对策)。

2. 探究××护肤霜消费者的消费心理、需求动机及其消费行为特点。

(1)了解消费者购买××护肤霜的目的(广告诉求点)。

(2)消费者了解××护肤霜的主要途径(广告宣传渠道选择)。

(3)了解消费者在化妆品方面的消费水平(根据消费水平进行市场细分)。

3. 了解消费者对本公司新产品——××护肤霜的接受程度。

(1)被访者对我公司所开发新产品的接受程度。

(2)被访者对新产品开发的建议及意见。

四、目标被访者定义

因本次调查是一项探索性研究,要求样本要有广泛的代表性,以期能够基本反映消费者对××护肤霜的认知和评价,以及对本产品的接受程度和期望。

1. 其亲戚朋友不在化妆品公司或广告公司工作。

2. 年龄在××~××岁,衣着讲究者。

五、调查方法与抽样设计

根据本调研的特点,本次调查方法与抽样设计如下:

1. 本次调研采用问卷式。

2. 访问采用街头随机采访形式。

六、样本量

考虑到本次市场研究对样本量的要求、成本方面的经济性及时间问题,本次研究对消费者调查所需要的样本量约为×××个(由于时间等原因实施时为×××个)。

七、访员安排

1. 本次调查由我公司营销部门人员完成。

2. 正式调查前由新产品开发的技术人员对访员进行专业知识的培训,以确保调查工作质量。

八、质量控制与复核

1. 为保证调查质量,我们采取××人/组调查方式,一审二审复核制。

2. 我们将实行一票否决值,即发现调查员一份问卷作弊,该调查员所有问卷作废。

九、数据录入与处理

参与本产品开发调研的数据录入人员及编码人员将参与问卷的制作与调查培训;在数据录入后需抽取××%的样本进行录入复核,以保证录入质量;数据处理采用 SPSS 软件进行。

十、研究时间安排(自项目确定日起)

××月××日~××月××日:方案与问卷设计

××月××日~××月××日:调查实施

××月××日~××月××日:数据处理与分析

××月××日~××月××日:报告撰写与发布

十一、费用预算

项目费用预算约为××××元,其用途分别如下:

1. 问卷设计、问卷印刷×××元。
2. 调查与复核费用×××元。
3. 数据处理(编码、录入、处理、分析)×××元。
4. 报告撰写与制作×××元。
5. 合计:××××元。

【范例2】啤酒市场研究计划书

××地区啤酒市场研究计划书

一、研究背景

目前××地区啤酒市场群雄争霸,领导品牌尚未形成。×××啤酒品牌认知明显不如其他产品,市场占有率不高,外埠产品占有较大比重。清楚地了解当地啤酒市场,认识消费者的需求,是啤酒行业在该地区竞争中取胜,得以生存发展的关键。

×××啤酒公司是英国×××啤酒公司与××省×××啤酒公司组成的××地区最大的合资企业之一。为了进一步发展市场和明确下一步的发展方向,×××啤酒将进行一系列的战略性市场调查。此次调查的重点将是进一步了解××啤酒市场的构成,以及××啤酒消费者的消费行为,在此基础上识别市场机会,为公司品牌的发展提供方向。

二、研究内容

通过消费者市场调查,了解消费者对啤酒的认知、态度及购买、消费行为习惯,进行市场细分、消费者细分。

1. ××地区啤酒市场概况。

(1)目标消费者数量及特征。

(2)市场规模(数量及金额)。

(3)品牌知名度及认知途径。

(4)品牌市场占有率(数量及金额)。

2. ××地区消费者对啤酒的饮用习惯。

(1)饮用动机。

(2)饮用频率。

(3)饮用量。

(4)饮用场所。

3. 了解××地区消费者对啤酒的购买习惯。

(1)购买动机。

(2)购买频率。

(3)购买量。

(4)主要购买品牌及原因。

(5)购买场所。

(6)购买时考虑的因素。

4. 消费者对××啤酒产品的看法。

(1)企业知名度与企业形象。

(2)对企业产品的认知情况。

(3)对某一品牌的形象评价。

三、研究方法

1. 抽样设计。

目标总体:××地区啤酒消费者。

调查范围:××、××、××、××、××、××共×个城市

调查对象:年龄在××~××岁的常住家庭人口。

2. 抽样方法。采用分层多阶段概率与规模成比例(PPS)系统抽样。

3. 样本规模。依各城市人口规模,参考统计误差要求,测算各城市样本

量如下：

城　市	样本量(个)	城　市	样本量(个)
××	××	××	××
××	××	××	××
××	××	××	××

4. 推断要求与抽样地域分类。

各城市均独立推断，以期获得对城市啤酒市场的全面了解，并在此基础上推论××地区城市啤酒市场情况。

从有关统计资料取得各城市城区及其各居委会20××年人口数，以计算各类地区内样本分配及规模估计值。

5. 数据搜集方法：入户调查。

6. 质量监控。

(1) 根据研究内容，事先设计好调查问卷，由经过专门培训的访问员手持问卷，对经过随机抽样的被访者进行一对一面访。

(2) 所有访问员均经过项目试访，在督导确认其对问卷正确理解并掌握访问技巧后才正式开始访问。

(3) 访问员将会严格按照问卷中的发问方式逐字读出问题，而不带任何自发的解释及提示，以防产生误导。

(4) 对于每个访问员所交回的问卷，督导均会做一审及二审，并抽取××%的问卷作回访复核，以保证问卷的真实性、可信度。

7. 报告形式。

(1) 口头报告。

(2) ××啤酒市场消费者行为研究报告。

四、时间进度

内　容	进　度
方案及问卷设计	××个工作日
培训及抽样	××个工作日
调查、回访、审核	××个工作日
数据处理	××个工作日
分析与报告	××个工作日
合　计	××个工作日

五、所需费用

面访调查	×××元
编码录入	×××元
问卷印刷费	×××元
分析报告打印费	×××元
（合　计）	×××元

六、付款条件

客户于计划书确定后××日内,支付所需费用的××%,其余则在递交有关研究报告××日内付清。

写作要领

市场调研计划书是企业为顺利开展市场调研活动而设计出的计划类文书。市场调研计划书必须对现有客户、产品、销售对象、定价、促销活动、分销策略,以及支持服务等制定出明确的调研步骤及目标。

一、市场调研计划的特点

市场调研计划书是对市场的全面情况,或某一侧面、某一问题进行调查研究工作后撰写出来的文案,是针对市场经济情况进行的调查与分析,因而有着不同于其他计划的特点。

1. 针对性。撰写调研计划书必须明确调查的目的,调查必须围绕主题开展,或是为了解决某一问题,或是为了说明某一问题,做到有的放矢。

2. 时效性。市场调查必须掌握准确、及时、系统的信息资料,对市场变化快速做出反应,并对未来状况加以分析,使决策跟上市场形势的发展变化,发挥调查计划的作用。

3. 新颖性。市场调研计划书应紧紧抓住市场活动的新动向、新问题,提出新观点,形成新结论,能正确指导企业市场经营活动。

二、市场调研计划书的内容

1. 摘要。摘要是整个报告书的一个简短小结,既要求简明清晰,又要提供帮助理解报告基本内容的充分信息。

2. 调研目的。说明提出该项目的背景,要研究的问题和备选的各种可能决策,该调研结果可能带来的社会效益或经济效益,或是在理论研究方面的重大意义。

3. 调研内容和范围。说明调研的主要内容,规定所需获取的信息,列出主要的调查问答题和有关的理论假设,明确调查的范围和对象。

4. 市场调研步骤。

(1)确定市场调研目标。在调研之前,须先针对企业所面临的市场现状和亟待解决的问题,确定市场调研的目标和范围。

(2)确定所需信息资料。根据已确定的目标和范围收集与之密切相关的资料,而没有必要面面俱到。

(3)确定资料收集方式。根据所需资料的性质选择合适的方法。

(4)收集现成资料。为了有效地利用企业内外现有资料和信息,首先应该利用室内调研方法,集中收集与既定目标有关的信息,包括对企业内部经营资料、各级政府统计数据、行业调查报告和学术研究成果的收集和整理。

(5)设计调查方案。根据既定目标的要求,采用实地调查方法,以获取有针对性的市场情报。

(6)组织实地调查。对调研人员进行训练,加强对调查活动的规划和监控,针对调查中出现的问题及时调整和补救。

(7)统计分析结果。对获得的信息和资料进行进一步统计分析,提出相应的建议和对策是市场调研的根本目的。

(8)准备研究报告。市场调研的最后阶段是根据比较、分析和预测的结果写出书面调研报告。

5. 调研方针与方法。用简洁的文字表达调研方针,说明所采用的研究方法的重要特征,及与其他方法相比较的长处和局限性;将要采取的抽样方案的主要内容和步骤;样本量的大小和可能达到的精度;采取什么质量控制的方法;数据收集的方法和调查的方式;问卷的形式及设计方面的相关考虑,数据处理和分析的方法等。细节可写在附录中。

6. 调研进度和经费预算。详细地列出完成每一步骤所需的天数以及起始终止时间。计划要稍稍留有余地,但也不能把时间拖得太长。详细地列出每一项所需的费用,通过认真的估算,实事求是地给出每项的预算和总预算。

7. 附录。具体内容如下:

（1）调研项目负责人及主要参加者的名单。说明每个人的专业特长以及在该项目中的主要分工。课题组成员的水平和经历对获得项目的批准有时是很起作用的。

（2）方案的技术说明及细节说明。

（3）问卷设计中的有关技术说明。

（4）数据处理方法,所用软件等方面的说明。

撰写总体方案设计报告是十分重要的一步。它确保了将管理决策部门的问题转换成能够提供相关的、及时的而且是准确信息的调查研究项目,并且项目的费用并不高于所得信息的价值。

第四节　市场调查报告

 参考范文

【范例1】洗衣机市场调查报告

竞争在今天　希望在明天
全国洗衣机问卷调查分析报告(节选)

20世纪下半叶以来,我国洗衣机生产逐渐进入了飞速发展阶段。十九大报告中提出我国社会主要矛盾发生转变,随着人民生活水平的提高,消费者需求不断增长,洗衣机生产能力也急剧扩大。目前,全国各地的洗衣机生产厂达××余家,年生产能力达××万台以上。我国居民家庭洗衣机拥有量也成倍增长,城镇居民每百户洗衣机拥有量从19××年的××台增加到20××年的××台。近几年,随着洗衣机家庭拥有量的增加,生产规模不断扩大,洗衣机市场出现波动,产品出现积压,全国洗衣机年生产量从×××年的××万台跌到××××年的××万台。大批洗衣机厂家出现亏损,我国洗衣机行业面临严峻挑战。洗衣机市场前景如何? 市场上对洗衣机的需求量到底有多大？消费者需要什么型号的洗衣机？用户对厂家的售后服务评价怎样？下边是20××年我们对全国洗衣机市场问卷调查的情况分析。

一、全国洗衣机市场现状

1. 市场态势。我国洗衣机市场起伏较大。20世纪××年代开始起步不久，就进入急剧发展阶段。××××年到××××年连续高速增长，到×××年，市场销售量达到顶峰。但××××年以后，洗衣机销售开始急剧下滑，到××××年已跌到××××年左右的水平。从20××年的情况看，下降趋势有所减缓。

2. 洗衣机拥有率。我国城乡洗衣机拥有率差别较大，城市居民家庭洗衣机拥有率在××%左右，农村居民家庭拥有率较低。洗衣机已成为我国城市居民家庭的一般消费品，在农村则有许多家庭没有洗衣机。科研人员、机关干部、企事业单位居民家庭洗衣机拥有率最高，均在××%以上；工人、军人、城镇居民家庭次之；农村居民家庭洗衣机拥有率较低。

3. 现有洗衣机品种、规格情况（略）。

4. 部分牌号洗衣机现有市场占有率（略）。

二、用户对洗衣机的意见

1. 用户对洗衣机的总体评价。用户对所用洗衣机表示满意的（包括很满意、比较满意）占××%，不满意（包括不满意、很不满意）的占××%，感觉一般的占××%。即现有洗衣机在×/×左右用户中的满意程度有待提高。农村用户中不满意（包括不满意、很不满意）的占××%，比大中城市用户多××%左右。

2. 用户对洗衣机不满意的方面（略）。

3. 使用中出现的问题。漏水，占有故障洗衣机的××%；箱体锈蚀，占有故障洗衣机的××%；不启动，占有故障洗衣机的××%。其中，箱体锈蚀问题，在小城镇表现得较突出。

三、用户对售后服务的意见

1. 维修次数。社会现有洗衣机中没有维修过的不到一半，维修过××次的占×/×左右。维修过××次的占××%。在维修过的洗衣机中，修过××次以上的约占×%。也有极少数维修次数达××次以上。这说明我国有些洗衣机本身质量及维修质量存在一定问题。

2. 维修时距(略)。

3. 维修不方便的原因(略)。

4. "三包"情况。对于"三包"(一定时间内包修、包换、包退)规定的执行情况,有16%左右的用户反映存在违反"三包"规定现象,其中农村用户比城市用户多××%左右。这表明,"三包"规定没有得到完全执行。

四、洗衣机市场预测

这次调查偏重于消费者对洗衣机的购买倾向,实际购买行为除心理倾向外,还会受其他许多因素(如经济能力、市场导向等)的影响。但购买倾向是导致实际购买行为的关键因素。因此,对消费者需求倾向的分析有助于了解市场需求。

1. 购买意向。在填写问卷的消费者中,有×%消费者表示在近几年内打算购买洗衣机,其中农村有×%的消费者表示打算购买。在没有洗衣机的消费者中,有×%的消费者打算购买;在已经拥有洗衣机的消费者中,×%的人准备更新。这表明,我国洗衣机市场的潜力很大。

2. 洗衣机品种需求。

(1)品种(略)。

(2)全自动类型。套缸式洗衣机需求量占×%,滚筒式需求量占×%。在各种洗涤方式的全自动洗衣机中,喜欢微电脑自动的用户较喜欢机械程控自动的用户要多,而且城市地区用户又比农村地区用户更喜欢微电脑控制的洗衣机,滚筒式自动洗衣机在全国各地都有一定的需求量,其中需求量在××%以上的地区有天津、河北、山东、陕西、宁夏、新疆,需求量在××%以下的地区有黑龙江、上海、江苏、湖南,因为这些地区波轮式洗衣机用户占大多数。

(3)容量需求(略)。

(4)颜色(略)。

(5)烘干机需求(略)。

3. 品牌选择。在我国目前洗衣机市场上,已有几个品牌确立了自己的主导地位,它们分别是××、××、××。这几家产品合计占市场需求的××%,另外,××、××、××、××等品牌洗衣机也拥有一定的市场。除此之外,其他品牌的洗衣机在市场上的需求量比较少。值得一提的是,有些目前市场占有情况较好的洗衣机品牌,在本次调查中表示愿意选择的用户比较少,这可能与调查问卷中出现的洗衣机品牌导向问题有关。

下列表格所列,是消费者选择洗衣机时考虑的因素。

消费者购买依据

重视因素	总体	大城市	中小城市	小城镇	农村
价格	××	××	××	××	××
质量	××	××	××	××	××
品牌	××	××	××	××	××
功能	××	××	××	××	××
容量	××	××	××	××	××
售后服务	××	××	××	××	××
广告	××	××	××	××	××
他人介绍	××	××	××	××	××
外观	××	××	××	××	××
其他	××	××	××	××	××

从中可以看出,现在消费者选购洗衣机最重视的因素仍是质量。直接根据广告宣传来选购的消费者也较少,这说明当前生产厂家广告宣传应以突出自己质量品质为重点,在消费者中树立起自己的优质形象,以便赢得越来越多的消费者。

以上是根据这次问卷调查所得到的市场信息对我国洗衣机市场所做的分析,由于这次调查是通过发表在《人民日报》上的调查问卷进行的,在有些问题上难免会受到《人民日报》发行范围和读者群的局限。市场调查只能反映一定时期市场的状况,随着生产、消费等多种因素的变化,洗衣机市场也会不断发生变化。

【范例2】家用空调市场调查报告

20××年××品牌家用空调市场调查报告

一、市场概述

××省作为中国经济大省,其人口流动量以及城市建设等皆占据全国首位。同时包括的城市范围也非常辽阔。其中,××、××、××、××、××、××、××、××八大城市占据××省市场空调容量的××%左右。其次,××、××、××、××等城市占据市场容量的×%左右。

20××年度,是××省××年来最热的一年,进入6月,高温天气超过往年,夹杂着过多的暴雨潮湿闷热,空调成为××省人民度夏的首要选择。受天气影响,××空调市场出现井喷式增长,总容量达×亿元左右。从市场需求可以看出,××、××、××、××等品牌因工厂设在××省,占有"天时、地利、人和"的优势。特别是××、××两大品牌,占据市场容量的××%左右,××占市场容量的××%左右,××占市场容量的××%左右,××占市场容量的×%左右,××占市场容量的×%左右。

市场竞争是残酷的。据20××年统计,在××市场仅存的品牌越来越少,目前在××市场畅销的国产品牌有××、××、××、××等,××在××地区有着一定的影响力,××地区有××%的消费者对××、××两大品牌非常认可。××空调由于进入××市场较早,销售渠道建设相对完善,加上其品牌效应带来的效果,而且近年来××空调主要走中高端产品路线,占据了一定的市场份额。××、××在××市场也占据了一定的份额,销量均有所上升。××空调由于今年营销模式的转变,带动其销量有一定的增长。在外资品牌方面,××、××电机、××重工在××市场也占有一定的市场容量。

二、品牌分述

1.××品牌。

××市场空调容量较大,本土空调企业比较多,再加上外来品牌纷纷加入进来,竞争压力可想而知。而××空调在××市场近年来一直保持良好的增长趋势,今年更是在全国各地市场全面飘红。对于家门口这个市场,××品牌竞争更是有声有色。20××年,××空调销售额达×亿元左右,其中,××地区销售额达×亿元左右,××地区为×亿元左右,××地区为×亿元左右,××、××地区为×亿元左右。

××空调在××地区设有××销售公司,主要负责×××等三、四级市场的开发和代理。其在一、二级市场的主要代理商有××××电器,代理××以及周边地区;×××集团,代理××地区;××××,负责××地区;×××公司,代理区域包括××、××、××;×××电器,代理××地区;××金龙,负责××地区;××××,代理××、××地区;××机电,负责××地区。其主要直营商有××××、××电器、××专卖店等。

2. ××品牌。

"××模式",即"销售公司+专卖店"。随着"××模式"在国内市场取得巨大成功,该模式受到国内空调行业竞相仿效。因为尝到了甜头,××在每个年度都会使出两招:一是继续捆绑当地有实力的代理商,让其入股自己的销售公司;二是开店,不断增开××专卖店。20××年,在××市场,××空调又增开了××家左右的××专卖店,到20××年底,××在××地区的专卖店将突破××家。而这些专卖店也不负所望,与渠道商一起用实际的业绩让××继续高居于××省空调销售排行榜首位。20××年,××在××总销售额为××亿元左右。

××空调在××地区的主要直营商包括××××、××、×、×××、番禺××集团、××电器有限公司、×××电器、××家电、××冷气、××供销、××电器、××电器、××电器、××电器(同时负责××政府的采购)、×××贸易(同时负责××周边地区代理)、××专卖店等。

3. ××品牌。

凭借过硬的产品质量、真诚到永远的服务宗旨和创新意识,××在××市场,以一个外来者的身份,在20××年度,依然拿到了××亿元左右的销售业绩。其中××地区的销售额为××亿元左右,××地区的销售额为××亿元左右。××在××市场主要由××、××工贸公司以及×××贸易公司进行运作。其主要直营商为××、×××、××电器、中山××、××××百货、××集团、××华松、××、××××商城、××××、××(同时负责××地区的代理)、××电器、××××等。

4. 渠道分述。

20××年,××市场虽然出现集体井喷式的增长,但是"商场如战场",在这场没有硝烟的战争中,大部分品牌以及代理商、经销商并没有笑到最后。所谓"几家欢喜几家忧",××其实也并非传说中的"遍地黄金"。

20××年,许多代理经销商的营业额与上一年相比都有所下降,只有个别几家实力雄厚的还保持持续增长。各代理商的情况如下:××集团既是代理商又是经销商,上一年其代理的品牌较多,20××年公司代理了××和××。××供销公司,主要代理××、××、××三个品牌,销售额达××亿元左右。××××,是××地区最大的代理商,主要代理××、××、××、××等品牌,销售额达××亿元左右。××电器主要代理××、××、三个品牌,×××电器主要代理××、××、××、××电器共销售额达××亿元左右。××,主要代理××重工、××两个品牌,销售额达××亿元左右。××贸易,主要代理××、××、××等品牌,销售额达××亿元左右。××机电,主要代理××、××、××、××电机、××等品牌,销售额达××亿元左右。××,主要代理××、××电机两个品牌,销售额达××亿元左右。

××、××、××三大巨头占据××省销售额的××%左右。20××年,××在××有近百家门店,其中××有××家门店,××有××家门店。

【范例3】施工人员伤残保险市场调查报告

××经济技术开发区
20××年新开工项目施工人员伤残保险市场调查报告

根据开发区×××保险分公司开展新业务的指示,为了更全面地了解和掌握开发区20××年新开工项目工地施工人员伤残保险的市场前景和开发潜力,市场调查部近日就施工人员的参保心理、参保年龄范围、平均收入和工地组织参保情况等问题,对××公路工程施工人员进行了调查,现将调查情况报告如下。

××公路工程是20××年××市经济技术开发区最大的新施工项目。施工人员达×××人之多。对他们进行调查使我们能够掌握开发区"伤残保险"市场的基本情况。

一、施工人员参保心理不一

调查中发现,施工人员对参加伤残保险的看法不一致。大致有下面几种情况:认为很有必要参保的占××%,认为可买可不买的占××%,认为没有必要参保的占×%,认为自己经济有负担的×%。

二、施工人员参保年龄范围

××公路施工人员的年龄范围一般在××~××岁。在参加伤残保险的人群中,年龄在××~××岁的占×%,在××~××岁之间的人占×

×%(是三类参保人员中占比最大的),在××~××岁之间的占×%。这种分布情况的产生,与他们的参保心理和年平均收入有很大的关系。

三、施工人员的平均收入

施工人员分普通工人和技术工人两种。每年有效工作时间按×个月计算,普通工人每天工资在×××元左右,其年平均收入为×万元左右;技术工人每天工资在×××元左右,其年收入约为××万元。调查显示,参保施工人员以技工居多。

四、工地管理者组织参保情况

在调查××公路施工管理人员时发现,管理者并不太注重集体参保这种方式,理由大致有四个:

1. 参保属于自愿,公司从责任方面考虑,一般不愿组织集体参保。
2. 施工人员流动性较大,不易于组织参保。
3. 就办理参保手续方面,管理者认为会在一定程度上影响工作效率。
4. 管理者认为买保险属于施工人员与保险公司之间的交易,中间并无利益可言。

通过以上调查,市场调查部经研究讨论,特提出以下建议:

1. 加大施工人员伤残保险产品的宣传力度,让施工人员了解伤残保险的意义,让伤残保险走近施工人员。
2. 根据施工人员的年龄范围,有针对性地进行宣传销售保险产品。就以上调查情况而言,应锁定××~××岁、××~××岁的施工人群。
3. 充分考虑施工人员的经济收入情况,因为他们的经济水平是其能够参保的重要硬件,重点应放在技术工人人群。
4. 认真做好施工工地管理者的宣传鼓动工作,适当给予参保的管理人员一些优惠。

通过以上调查,我们认为开发区在建项目施工人员伤残保险市场的开发潜力巨大,建议公司在这方面进行重点的市场开发。

××经济技术开发区×××保险分公司

二○××年××月××日

写作要领

一、市场调查报告的概述

市场调查报告是根据市场调查研究活动及调查成果，提供的有现状、有分析、有结论、有建议的书面报告。市场调查报告有利于企业提高决策的科学性，有利于企业生产适销对路的产品，有利于企业制定有效的广告策略，有利于企业提高竞争能力。它是对有关市场营销的资料进行系统收集、记录和分析，认识现实与潜在市场，并得出结论的商务文书。

二、市场调查报告的写作内容与方法

1. 导言。

（1）扉页。扉页包括三项内容：①调查报告的标题（报告的题目）；②调查人员的姓名或报告撰写人员的姓名及所属单位；③完成和呈交报告的日期。

标题可分为三种：公文式、文章式、复合式。

（2）目录。如果调查报告的内容、页数较多，为了方便读者阅读，应当给调查报告设计目录。所谓目录也就是报告中各章节内容的索引和附录的顺序提要及其页码。目录的篇幅不宜超过1页。

（3）概要。概要是对调查报告基本内容的概括，常按照市场调查工作的顺序撰写，是对调查原始资料的收集、评价、得出结论及提出建议的全过程的归纳和总结。主要可以从以下几个方面撰写：①调查目的；②调查对象和调查内容；③调查研究的方法；④结论。

（4）导语（引言）。这部分通常包括进行本次调查工作的原因、调查范围、对调查问题的拟订、要达到的目标、收集资料的基本方法、调查所依据的一些假设、对有关方面的致谢、相关历史背景的简要描述。导语的目的是引起读者兴趣，引导读者深入阅读。

2. 正文。正文一般分前言、主体、结尾三部分。

（1）前言。有以下三种写法：①写明调查的起因或目的、时间和地点、对象或范围、经过与方法，以及人员组成等调查本身的情况，从中引出中心问题或基本结论。②写明调查对象的历史背景、大致发展经过、现实状况、主

要成绩、突出问题等基本情况,进而提出中心问题或主要观点。③开门见山,直接概括出调查的结果,如肯定做法、指出问题、提示影响、说明中心内容等。前言起到画龙点睛的作用,要精练概括,直切主题。

(2)主体。这是调查报告最主要的部分,详述调查研究的基本情况、做法、经验,以及分析调查研究所有材料中得出的各种具体认识、观点和基本结论。

3. 结尾。市场调查报告的结尾,一般有两种处理:①对较为简单的市场调查报告,可与对策建议合写;②对较复杂的市场调查报告,有时有必要单写结尾,主要与引言相呼应,重申全文的基本观点,增强决策者的紧迫感。

三、写作要求

1. 做好充分的准备工作。市场调查开始前,应该对有关现状和资料进行初步的分析,找出问题,明确调查问题的关键和范围,以选择最主要也是最需要的调查目标。一定要制定出细致的市场调查方案或调查提纲,其主要内容包括:确定市场调查的目的、内容、范围、对象、调查的方法、时间步骤、队伍、经费及问卷的设计等,并对调查方案的可行性进行分析,使准备工作科学、周密、可行。

2. 针对性强,突出重点。要根据调查的课题对以下内容进行选择或侧重。

(1)市场供求情况。

(2)产品情况。

(3)消费者情况。

(4)本企业经营销售情况。

(5)市场竞争情况。

(6)政策法规情况。

3. 深入分析,写好结论。市场调查报告不能停留在商情事实的陈述上,一定要用经济理论对调查资料进行深入的分析研究,要分析本质、分析联系、分析规律,要从事实中得出理论性的结论。结论要准确而有分量。

第五节　市场推广方案

 参考范文 ●────────────────────────────────

【范例1】装饰市场推广方案

装 饰 市 场 推 广 策 划 方 案

一、目的

提高××环境艺术设计事务所在××地区的品牌知名度,巩固原有市场地位,扩大市场占有率,并提升××品牌的美誉度,培养目标消费者的家居设计观念与意识,进一步开发新客户。

二、目标定位

已购房、待购房和旧房翻新的装修客户。

三、具体方案

本项推广活动周期一年,拟分为三个阶段进行,前期以品牌建立、市场宣传为主,中期承前启后,后期市场主攻。

第一阶段:"五一"黄金周前

1. 用户特性分析:考虑到很多人在结婚时都会购买新房并进行装修,将房子用作结婚新房,因此在用户这一块,我们考虑以新婚夫妇作为宣传诉求点,进行新房装修的相关折扣活动。"××祝福有情人,新房装修送彩礼"。

2. 价格分析:消费者在进行装修时关注价格,是除风格以外最关心的一个要素,装修价格主要由三部分组成:①装修的材料费用;②设计费用;③施工费用。在对价格组成进行分解后,我们考虑最好能够前向一体化,与材料商进行沟通,联合促销,降低成本以让利客户,并进行这方面的宣传,进行一次以"联动、心动"为主题的活动。

3. 标语:"××携手材料商,优惠活动一条龙"。

4. 悬挂地区:××、××世纪城、×××新区、新世纪××、××山庄、×

××花园等小区,每小区2条,共18条。××、××、××、××等主要路口,8个乡镇,每乡镇2条,共16条。

5. 编印宣传画册和宣传单页:宣传画册拟印2000本,规格为24开,8页,内容包含××设计理念、××作品展示、设计装修流程等。力求做到大气美观,同时兼具实用。利用宣传册多余的纸张精心设计宣传单页4000张,以传达××装修信息为主,在10月家装咨询周时随晚报夹送。

6. 费用估算。横幅:34条×60.00元=2040.00元;画册:画册2000本(24开8页,200克铜版纸,封面亚膜压纹)+4000张宣传单页(24开,200克铜版纸,双面彩印),计费用8000.00元。合计10040.00元。

第二阶段:6月底7月初

1. 目的:承前启后,以市场预热为主,巩固原有成果,为后期的主推活动造势。

2. 具体活动:悬挂横幅。

3. 横幅内容:"××装饰,炎炎夏日清凉价""从设计到施工,××让您更轻松"。

4. 悬挂地区:××、××世纪城、×××花园、××山庄、××花园等小区,每小区2条共18条。××、××、××、××等主要路口。8个乡镇,每乡镇2条共16条。

第三阶段:国庆节前后

1. 活动主题:××家装知识咨询周(拟)。

2. 活动形式:以展览形式进行家装知识的咨询,由××市消费者协会主办,××承办。

3. 时间:国庆节期间是消费者看房和买房的高峰期,因此市场推广活动考虑在"十一"前几天或者黄金周的后期进行。

4. 活动地点:××剧院门厅。

5. 具体方案。

(1) 横幅悬挂:"××装饰,让装修作品成为精品""××~××日××装饰真诚与您相约××剧院""热烈祝贺××装饰咨询周在××剧院举行"。

(2) 悬挂地点:××、××世纪城、×××、××山庄、××花园、××共九个小区,每小区1条,共9条。××、××、××、××等主要路口,共8个乡镇、每乡镇2条,共16条。

(3) 电视游动字幕:考虑到活动的内容用横幅无法准确完整地进行表

达,因此活动的宣传预告转为电视游动字幕为主要信息送达方式,××电视台多频道整点时段的游动字幕播出时间为18:50~19:40,此时部分家庭女性正忙于家务,部分频道的电视剧或周末期间女性喜爱的综艺类节目尚未播出,因此建议同时在一套推出单频道游动字幕,时间为20:10~21:00,以期达到更好的宣传效果,减少遗漏。

(4)宣传单页:弥补条幅、游动字幕机动性相对不足的缺点,随晚报进行宣传单页的夹送,争取宣传更到位,公众知晓面更广,营造一个热烈的活动氛围。

(5)活动周期间内容。

充气拱门:"热烈祝贺××装饰咨询周在××剧院举行"。

展览:含家装理念、××作品展示、样板房介绍、家装相关资讯介绍。

咨询:消费者购房、房屋装修知识和装修相关法律咨询。

装修讲座:考虑到咨询展览受各种因素的影响,向消费者传达的信息比较有限,因此推出家装讲座。讲座时间选择在晚上,但是为了同时避免家庭的晚餐时间,讲座的海报标题设计一定要能吸引人,内容上一定要生动,要抓住消费者最关心的问题展开,注意掌握讲座的节奏与气氛,毕竟讲座向消费者介绍知识只是开展市场推广活动的一种方式,最重要的还是要通过这种方式,与消费者建立一种融洽的互动关系,为将来公司的业务带来机会。

【范例2】地产市场推广方案

地产市场推广方案

一、项目形象特征及概念确定

1. 项目形象远景。

让生活有全方位、高层次的自然、尊贵体验;项目品牌特性:领先的、创新的、能实现自我价值的成就感;××岸·华庭——××首座大型山水生态型高尚别墅区。

2. 广告语。

金花银瀑陶醉乡,青山绿水栖居地;仁智之士乐山乐水,人杰地灵择水而居;山水之间尊贵尽显,诗意海岸精彩生活。

3. 项目案名LOGO的设计(略)。

4. 标准色、标准字及标准组合(略)。

5. 扩展运用。

6. 媒介组合。

二、目标群体简析

1. 年龄在35~50岁,多为企业高管、公司白领、私营企业主、个体工商户、政府官员等,年收入在20万元以上。购买行为多为二次置业。

2. 目标群体媒介接触习惯:报纸、电视接触较多,互联网等新媒体接触率相对更高;由于工作关系,户外活动较多。

3. 消费行为特点。

对于消费者而言,别墅的特点是价格昂贵,需要投入大量的资金,因此除现场考察外,通常还需多方收集信息资料、比较权衡;作为一种理性消费,消费者必须有足够的信息支撑其购买行为。

对发展商而言,房地产销售最大的好处是客户的本地性强、"作业面"窄、最大的压力是时间紧迫,数十乃至数百亿元资金的投入必须在一定时间内实现回笼,因此不仅需要高强度的广告攻势,更需要媒体广告能将别墅的优势、特点、卖点充分展示,吸引和激发消费者的购买热情。

三、媒体选择

广告大师奥格威说:"你介绍得越详细,销售得也就越多。"因此售楼广告宣传不宜过于简陋,更重要的是,一定要让消费者得到尽可能多的信息。具体媒介选择:

1. 户外广告:从地产广告的特性和××岸·华庭针对的目标群体的媒介接触习惯来看,户外广告作为首选媒体,电视、报纸广告媒介作为辅助媒介。具体媒介选择:(略)。

2. 户外路牌:在××市繁华商业区和交通要道上挑选3~5块大中型路牌,充分展示楼盘形象。

3.《××日报》:通过大幅广告传播信息,通过平面新闻纸质媒介树立权威性和可信度,并且针对部分政府官员、大学教授等消费群体。

4. ××市电视台:制作专题宣传项目的电视广告节目,开设与电视台合作的《××岸·华庭专题采访》栏目,每天黄金时段插播广告。

5. 移动广告:在出租车上张贴广告,通过出租车每天在××市区运营进行流动传播。

四、整合广告宣传服务

(一)总体构想。

1. 针对××市区情况和××岸·华庭的楼盘性质,建议整个广告推广活动中围绕"山水好景观,楼盘高品质"的核心,做足"山水"文章,既体现出楼盘品质,又传递文化气息。如:

(1)在售楼现场接待客人用的茶水采用"青山绿水",既符合案名又体现档次,并配以印有楼盘名称的茶叶桶就成为精美的小礼品。

(2)在售楼处播放的背景音乐是《高山流水》《春江花月夜》《蓝色多瑙河》《水边的阿狄丽娜》等与山水有关的中外经典音乐,使顾客对楼盘引起美好的联想。

2. 现场包装。

(1)围板:遮挡工地施工杂乱现场,大面积展示楼盘形象,在×公路沿街全线设置。

(2)工地及主要城市干道路牌:在繁华路段和交通要道上树立3~5块宣传牌。

(3)楼体招示横幅、楼层进度牌:表明建设施工的进展情况,可在小区成型建筑物上悬挂。

(4)导示牌:引导购房者、参观者路线,分小区内外部导示牌。

(5)立柱挂旗:建议在××路和××大道两侧的电杆设置广告牌,起到扩大气势和指引人流的双重作用。

(6)欢迎标牌。

(7)看楼专车。

(8)气球、挂旗:设置在售楼部和一些内外设施中,渲染气氛。

3. 卖场包装。

(1)形象墙:设置于售楼部主体背景上,内容为楼盘LOGO和主体广告语。

(2)实体展板:将要发售的各种户型、单位进行全面的介绍展示。

(3)售楼书。

1)楼盘概况:占地面积、建筑面积、公共建筑面积、商业建筑面积、建筑覆盖率、容积率。

2)绿化率、物业座数、车位数、物业结构、发展商、投资商、建筑商、物业管理人……

3)位置交通:楼盘所处具体位置图、交通路线图及位置、交通情况文字详细介绍。

4)周边环境:自然环境介绍、人文环境介绍、景观介绍。

5)生活配套设施:介绍周边学校、幼儿园、医院、菜市场、商场、超市、餐饮服务业、娱乐业、邮政电信……

6)规划设计:包括楼盘规划人、规划理念、规划特点、楼盘建筑设计者、设计理念、建筑特色、环艺绿化风格特色等介绍。

7)户型介绍、会所介绍、物业管理介绍,此外还有建筑装饰材料、保安管理系统、新材料、新科技成果运用等,根据楼盘自身优势卖点,进行侧重不同的介绍。

(4)折页:楼书的一个简化和补充;

(5)价格单页、付款方式清单;

(6)手袋设计;

(7)销售人员工作牌;

(8)信封信纸、名片、纸杯。

4. 样板间形象包装。

(1)楼梯氛围布置;

(2)楼梯间欢迎牌;

(3)展示中心导示牌;

(4)户型标牌;

(5)展示空间功能标牌(主人房、儿童房、父母房、客房、书房、电脑房、健身房等);

(6)免费赠送标牌(洁具、橱具等)。

(二)广告推广阶段策略。

以悬念导入,广泛全面地宣传,积累消费者关注度,在最短时间内打出高知名度。整合推广活动全面推动,有目的地针对目标消费群,宣传个性化的生活方式,形成品牌知名度和积累品牌美誉度并促成销售。重点在于××岸·华庭社区文化的营造,强调××岸生活的文化内涵,自然、个性、自在、回归自我的生活。

1. 媒体推广方案(暂略)。

第一阶段推广的策略计划(略)。

第一阶段推广的媒体计划(略)。

第一阶段推广费用预算(略)。

2. 软广告/新闻及新闻事件炒作:按实际需要进行操作。

五、PR(公共关系);SP(促销)活动以下几个构想

1. 组织××市和附近加油站(高速公路收费处),对(过路)进站加油的车辆进行餐巾纸赠送(包装盒上印上××岸·华庭广告)。

2. 与市区有关洗车点合作,制作印有××岸·华庭广告的免费洗车卡在市区发放。

3. 组织"吃住××饭店、游玩××岸·华庭"的准业主联谊活动。

4. 工程进行到一定程度,可组织省市内著名书画家开展"××岸·华庭"采风活动。

六、结束语

谨将此建议书提交给×××房地产开发有限公司,并期望能和贵公司共同按时按质完成本次市场推广任务,我们将会尽心尽责,期待和贵公司同心同力,共同发展!

如对本建议书有何异议和建议,请联系并共同商讨,谢谢!

顺颂

商祺!

二○××年××月××日

写作要领

市场推广方案,是企业向某特定市场与消费群体推广其产品或服务的一种营销企划书,在企业开拓某一新的市场期间经常会用到。

市场推广方案的主要内容有三点:消费群体分析;推广营销策略;具体操作方法。

第六节　促销活动方案

参考范文

【范例1】商场店庆促销方案

××购物中心十周年店庆促销策划书

一、企业销售状况分析

××购物中心商城是目前××省省内最大、档次最高、设施最好、功能最齐全的现代化大型购物中心,面积××万平方米,经营××万种国内外名优商品品牌。××购物中心商城自开业以来,取得了良好的社会效益和经济效益,销售额、利税额等各项指标均以每年两位数的速度递增(销售额、销售量、市场占有率等方面的资料略)。

二、促销产品范围、市场范围、促销周期

1. 由于对某购物中心商城的不同产品的销售情况资料未掌握,暂时选择了一个比较广泛的促销范围,包括生活××、名士××、绅士××、××丽苑、休闲××,文体××等。

2. 此次促销的市场范围是以××市市内××区为中心,向外部范围扩散。

3. 促销活动节奏执行"短、平、快"的原则,进行节庆促销的目的主要有两个:①提升销量;②提高商场的品牌形象。通过各种让利方式来变相促进销售活动,在某种情况下是降低品牌形象的,所以把促销活动时间定为某购物中心商城十周年店庆的前后两周,即从20××年××月××日到××月××日。

三、促销目标

一般来说,促销的目的主要有两个:一方面是提升销售量,争取更大的利润空间;另一方面就是提高自身的品牌形象。因此,利用××购物中心商城成立十周年店庆开展一系列的促销活动,充分树立与巩固其在消费者心目中的地位,提升××购物中心商城整体品牌形象,实现销售额的大幅度攀升。

四、促销策略和促销工具

促销策略是促销决策与管理的核心内容之一,也是企业能否打败竞争对手,立于不败之地的一个重要方面,常用的促销策略有折价类促销、有奖促销、免费类促销、销售竞赛、联合促销、印花类促销、节庆促销、事件类促销、会员制促销、服务促销、组合促销等。

折价类促销是一种最常用的促销策略,制造商运用折价促销将产品源源不断地送入分销渠道,促使批发商、零售商大批进货,零售商运用折价促销强有力地吸引消费者的注意力,激发其购买欲望,扩大销售额,并以此与竞争对手抗争,维持较高的市场占有率。在××市市场上,××购物中心商城最大的竞争对手××购物中心一般也采用这种促销策略,如春节期间的"满××元送×元"以及现在推出的新品春装优惠××元等活动。

会员制促销是企业与消费者建立一种长期的相互信任的关系后,利用会员卡向会员提供各种优惠和特别服务的一种促销策略。会员制对企业的功能是与消费者建立长期的关系,借此培养消费者的忠诚度和提高长期的消费量,增加企业的竞争力。

根据对各个促销策略的分析,结合某购物中心商城本身的实际情况及对其主要竞争对手的分析,这次十周年店庆采取以折扣类促销和会员制促销为主的促销策略,以媒体广告、宣传彩页为促销媒介的形式。

五、促销活动方式与各阶段行动方案安排

这是整个促销活动最为关键的组成部分。一般来说,促销活动的影响对象有三种类型:一是消费者;二是中间商;三是销售员。在此我们采取以消费者为主,销售员为辅的促销活动。

整个活动时间从20××年××月××日到20××年××月××日。

分为三个活动阶段:

××月××日到××月××日为促销活动的预热期。

××月××日到××月××日为整个活动的高潮期。

××月××日到××月××日为活动的延伸期。

1. 第一阶段(××月××日到××月××日)。

这是店庆促销活动的预热期,是整个活动的起始点,也是颇为关键的一个部分,好的开始便是成功的一半。在此期间主要采取媒体广告与宣传彩页的广告形式,力求把××购物中心商城十周年店庆促销活动的消息进行最大化的宣传,并把这一期间举行的各种促销活动,第一时间通过媒体广告告知消费者,把相关的促销活动以精美海报的形式张贴在某购物中心商城内外,如建筑物、大门前、商场楼梯口等。

相关促销活动:

(1)凡在××月××日到××月××日,一次性消费×××元及以上者,均可凭购物小票到服务台领取一张上面印有××元和××元的两用购物卡,在××购物中心商城通用。(注:××购物中心超市与规定的个别专柜除外;××元与××元的不可同时使用,一人一卡限用一次,打孔作废,有效期至20××年××月××日。)

(2)凡在××月××日到××月××日期间,累计购物满×××元以上者均可凭购物小票到服务台办理某购物中心会员卡一张。

(3)宣传彩页主要是针对会员这一消费群体。根据会员的数量招聘一定量的大学生兼职,比例约为×:×,并进行一定的培训。再提前3天从会员档案中调出会员的联系方式,用一对一的形式,最快的速度由兼职学生以派发、传送等形式把店内的促销宣传彩页和一封感谢信送到会员手中。这样的方式不仅仅是在为提高产品销售量做准备,更是培养了会员的忠诚度。

2. 第二阶段(××月××日到××月××日)。

随着预热期各项宣传策划工作的实施和完成,活动顺利进入高潮阶段。在这一时期第一阶段的促销活动仍然继续,这一阶段进入了销售量的直线攀升阶段。继续利用媒体广告对这一阶段的活动做好宣传,尤其是之后的时装走秀与"购物××商城中心,享受绚烂美好生活"歌唱比赛。

相关的促销活动:

(1)凡在××市市内××区于20××年××月××日出生的小朋友,凭出生证与父母身份证,于×日到×日××天之内(早9:00到晚9:00),当日购物满×××元均可到商场门口领取生日蛋糕券一张,过时无效。

(2)×月×日便是××购物中心商城成立十周年店庆纪念日。提前一天在××购物中心商城正门前搭建一个大型舞台,举行××购物中心商城的夏季品牌化妆品、时装走秀及与现场观众有奖问答等的互动形式为主的舞台营销。

(3) ×月×日恰好是周末,××商城广场周围的人流量是比较大的,可以充分利用这个假日购物小高潮,周六上午9:00到下午7:00在××商城广场举办一次"购物××商城中心,享受绚烂美好生活"的大型歌唱比赛,由现场观众做评委,采取现场报名的活动方式,报名人数控制在百人以内,报名者均可获得一份精美的小礼品,以现场投票的方式决出冠、亚、季军,冠军可获得价值×××元的购物券一张,亚军可获得价值×××元的购物券一张,季军可获得价值××元的购物券一张。购物券有效期至20××年×月×日。

3. 第三阶段(×月×日到×月×日)。

活动的延伸期,这一阶段就是借助店庆的余热,实现在销售额上的突破,提升××购物中心商城的品牌形象,原计划的活动仍然在进行中。×月×日与×月×日两天又迎来了一个周末,各部门的销售人员应把握好这最后的时间,为这次促销策划活动的圆满成功做最后的努力。

六、促销活动中对销售人员的管理

单独把对销售人员的管理列为一条,主要是突出并重视销售人员在整场促销活动中的重要作用,可以说销售人员是整个促销策划活动的执行者,与消费者接触更为直接和密切。在促销活动之前对销售人员的培训是十分必要的,内容包括心理素质训练、身体素质训练、仪表和礼节训练,知识和技能训练。并在促销活动期间对销售人员的工作状况进行考核与评估,并对表现出色的销售人员进行适当的奖励。这对促进销售人员增强遵守职业规章制度和职业道德的自觉性,调动积极性有重要的意义。

七、对促销活动的监控

所有的策划活动都仅仅是一种思路和方法,要想成功实施还要把这种思路全面地贯彻下去,对执行环节的管理和控制不可忽视。

1. 活动组织中的环节管控:由于活动涉及的部门和人员往往比较多且复杂,所以要提前专门为活动设计一种临时性的组织——活动组委会,然后分工实施,责权到位。如此才能够将一个复杂的活动有条不紊地穿成线,做到多位一体。

2. 对突发事件要未雨绸缪:由于一切不可抗力或突发事件随时都有

发生的可能性,所以在活动前就要专门对未来的种种结果进行预测和准备对策。

八、促销预算

从时间分配上来说,根据促销计划,第一、二、三阶段分别占广告费用的三成、四成和三成。促销活动预算,从理论上说用目标达成法计算比较科学。

九、活动效果评估

对商场各个部门的销售效果,分期做出归纳总结。

以抽样调查的方式开展市场调研,全面评估促销效果与促销目标之间的差距。

委托各部门及时反馈其销售情况及消费者反应,以及时改进销售策略和销售形式。

【范例2】节日商品促销方案

珠宝专卖店情人节促销活动企划案

一、活动背景

20××年2月14日,一年中最浪漫的日子,这一天无限柔情和蜜意尽情释放,真诚的渴望与期待等待回答,心与心的碰撞,撞出永恒不熄的爱的火花。在这样一个浪漫的日子里,我们以实际行动送上真诚的祝福,愿天下有情人终成眷属,白头偕老,美满幸福。

二、活动主题

"心语星愿":借浪漫的星,许诚挚的愿,与他(她)共续前世情缘。

在广阔无限的宇宙中,有一个很小很小的星球,在一个晚霞绚烂的傍晚,邂逅了一颗美丽的星星,那星星奔跑时,身后会带着一道五彩飘逸的光芒。"她好美!"他叹道,被她的美丽打动了,并等待为她做点什么,可是等了一年、十年、一百年、一千年、直到一万年以后,她才再一次神采奕奕地从他身旁跑过,他决定燃烧自己身体的1/10,去照亮她,让更多的星星去见证她的美丽。于是,天空中有一道美丽的弧光划过。可是他毕竟太小了,那光芒也太弱太弱,还没有来得及靠近,就已经陨落了,不知去向。他失望了,他付出了爱,但她却没有得到,于是他在浑浑噩噩中又度过了一万年。他想,如她再次出现,他定会燃烧全部的自己,去告诉她,她是他见过的最美丽的星星,告诉他对她的仰慕,对她的一见钟情,但她却没有再来。

一百万年后,他衰老了,也许他将永远地错过这份美丽。就在他开始绝望的时候,她的美丽再一次光临了。他毫不犹豫地燃烧了他的全部,在天空中划过美丽的光芒,形成了宇宙中第一颗真正的流星。这一次他是幸运的,不但见到了她,还剩下一小块落到了她的怀里。他死去了,直到他告诉她,她是他见过的最美丽的星星,对她的仰慕,对她的一见钟情,以及为她所做的一切。她心灵震撼了,决定去找回他陨落的百分之一,也许只剩下千分之一,万分之一……亿分之一,但无论如何,她决定在天空永久地遨游,轻轻地去拂过所有的星球,去找回那属于她的百分之一,千分之一……亿分之一的爱。后来许多的星星为悼念他们的浪漫,便都燃烧了自己的一部分,形成了流星雨,也许应该说,这是星星在过情人节吧。每当有流星划过时,其实,那是星星在为爱付出。

三、活动目的

1. 最终目的:提高产品销售量。

2. 直接目的:借活动提高品牌知名度和美誉度。

四、活动时间、地点

20××年1月23日~2月20日,××珠宝店××区各卖点。

五、主办单位

××珠宝有限公司。

六、活动细节

1. 针对不同人群推荐不同产品。

(1)"心语"——倾情推荐给共度情人节的情人们。

献给能够共度情人节的情人们,与他(她)共赋一首浪漫的诗,与他(她)共同立下一个神圣的盟约,与他(她)共同分享心灵深处的爱情,与他(她)共同牵手一生,共续前世的情缘。

(2)"心海"——倾情推荐给不能共度情人节的情人们。

献给不能共度情人节的情人们,有你也有他(她),不变的真情,永恒的期待,只因为爱在我们的心中。送给他(她),送给你们一个共同的祝福吧,会实现的,因为它就是爱的化身。

(3)"天使之吻"——倾情推荐给单身贵族们

彩蝶成双的日子里,让我们暂时放下工作,与流星赴个约会,相信它会带着我们的心愿飞向梦想实现的地方。

2."心语星愿"活动。

对你的他(她)许下诚挚的誓言,让流星附载着你们的真情,穿过世界的每一个角落,相信心中的梦一定可以实现。

此活动的目的:为情人们营造一个浪漫的氛围,让他们感受到××珠宝的与众不同。道具准备:陨石,放在精致的玻璃盒子内,代表着流星的百分之一、千分之一、万分之一、亿分之一的永恒的爱。

3."真情宣言大募集"活动。

参加者把您对他(她)的宣言填写在我们为您专门制作的卡片上,我们将在3月3日评选出最有创意宣言、最感动人宣言、最浪漫的宣言。一定注意要留下您的他(她)的联系方式哦!我们会帮您把您的深情传达给您的他(她)。

此活动的目的:给情人们创造一个表达感情的空间和场地,另一方面还可以借此提高品牌的知名度和美誉度。为了做到评奖的公正:我们特别为填写宣言者准备了一个密闭性的箱子、一个信封。填写完毕,封好信封后,由填写者亲自投入箱子内,以备评委评选。

道具准备:活动宣传单页预留适当空间。另外宣传单页要力求做到新颖、别致、与众不同,给人一种想认真阅读的欲望。要使促销取得成功,必须使活动具有刺激性,能刺激目标对象参与。刺激程度越高,促进销售的反应越大。此点即是刺激目标对象的一点。

4."购物有礼"活动。

凡在2月14日当天购物的所有顾客,均有小礼品赠送(鲜花)。

5.其他活动。

您还可以在我们的各大卖点,为您的他(她)专门设计、加工你们的专有钻石首饰,一定另有一番风趣哦!不过您一定要记得提前定做,才可以在情人节当天为您的他(她)献上与众不同的钻石饰品。另外,可以与咖啡店(烛光晚餐)、茶馆共赴浪漫和温馨。

七、媒体宣传(略)

八、现场布置

各卖点设置专区展示本次活动的推荐产品,配合本次活动主题,主要突出"浪漫、温馨、庄重"的氛围。特别展现本次活动的附载物:流星的百分之一、千分之一、万分之一、亿分之一的永恒的爱。各卖点用星状饰物(用彩带折成小星星)装饰,营造一个流星划过的氛围(每个卖点一个大星星,五个小星星)。

挂旗:突出浪漫的流星附载着我们虔诚的誓言穿过天空;××展架:展现活动各项内容。

九、前期准备

1. 人员安排(略)。

2. 物资准备(略)。

十、中期操作(略)

十一、后期延续"真情宣言大募集"是一个很好的跟踪报道的环节

十二、预算(略)

十三、效果监测评估(略)

【范例3】社区现场促销方案

××按摩器社区现场促销方案

一、促销主题

促销主题是促销活动的灵魂,是顾客心理上接受促销的最好借口,正值中秋来临,所以我们的促销主题为"中秋大团圆,健康合家欢,×××关爱生命大行动",并临时印制了活动宣传单。

二、促销价格

既然是促销,大部分商家必涉及优惠或"打折"问题,促销价格制定必须迎合顾客对当前普遍产品促销的认知心态,降价幅度小,没兴趣;太大,消费者又没信心,而且商家还要考虑成本,所以本次促销活动的优惠政策,经反复讨论设定在优惠幅度为80元(原价248元,促销价168元)。并且对此优惠设定了一条理由"企业回报社会,纯成本销售,只做宣传工作"。

三、促销场地

本产品属于中档层次产品,所以促销现场选择在社区菜市场附近的一个三岔路口处,此路口刚好是此社区80%的居民和其他社区居民的必经之

道。其中一个重要信息是,当地因位置较偏僻,类似的商业行为较少,对促销活动极为有利。

四、时间安排

菜市场的人流高峰一般在早上7:30~9:30,为了避免炎热的天气,我们决定将促销时间定为7:00~10:00。

五、现场布置

因按摩器的促销以现场体验为主,所以我们在三岔路口旁选择了约20平方米的空地,空地后方摆放了两张促销台供存放货品和资料使用,同时后上方两条鲜明的横幅为"生命的不断延续,需要健康每一刻"(内涵在于——本按摩器方便实用,随时呵护你的健康)、"中秋大团圆,健康合家欢,×××关爱生命大行动"。空地前方一字形摆放4顶广告太阳伞,整个场面显眼,基本达到引起路人注意的目的。为了能留住顾客,还准备了4台风扇及1台饮水机给顾客"降温"。

六、促销前工作准备

只有充分的前期准备,才能做好一场促销活动。为规范整体促销形象,提高顾客的消费信心,我们规定员工统一着工作装,佩戴工牌,并且规定标准用语,称呼一律去掉"先生、小姐",改用"叔叔、阿姨、大哥、大姐、靓女、靓仔"等更具有亲和力的语言;在与顾客的沟通中也规定常用语,"颤动中,心旷神怡"(按摩器的效果)、"痛则不通,动则通,通则不痛""悠闲自得中获得健康""跳一跳,十年少!动一动,好轻松!"等,这些用语形象生动地描述产品的效果,让顾客更易接受。

在人员分工方面,除了安排一个收款员专职收款和发货,还安排了一个专职现场督导,随时监督与规范促销过程。为发挥促销员的能动性,规定促销过程"一条龙",即从邀请到销售由专人负责,谁销售谁提成,而且提成现金回公司后即刻当众公布发放。

促销前,我们对产品进行了全面检查,保证无一劣质产品,同时在前一天下午对所有促销员进行了产品解说和操作的强化培训,这些前期工作效果实际上已经在促销现场顾客对促销员的赞许中得到体现。

七、现场促销"三步曲"

1. 邀请。

邀请作为现场促销的第一步,直接关系到顾客资源的多少。促销员必须热情、大方,同时注意礼仪规范。本次活动为了让促销员更具亲和力,我们专门进行了"微笑"训练,并强调将"微笑"和"问候礼仪"规范到平时的工作和生活中,将来才能习惯成自然。邀请用语必须简洁易懂、针对性强、有吸引力,做到有的放矢,切忌冗长、语言不清,如"您花三分钟,有意想不到的健康感受""按摩与理疗,双重功效,您可免费体验"等,这些口语可能让顾客一时不能完全明白我们卖的是什么东西(本身短时间内就无法明白),但因有悬念而具有一定的吸引力,很多顾客会留下以搞个明白。邀请时动作要得体,不能过于粗鲁,不能有强迫他人的行为,有些促销员为"提高"邀请率,挡住顾客去路,大有"不试就不让走的架势",这样会让顾客产生反感心理,还"非走不可",同时也给路人非常不良的感觉,我们进行了及时制止。

为提高体验的成功率,我们要求促销员邀请顾客到促销区就座后才能进行体验,切忌站在路边随便一试,很容易导致顾客轻易离去的情况。"坐下,心才能放下",买卖双方才能真正有"交易"的感觉。

2. 推销(体验与沟通)。

本环节是决定促销成功的关键,促销员必须眼到、耳到、口到、手到和心到。

"眼观六路,耳听八方",随时观察整个推销过程中顾客的言行、情绪变化、周围环境变化以及各种对推销过程有影响的因素。比如,当顾客在体验时皱眉,可能有不适感,必须调整力度与部位,直到让顾客满意;当临近顾客在发表负面意见时,最好采取"远离"办法,即找借口让你的意向客户到较远处去体验和沟通,我们把这种行为形象地称为"挡炮手",本次活动就出现当一个顾客准备购买时,听到旁边另一个顾客说"现在骗人的多,考虑再说"而放弃购买。当你发现顾客在犹豫是否购买时,最好"超前订单",即你应该做已经购买顾客的工作,如询问购买数量,开收据等,当然这些工作必须在顾客当面进行,让顾客了解和认可。

在体验及推销过程中,应注意沟通的双向性,在你必要的解说后,应注意提一些问题让顾客回答或聆听顾客的问题,然后再作详细的解释,这样才能抓住顾客的需求点,找到一个最好的推销理由。在体验沟通过程中还应该注意语言的引导,如"是否会太重啊!""感觉可以吗?""舒服吗?""舒服的话就买一个吧,全家都可以使用,既实惠又方便!"在沟通过程中还必须运用生动形象的语言来进行产品的介绍,我们原来规定的标准用语"颤动中,心旷神怡""跳一跳,十年少!动一动,好轻松!"让部分顾客在乐呵呵中接受了我们的产品。

整个体验促销中,我们不但强调促销员必须认真对待每一个环节,用心对待每一位顾客,还必须灵活把握时间。有一位促销员表现很认真和努力,但他的销售额却是最少的,因为他3个多小时才体验4个顾客,而其中只有一个顾客购买,后来我们总结了一个原则,对这种中低价位的按摩器促销,每位顾客的体验及销售时间不能超过15分钟,特别是在人流量大的时候要尽量缩短时间,不然会导致大量的顾客资源流失。

3. 售后处理。

当产品成交后,很多人认为已经基本完成促销工作,往往忽略了售后的重要事项,其实这也是部分人员对"促销"活动的狭义认识。促销不但是现场销售产品,更重要的是对产品的宣传和后续获得更大的收益。当成交后,我们除了完善一些必要的手续(保修),还必须将顾客的档案进行完整填写(以售后服务为理由引导顾客),同时向顾客说明工作人员对产品的质量负责并定期电话跟进,避免以后顾客对回访电话出现拒绝态度。现场我们还引导顾客,如果使用效果好,希望对产品进行大力宣传,对做出宣传贡献(产生销售)的顾客,我们会给予一定的物质奖励,奖励政策暂不公开,其他企业可以根据自己的原则制定。

 写作要领

促销活动方案是企业在某一确定时间针对某项促销活动的整体运作和安排的计划性文书。

一份完整的促销活动方案分十二部分

1. 活动目的。对市场现状及活动目的进行阐述。市场现状如何?开展这次活动的目的是什么?是处理库存,是提升销量,是打击竞争对手,是新品上市,还是提升品牌认知度和美誉度?只有目的明确,才能使活动有的放矢。

2. 活动对象。活动针对的是目标市场的每一个人还是某一特定群体?活动控制在多大范围内?哪些人是促销的主要目标?哪些人是促销的次要目标?这些选择的正确与否会直接影响到促销的最终效果。

3. 活动主题。确定活动主题,淡化促销的商业目的,使活动更接近于消费者,更能打动消费者。

4. 活动方式。这一部分主要阐述活动开展的具体方式,要确定伙伴,伙伴可以是政府、媒体、厂家、经销商等,也可以是其组合。

5. 活动时间和地点。

6. 广告配合方式。一个成功的促销活动,需要全方位的广告配合。选择什么样的广告创意及表现手法?选择什么样的媒体炒作?这些都意味着不同的受众参与率和费用投入。

7. 前期准备。人员安排,物资准备,试验方案。

8. 中期操作。中期操作主要是活动过程和现场控制。

(1)与公司、客户等有关部门沟通,申请支持和协调分工;

(2)宣传单、海报设计制作;

(3)相关人员统一说辞、分工培训;

(4)宣传造势;

(5)检查库存、赠品和现场物料。

9. 后期延续。后期延续主要是媒体宣传的问题,即对这次活动将采取何种方式在哪些媒体上进行后续宣传。

10. 费用预算。对促销活动的费用投入和产出应做出预算。包括:

(1)促销调查预算;

(2)促销策划预算;

(3)设计制作预算;

(4)促销实施预算;

(5)广告媒介费用;

(6)其他活动所需要的费用;

(7)机动费用。

要根据策划的内容,详细列出媒体选用情况及所需费用、每次刊播的价格,最好能制成表格,列出调研、设计、制作等费用。也有人将这部分内容列入广告预算书中专门介绍。

11. 意外防范。每次活动都有可能出现一些意外,如政府部门的干预、消费者的投诉、天气突变导致户外的促销活动无法继续进行等。必须对各个可能出现的意外事件做必要的人力、物力、财力等方面的准备。

12. 效果预估。预测这次活动会达到什么样的效果,以利于活动结束后与实际情况进行比较,从刺激程度、促销时机、促销媒介等各方面总结成功点和失败点。

以上十二个部分是促销活动方案的一个框架,在实际操作中,应大胆想象,小心求证,进行分析比较和优化组合,以实现最佳效益。只有策划一个具有说服力和可操作性强的活动方案,才能让公司支持你的方案,也才能确保方案得到完美的执行,使促销活动起到"四两拨千斤"的效果。

第七节 会议营销策划案

参考范文

【范例1】房地产会议营销策划案

房地产会议营销范文

20××年是我国房地产市场政策的调控年,第四季度是对调控政策效果的重要检验,是对房地产市场形势的重要考验。为了使大家更清楚地了解政策、了解市场,更好地迎接挑战,把握住发展机遇,更清楚地掌握我国房地产业发展趋势,倡导节能环保的理念,加快低碳居住体系建设,推进我国低碳住宅的开发建设,促进经济结构的调整,特决定举办"房地产业发展与低碳建筑高层研讨会",届时将邀请有关部门领导、专家及开发商代表进行政策交流。具体相关事项如下。

一、会议内容

1. 新形势、新挑战、新机遇下的房地产政策专题研讨。

(1)对我国房地产市场调控政策及市场发展趋势进行分析研讨。

(2)开征房地产税政策的调整和趋向。

(3)宏观经济基本面和房地产未来发展趋势。

（4）土地政策走向和房地产业的调整。

（5）复杂形势下的房地产企业经营策略。

（6）当前金融形势和房地产业应对措施的选择。

（7）新形势下房地产开发企业融资方式和融资渠道。

2. 建筑节能与绿色低碳房地产技术应用专题。

（1）建筑节能政策、标准、发展形势和财政扶持补贴政策介绍。

（2）低碳、绿色建筑技术与房地产业的健康发展。

（3）低碳时代绿色建筑设计及技术发展新理念。

（4）低碳、生态、宜居、绿色环保、可再生能源示范项目介绍。

（5）热泵技术在可再生能源建筑中实际应用介绍。

二、参会对象

有关政府部门、有关科研机构、大专院校、国内外智能与绿色建筑领域的技术集成单位、绿色建筑项目设计和建设单位、工程公司、房地产开发商单位、房地产营销代理企业、各建筑规划设计院所、院校、施工总承包、勘察设计、建筑装饰有关企业、各传媒机构、金融投资机构等，相关节能产品生产、销售单位。

三、会议时间及地点

时间：20××年×月×日。

地点：×××宾馆。

四、会议费用

人民币×××元/人（含会务费、资料费、场地费、专家费等），食宿统一安排，费用自理。

五、会议征文及要求

本次会议面向全国征集有关房地产政策及建筑节能相关论文，择优选用并安排会议发言，印刷论文集作为会议资料。

六、承办单位（略）

七、联系方式（略）

【范例2】月饼展销会营销策划案

月饼展销会营销方案

一、前言

1. 有发展才有进步。

有发展才有进步,这已经是一个不争的事实。如果说20××年首届中秋名牌月饼展销会是一个起点、一次尝试,那20××年的第二届中秋名牌月饼展销会应该是一次新的发展。要想将20××年的月饼展销会在上一年的基础上做得更好,更全面、更成功,办成继××荔枝节、牛仔节之后的又一大节日,就要利用节日氛围拓展市场需求,刺激食品消费。

2. 中秋名牌月饼展销会是"假日经济"。

(1)假日经济是在国家扩大内需、刺激消费的政策指引下发展起来的。假日经济的出现对于当前疲软的消费市场产生了一定的拉动作用。

(2)在以往的假日经济的构成中,假日旅游是假日经济的主角,假日旅游对假日经济有巨大的推动作用,但假日经济不等于旅游经济。假日经济是由各种需求、供给和资源配置所引起的经济行为,其消费条件是既要有钱,又要有闲,还要有文化。消费层次越高,其文化特征越浓,文化含量越大,其消费外延越广。

(3)农历八月十五,是中国传统的中秋节,也是中国仅次于春节的第二大传统节日。中国古代历法把处在秋季中间的八月,称为"仲秋",所以中秋节又叫"仲秋节"。

近年来国民眼中的中秋节,已经从古代祭月拜月活动演变成家人团聚、规模盛大、多彩多姿的群众赏月游乐活动。而吃月饼的习俗延续至今,已从单纯的食用功能衍生为具有现代元素的传统文化节庆活动,月饼的制作也越来越考究。

(4)中秋节蕴含着浓厚的民俗文化,已经足以构成从节日文化向假日经济的演化。本次中秋名牌月饼展销会,力求将此打造成假日经济的伸展项目,成为假日经济的一大亮点,为刺激消费,促进经济的发展搭建一个舞台。

3. 打造中秋月饼销售一条街。

综上分析,20××年第二届中秋名牌月饼展销会,将延续首届中秋名牌月饼展销会文化传统,打造一条具有浓郁的传统中秋文化色彩且品牌荟萃的中秋月饼销售一条街。

二、主题

1. 以传统文化促进月饼销售,在月饼销售中感受传统文化;以假日经济推动经济发展,在经济发展中传播传统文化。

2. 将中秋名牌月饼展销会塑造为××地区食品展销的一大舞台;进一步将当地的食品产业发展为一个大品牌。

3. 时间:×月×日~×月×日。

4. 地点:××路。

5. 主办、协办单位:

(1) 主办单位:××市商务局、××市食品工业联合会。

(2) 协办单位:××食品公司、×××食品厂、××商场等。

(3) 监督管理:××市城管局城监大队。

(4) 会场策划:××广告策划公司(策划方案及场地布置)。

(5) 参展商:全国各名牌月饼生产商及销售商(约×××家)。

6. 摊位规格:3m×6m/个。

三、在全市范围内征求中秋名牌月饼展销会的 LOGO 创意

1. 活动概况。

为将××市中秋名牌月饼展销会塑造成一个地方性假日经济,同时为了展销会的广告效应及前期造势工程,在全市范围内开展征求中秋名牌月饼展销会的 LOGO 创意大赛。

2. 目标参赛对象:××市设计研究院、××广告设计公司、××会展中心等。

3. 赛事介绍。

(1) 赛事名称:××市中秋名牌月饼展销会 logo 创意大赛。

(2) 赛事日期:20××年×月×日至×月×日,时间跨度××天。

(3) 赛事评选揭晓及颁奖典礼:×月×日

4. 评委组成。

大赛将由市商务局、文化名人、专家学者、设计专家等有关人士组成评委团,针对选手所参赛作品,最终甄选出获奖作品一、二、三等奖各×名,并在《××日报》颁布大赛结果及刊登相关作品。

5. 奖金设定。

一等奖一名,奖金10000元;二等奖××名,奖金8000元;三等奖××名,奖金5000元。作品将作为××中秋名家月饼展销会固定沿用logo,并颁发获奖证书。

上述活动资金来源,主要由企业赞助。

6. 赛事评选期间,××电视台对赛事的全程进行跟踪报道。

四、其他

1. 中秋节工艺品、纪念品销售。

本次中秋节工艺品、纪念品销售将作为一种陪衬,增加中秋节气氛,让市民在感受中秋传统文化中愉悦购买月饼,促进月饼的销售额。中秋节工艺品、纪念品主要以中国古代字画、陶器、灯笼、工艺品等为主。工艺品销售与月饼展销同设在一个展销区进行。

2. 抽奖活动。为活跃气氛,吸引顾客,扩大销售额,展销区内可设立若干抽奖点。

(1) 时间:每天下午5:00开始抽奖。

(2) 地点:展销区。

(3) 方式:市民在任何一个销售点购买月饼或商品,可获取奖券一张,参加抽奖活动,抽中者可领取一定奖品。

3. 各参展商将成为中秋名牌月饼展销会成员。

【范例3】旅游营销联谊会策划案

××旅游营销联谊会策划案

一、旅游营销的目的

树立品牌形象;提高××知名度;宣传企业文化;培养忠实顾客;开辟联谊会新形式。

二、操作程序

第一阶段:准备工作

1. 了解顾客有哪些特长、爱好及特殊要求,在旅游之前制定出顾客表演节目的基本内容。

2. 到达旅游地点后,先确定旅游线路和休息地点,根据当地情况及时制定出相关细节内容。

3. 制作一些图文并茂的健康知识彩页,内容包括:健康小常识、常见病的饮食疗法及××产品的知识等。

4. 定制一些××旅游飘旗发给顾客,以更好地宣传品牌。

第二阶段:途中安排

联谊会程序出发后途中可以在车上带领顾客唱一些歌曲。

第三阶段:室外活动

1. 开场白。

2. 快乐接力游戏:购置一些吸管,制作几个彩圈,用嘴叼着吸管,参加游戏的顾客分为两队"一"字排开,用吸管传递彩圈,不允许用手,传到最后时把已经准备好的气球踩破以示结束,哪组速度最快,就是获胜者。

3. 讲座:以制作的健康知识彩页为中心,不仅有核酸知识,还要加入一些常见病的预防和治疗常识。

4. 保健操:可以教游客打太极拳,或他们自编及经常做的健身操。

5. 顾客交流:新老顾客以及咨询大夫之间沟通答疑,通过这种形式可以提高新顾客对××产品的信任度并提高老顾客的发言质量。

6. 健康辞典:提出问题选拔一位顾客作为参赛嘉宾,选择一些生活小常识,然后按照阶梯奖的形式进行问答(注:问题比较简单易懂,贴近常见病,并且要幽默不失专业地加以解释)。

7. 为"健康辞典"活动的优胜者发奖并抽取幸运奖。

活动结束后,让顾客自愿地写一篇参加××旅游的体会,作为《××》杂志顾客版的素材。而且可以尝试旅游之前通过联谊会和其他方法大肆造势,尽可能让媒体了解此活动,从而达到巧做广告的目的。

 写作要领

一、会议营销策划案的写作要点

会议营销已成为促进产品销售、传播产品知名度的有力活动之一。通常来说,会议营销策划案应该包含以下几方面内容。

1. 市场背景分析。包括对目标市场的分析、市场容量、目标顾客的消费习惯及喜好、竞争产品的活动情况等。这是整个会议活动方案的由来,也可以说是会议召开的原因。

2. 活动目的。只有明确了活动的目的,才能找到努力实现的方向,不能照搬别人的模式。

3. 会议的主题。会议的主题就是招牌,有个好的主题可以激发参会者的热情程度。

4. 会议的内容和程序。这是会议活动中的关键,可以按时间顺序把会议分为三个阶段:会前、会中、会后。

二、会议营销策划案的写作注意事项

会议营销要与公关活动相结合,为活动造势,如提前与电视台联系,争取电视台以新闻形式播出,或与媒体合作做好宣传,还可以与政府机关当前提倡的公益活动结合,增加媒体主动播报的机会以及赢得主管部门的支持,扩大企业影响力。

为此,会议营销首先要设计主题,并撰写文章支持,进行平面的媒体宣传,以吸引更多的目标顾客参加。其次要根据会议的内容要求在会前安排好各类工作人员,包括模特及演艺人员、主持人、讲师、会场服务人员、检票人员、登记员、礼仪小姐、会务主管、录像师。

同时,要做好费用投入分析和预算,通过分析会议活动投入的多少,可以对所需的费用做出预估,并结合预期的目标,计算出投入与回报是否合理。此外,还要制定会议活动的应急预案,这是为了应对会议活动中出现的突发事件和问题。制定一套应急预备方案是不可或缺的,针对一些不能确定的因素,只有做好周密的应对措施,才能保证会议的顺利进行,达到预定的目标。

第八节　品牌营销策划案

参考范文

【范例1】化妆品品牌营销策划案

××减肥产品品牌营销策划案

一、市场环境分析

1. 减肥行业市场现状。

作为现代社会文明病,肥胖已与艾滋病、吸毒和酒癖并列为世界四大医学社会问题,并以每五年扩大一倍的趋势增加。

在德国、美国、意大利等发达国家,政府拿出国民经济的5%用于肥胖的治疗。

在中国,肥胖人群早已突破9000万,肥胖检出率已达10%以上,城市成年人体重超重者已接近40%,城市中小学生肥胖儿比例已超过20%,而且,中国肥胖症患者的增加速度已超过某些发达国家。

中国的减肥产品行业是一个投资和销售金额不断增长,企业和产品数量不断增加,并具有较高收益的行业,现阶段正处于市场容量扩张的时期。早在2005年减肥产品已占据全国保健品市场的半壁江山,年产值超过100亿元。中国巨大的减肥消费市场不仅吸引了2000多家中国的中小医药、食品等企业在生产经营减肥产品,也有几家大的医药企业,甚至境外厂家都进入该领域。就现状而言,目前减肥市场上的产品大致可以分为五大类:保健食品类、茶类、药品类、外用类、仪器类。

从减肥产品投放品种上看,2007年的减肥品种集中在茶剂、胶囊、贴剂和冲剂四类剂型上,这其中以传统茶剂型占据了主流。茶剂的报刊广告花费比重占到了减肥产品报刊广告总量的30%左右;其次是胶囊和贴剂。冲剂作为一种新兴的品类在减肥产品市场中占据了13%的份额,属于市场占有量最少的一类剂型。

近年来,美容院减肥异军突起,2008年以来开启国内整个专业减肥市场,有50%的份额由美容院占据,美容院将是未来几年减肥纤体市场的主流。

减肥市场的巨大利润吸引了众多厂商,各种减肥品蜂拥而至,产品品质良莠不齐,大小品牌你争我抢,一些企业急功近利,对消费者缺乏责任心进行虚假的广告宣传,给消费者和减肥市场带来极大的损害;而且各种减肥品产品功能趋于同质化,产品的研发落后,导致品牌生命力短。针对减肥市场的问题,中国应早日出台减肥行业相关标准,打击治理违法虚假广告,同时减肥品生产企业应树立诚信经营的理念和产品品牌的意识,针对产品功能进行创新,正确进行市场定位,注意广告的传播力和优化创新。

未来3~5年将是减肥产品生产企业发生重大转折的时期,市场供求关系和行业发展将会出现市场容量扩张速度放缓,总体价格水平下调,减肥产品市场平分秋色,中药类减肥药继续畅销,减肥产品呈现多样化等变化。减肥市场在未来几年还会有很大的发展,各机构应该根据这些变化调整自己的经营策略。

随着国内经济的迅猛发展和人民对美好生活需要的不断提高,肥胖患者也将继续增加。中国减肥市场的前景十分广阔,预计20××年减肥品消费额将达600亿元。

2. 竞争对手分析。

从上述的减肥市场现状分析可以看出,××减肥品牌目前只是国内减肥产品中极为普通的一个品牌,也就是说,我们的竞争对手无处不在,市场中危机四伏。

二、目标消费者分析

从××减肥品牌定位不难看出,其品牌目标消费者一般不会太年轻,更多介于中年,中等收入的中年女性占比较大。随着减肥市场的不断扩展和成熟,公司白领及在校大学生的占比将会加大。此类年轻女性一般受过较好的教育,且有一定的品牌意识,思维活跃,容易接受新事物,相对来说品牌忠诚度较低。吸收资讯的来源主要是互联网、时尚杂志、电视。

减肥对于国内市场而言,在以后相当长的一段时间内还处在市场发育和培育的阶段,消费者虽然对减肥有一定认识,但是较少掌握专业认知。在这个阶段,首当其冲的是把消费者教育引导好,使她们会减肥、敢减肥,这是减肥市场能够扩大的前提。特别是针对大众群体的时尚减肥品牌,更加需要关注消费者这一特征。

三、品牌自身表现

××品牌进入国内市场已有8年,在减肥市场已有一定的客户群。该品牌必须奉行"消费者买得起,经销商愿意卖"的经营理念,结合针对二三线专业线封闭式终端的操作模式,迅速成长为国内减肥市场的领导品牌。相对于成功品牌,××品牌的产品质量与之相当,甚至更好,在消费者心目中也树立起了物美价廉的高性价比形象,是国内年轻女性重点选择的减肥品牌。同时在渠道建设、人员专业素质等方面必须在行业内做到有口皆碑,拥有一批忠诚度高的加盟商,才有望成为减肥著名品牌。

××品牌在减肥行业虽然占据了一定的市场份额,但如同众多本土品牌一样,面临着品牌建设、整合传播推广后继乏力的现象。特别是在现今市场竞争环境激烈的情况下,后有×××品牌模式的跟进,前有成熟品牌的隔空打压,××品牌要实现突围!

四、××品牌SWOT分析

基于品牌自身既定内在条件,现对于××品牌面临的内外优势及劣势、市场环境的机会和威胁进行一些初步的分析。

内部优势(S)	内部劣势(W)
	1. 品牌形象有进一步提升空间。 2. 缺乏创新推广思维,整合传播手段有待提高。 3. 对终端消费者把控能力较弱
潜在的外部机会(O)	潜在的外部威胁(T)
1. 国内经济水平持续走高和女性美化意识的提高,刺激着减肥市场持续增长。 2. 减肥消费者还处于学习阶段,为××品牌树立专业品牌形象提供了机会	1. 国际和本土品牌的相继加入,竞争环境日益激烈。 2. 政府加大了行业的整治力度,对化妆品企业产品质量、广告传播提出了更高的要求

五、问题界定

减肥行业中,××品牌在早期依靠差异化的渠道策略取得了一定成功,但目前没有成功的案例可借鉴。通过上述市场和品牌SWOT分析,××品牌发展壮大最大的阻力来自自身。××品牌在营销4P中产品、价格均占有优势,如能在渠道、品牌形象、营销推广上加强力度,必将能新上一个台阶。

六、目标确定

1. 短期目标。

迅速提高××品牌在大众群体的知名度,更新品牌形象,为品牌进一步发展奠定基础。

2. 中期目标。

借助全新品牌形象,整合终端推广,提高市场销售额,增加品牌盈利能力。

3. 长期目标。

提高消费者品牌忠诚度和持续购买率,打造减肥行业强势品牌。

七、品牌规划

1. 品牌定位。

品牌定位是整个品牌规划的战略核心,特别是在竞争激烈、选择多样化的今天,定位更是一把锁定消费者的钥匙。纵观所有国际品牌,大都以精神价值观的高度来定位品牌在消费者心目中的地位,因为产品、质量、服务都会改变,唯一不变的是人们源远流长的文化和精神价值观。耐克以一句"JUST DO IT"道出了多少热血青年的澎湃激情!

那么,××的品牌定位又是什么呢?

一句"时尚就是××",伴随着高性价比的产品,将××品牌和时尚、年轻、大众化的烙印打在了消费者的脑海里。相信在国内二三线市场,××品牌就是年轻、时尚者瘦身的代名词。有了如此扎实的基础,我们更应该从国际品牌的思路来操作××品牌,深入挖掘消费者对时尚的需求。

我们可以推想,消费者为什么会有时尚的需求,是为了让自己更美丽;为什么让自己更美丽呢,是因为希望自己更受欢迎;受欢迎又能带给自己什么感觉呢,答案是更加自信!

因此,××品牌完全可以在"时尚就是××"、在永葆年轻、时尚的基础上提出更加符合针对目标消费者心态、更加具有时代精神价值观并能引起消费者共鸣的品牌标语,为××朝着打造国际品牌的进程迈出一步。

2. 品牌建设。

明确了××的品牌定位,并将其简化成一句与其他品牌完全不同而消费者又深切认同的品牌标语,接下来要做的就是将其由内而外地传播出去,这个过程就是品牌建设。

（1）品牌内部建设。在告诉更多的消费者知道××品牌代表着年轻、时尚之前，应该向企业内部员工阐述我们正在进行一项年轻、时尚的美丽事业，让所有员工都意识到，他的每一项工作都与品牌带给消费者的感受是否一致息息相关。也只有这样，加盟商才会感染到他们的员工用行动赋予××年轻、时尚的品牌精神，消费者才能在整个购买过程中感受到××始终如一的品牌价值，而不仅仅是一句口号。

（2）广告。在品牌建设过程中，运用广告传播方式是绝大多数品牌的首选。近年来特别是中国美容行业纷纷投放广告，由于对媒介缺乏整合规划，事实上相当多品牌都是无序投放，在浪费金钱的同时也占用了品牌资源。反观国际品牌的广告投放，年度广告的投放频率都是呈曲线的，符合了提醒消费者记忆的广告规律，又为品牌节约了资源。而且国际化品牌对电视广告、平面广告的投放力度也没有加大，反而在互联网上加大了投放力度，这也是随着中国消费者吸收资讯途径的改变做出的调整。毋庸置疑，互联网是广告投放新的增长点。

××品牌的广告投放应保持平面杂志的投放力度，但是形式内容上应有所创新；同时应开始在互联网上的广告投放，在媒体的选择上其网友要与××品牌目标消费者相契合，如门户网站的女性频道、论坛、QQ空间、化妆品点评网等。在广告形式上以主打品牌形象为主的旗帜广告占比30%，因其费用太高，而且消费者点击率太低不宜多投；另外70%的资源应投放在以互动、分享、试用为主题的网络活动中，同时可以结合××品牌渠道优势，线上线下同时进行。这样消费者的参与程度会大大提高，相应地广告投放的回报率也会有所保证。

（3）公关。以公关形式做品牌推广最大的优势就是可信度高、投资回报率高，但相应的操作水准要求也高，故在国内本土品牌极少涉及，而擅长营销推广的国际品牌却深谙其道，并获益匪浅。

××既以国际品牌的标准来打造品牌，在公关推广上更应大胆涉猎，特别是在品牌更换代言人、品牌标语、新品上市等环节，更应该联合影响力较大的媒体一同参与，媒体一篇新闻稿的可信度是一篇广告的7倍。

八、促销策略

具有销售效力的促销不能仅仅停留在折扣、买赠、优惠套装等单层次手法上。促销的终极目标就是提高销售额,但作为一个品牌化运作的时尚品牌,不能因为促销而降低品牌形象,所以每一次促销都应该有一个主题,同时在促销活动的设计中应更加关注消费者,提供更多的机会让他们参与进来,因为消费者参与度越高,对活动的印象就越深刻,活动的效果自然也就越好了。

九、终端建设

有了广告、公关的高空轰炸,真正提高销售额的还是在终端,终端的操作是否得当,是整个品牌是否盈利的最关键要素。终端建议涉及美容顾问、专柜、宣传资料。

十、沟通渠道建设

××品牌在减肥市场取得成功与加盟商的密切合作是分不开的,但随着市场跟进,类似于××品牌渠道模式的减肥品牌不断增加,××品牌的加盟商体系也受到了一定的冲击,正因如此,××品牌绕过加盟商与消费者取得良性沟通的重要性显得更加迫切,这也是××品牌建设中重要一步。××品牌可以通过会员制的推广、品牌网站、400免费热线等方式搭建与消费者的沟通渠道。

1. 会员制推广。

××品牌虽然已经开始提出要推行会员制,但从目前的情况来看并没有得到很好的执行。会员体制的成功推广无非是两点,就是消费者愿意加入,加盟商愿意推行。针对消费者的会员招募除了产品优惠、定期的养生讲座,在随后推行的线下线上活动,会员都具有优先权;公司甚至可以为每一位会员准备一份生日礼物(生日礼金券),加深会员对品牌的忠诚度。针对加盟商的会员体制推广则可以通过回收入会资料数量得到公司的返点奖励,为保证资料的真实和准确性,公司每收到一份资料应加以确认。

2. 品牌网站。

网络相对于其他渠道具有无时间限制、互动性强、空间大等优势,建立品牌网站的重要性不言而喻。××品牌现在的网站无论从形象、内容、结构上均有改进的空间,建议以消费者为导向全新改版现有网站,新网站的架构应保持简洁,着重在品牌、产品、互动性上加强。加盟商也有需要通过网站获取公司信息,可以架设一个企业网站,分设一个品牌网站,企业网主要针对的是经销商,发布公司的市场、经营信息,同时也可开设博客、微博等,为经销商、内部员工对品牌发展、交流心得提供一个平台。品牌网站则是针对相应的目标消费者,完全站在消费者的角度结合品牌特征来构建。

3. 400热线。

开设400免费热线可以更加方便地收集消费者的反馈投诉,公司总部可以及时准确地发现问题,为公司制定品牌策略提供来自消费者的信息。同时开通400服务热线更能体现××负责任的品牌形象,对打消消费者购买本品牌产品质量顾虑起到一定作用。

十一、产品策略

××品牌成功的另一个重要原因是产品跟进策略,考虑到消费环境的不成熟和公司风险,××品牌新品开发应继续保持跟进策略,但在新品上市推广上要大胆创新,向国际品牌看齐,做到每个新品上市,都能引发一场销售热潮。

1. 产品开发。

确认一个产品项目开发,除了密切关注市场知名品牌的新品上市情况,也可以扩展视界,留意引领专业减肥的品牌新品动向,虽然品牌的定位不同,但消费者对潮流新品的触觉是一样的。××品牌作为专业减肥品牌,亦可大胆尝试,不仅可以提高品牌感受,更能刺激连带销售。同时听取来自一线市场人员、经销商、消费者的建议,也是产品开发前要做的功课。

2. 新品上市。

新品上市成功的重要性无非是两点:"推"与"拉"。"推"主要表现在终端,每有新品上市,充分利用灯箱片、单页、展示架等终端可利用宣传品,给消费者一个强烈的视觉冲击力,同时结合导购的推荐和试用装的发放,有力地吸引消费者使用。"拉"主要表现在新品上市前的造势,这一点国际品牌操作得比较好。在新品未上市前可以召开新品上市发布会,邀请联络加盟商参加,新品上市后,马上在网络上最大限度地吸引消费者对新品的注意力,为后续旺销做好铺垫。

十二、20××年品牌推广步骤

通过市场分析,结合××品牌发展现状,20××年度品牌推广将以"造势、助势、借势、顺势"四步为推广主旋律。

一个成功品牌离不开外围力量的支援,针对××品牌发展,挑选最合适的广告公司、公关公司、造型团队,将更有利于××品牌的长期发展。

1. 广告公司。

为了寻求更有号召力的代言人,同样需要广告公司的包装将产品推出市场,以××品牌化的操作思路,不应局限于化妆品行业来挑选广告公司,大型广告公司要价不菲,但我们一样可以联络,能不能与之合作是一个机遇,与其沟通过程就是一个品牌倾听不同建议的过程。本土公司不乏精英团队,特别是擅长于平面和网络操作的广告公司更是××品牌重点合作伙伴。

2. 公关公司。

公关推广在国内还处于成长期,寻找优秀的公关公司比广告公司还难,但公司切入初期还是需要公关公司的专业支持,可以留意一些国际性的大品牌成功的公关案例,找到适合××品牌的公关合作伙伴。

十三、媒介组合

××品牌未来几年内可以进行以平面媒体和网络媒体为主、户外广告为辅的媒体组合策略,详细如下。

1. 平面媒体。

平面媒体以《××在线》《××女人》等针对目标客户杂志为主,同时可以在各地主流女性消费杂志尝试建立品牌影响力和知名度,树立正面形象。在杂志中应挑选一些影响力较大、合作态度较好的媒体作为深度合作伙伴,借助其影响力开展更多的活动推广。

2. 网络媒体。

主要选择三大与××品牌目标消费相契合的网络媒体,一是在各门户网站女性频道,如163、SINA、SOHU、百度的地方频道;二是腾讯,腾讯拥有QQ、QQ空间等优势媒体,其用户与××品牌目标消费群极为吻合;三是以淘宝网、赶集网等交易性媒介为主的网站。××品牌应从上述三大网络媒体各挑选一家作为深度合作伙伴,为今后线上线下活动开始提供网络支持。

3. 户外媒体。

在××品牌有重大形象调整和新品上市时,结合全国各地加盟店情况,选取有实力并在二线城市有相当影响力的区域,可以投放该市商业户外广告,拉动区域销售额,公司可用返点形式鼓励加盟商尝试。

【范例2】休闲食品品牌营销策划案

××休闲食品品牌策划方案

一、策划目标

××食品目前的市场品牌认知度为零。为达到品牌树立的期望值,根据公司现有资源、生产线水平以及产品类别,将进行一系列企业品牌建立的推广计划,包括公司视觉识别系统、打造企业文化、重塑产品包装等。

二、竞争品牌分析

国内食品市场主要由两大块构成,分别为来自中国台湾、日本的品牌和国内传统老字号品牌。

1. 以"××""×××""××"为代表的台湾地区糕点品牌等。其产品特点是精致、时尚,中西糕点品种齐全,口感软和甜腻适中,在与国际接轨的同时,也与中国传统小吃有紧密结合,及时更新的产品让消费者随时保持新鲜感。"××"除门店销售以外,还采用网络订购送货上门的方式。××的蛋糕,相对于市场上同类产品价格更为昂贵,但因其高端的品牌效应、品牌包装的吸引,仍有不少年轻人、商务白领热衷于购买。

2. "××××"来自日本,通过门店专卖销售,在××、××、××等地,非常受年轻人欢迎。其产品丰富多样,可以满足各类人群的需求。"××××"采用透明包装,简约大方而且有许多实用和环保的设计,这是日系产品的普遍特色。当然,日系休闲食品价格不低,但因为其产品档次高,包装凸显质感,品牌效应大,让人感觉物有所值。

3. "××""××""×××""×××"等是国内传统老字号的优秀代表。其产品尊重中国传统饮食文化,是××食品市场的主流品牌。包装风格讲究正统、大气、喜庆。"××××"旗下有××月饼、××糕点、××曲奇、××优品、××农场五大品牌。坚持"诚信立业,荣耀百年"的企业理念,近百年传承的文化精神拥有不可动摇的地位。其产品包装以及企业图标都以传统的中国红、黄为主,寓意吉祥。

三、消费分析

休闲糕点类食品的消费可分为:随机性、节日性、礼品性以及日常性。

1. 随着消费者的口味变化,随机性的消费品牌忠诚度不高,所产生的销售成绩很不稳定。老品牌容易被冷落,而新产品随着广告狂轰滥炸,产生的刺激难以持久。

2. 端午的粽子、中秋的月饼,对市民而言是不可缺少的食物。对市场而言,人人都想加入竞争分得一杯羹。市场庞大的需求量,与知名品牌之间激烈的竞争,节日性消费是品牌脱颖而出,创造销售奇迹的最好时机。

3. 食品作为礼品时,一般采用更为精美的包装,价位与档次也随之拔高。食品品牌的制高点,由核心高端产品构建。要想提升品牌,毫无疑问要占有礼品消费的市场。

4. 日常消费是食品品牌的重中之重。健康早餐,休闲零食,强调口味口感好,品种齐全,日常消费更容易形成品牌忠诚度,吸引固定的消费群,既是品牌策略的着重点,也是销售的重头戏。

四、具体方案

无论将市场和品牌分析得再透彻,都需要结论来支撑整体。

1. 品牌文化。中日文化交流起源于唐朝,当时的中日友好往来和文化交流达到空前繁荣的阶段,日本社会正处在奴隶制瓦解、封建制确立和巩固的阶段,对唐朝的昌盛极为赞赏,因此向唐朝派遣的使者、留学生和学问僧数量很多。中国的食品工艺与政治教育、宗教艺术、语言文化一起传入日本,且深受日本民众的喜爱。

中国食品的口碑渐渐在日本民间流传开来,进而在各种手工作坊得以发展,形成了以中国食品为基础的日系小吃。××食品公司的创始人早年前往日本游学时,听到不少日本友人提及中国的小吃时都赞不绝口,称中国为所有美食的发源地,深有感触。身为中国人,将中国传统美食文化发扬光大是义不容辞的责任!回国后他便运用在日本时所学到的先进包装理念,搭配中国传统小吃工艺,创立了"××"食品公司。

年轻人对于传统食品并不热衷,因为他们更欣赏简单而明快的生活方式,并不喜欢传统食品浓墨重彩的包装,甚至认为这是一种资源的浪费。"××"品牌汲取中国千年传统食品工艺之精髓,采用日本最简约时尚的精致包装,利用包装形象上的优势,吸引了年轻消费群的目光,也给中年消费群耳目一新的视觉享受。为传统食品换上新装,打造全新的食品概念。罗马不是一天建成的,同样,企业文化也不可能凭空捏造,需要经过时间的累积、岁月的沉淀,伴随着更新换代的市场需求而成长。

（1）根据市场需求，制订生产计划。建立完善的生产线，对各类产品进行质量把关，确保出厂之前的质检万无一失。

（2）考量市场环境，制订品牌计划。将产品分门别类，进行统一包装。进而深入公司的视觉识别系统，吸引消费者对公司的视觉联想。

随着产品入市，形成初步品牌认知。公司可以进一步进行公益宣传、健康食品宣传等方案，让消费者的认知从初步了解产品，到熟悉公司理念。

2. 视觉包装。参考国内竞争产品的包装。精美、精致无疑是档次的象征。众所周知，日本是世界上最讲究包装的国家之一，但近年来，环保的概念深入人心，日本在商品包装方面也开始追求简单、绿色的新时尚。

（1）透明。透明让消费者更加信任食品的卫生安全，以透明为基础而延伸的包装设计，色彩更有质感。

（2）简约。这是一个提倡简约的年代，线条色彩的组合都应遵循于此。太多繁复层次反而会产生视觉疲劳，越简约越有不简单的道理。

（3）实用。无论在包装的大小、方便，以及使用之后的剩余价值，都应该以"人性"为参考。

3. 推广策略。一个全新的休闲食品品牌进入市场，要让消费者知道它的存在，对它有所了解，而后选择它。广告手段是其一，与卖场结合是其二。

（1）初入市场。建议选择站牌广告进行产品宣传。前期可结合品牌命名的故事与特色产品的具体信息进行广告设计。站牌广告亲近消费者，相对于其他户外媒体广告而言，费用较低。

（2）卖场销售。在传统的招贴、产品陈列、POP等手段之外，可考虑"垄断制"。例如"优乐美"奶茶上市时，与"新一佳"超市合作，全场只有这一种奶茶品牌。略有一些"强制"地让消费者选择此产品，只要对产品本身没有口味上的反感。这样的"垄断"反让人感觉到品牌实力。经过初入市场的"预热期"之后，品牌已经在消费者心目中形成初步的印象，此时的推广应加重力度。

（3）形象塑造。"××"旗下各种价位、口味的产品分期在卖场陈列，站牌广告内容更新速度加快，让消费者感受到这个品牌在紧跟时代脚步。

（4）档次提升。健康食品、低糖食品、情侣食品、特色口味食品、有故事的食品等，可以在此时不断地刺激市场，让消费者形成对品牌更为熟悉的认知。

总之,无论是企业文化还是食品品牌,都需要从最基本的地方开始努力,以优质产品为依托,用专业的目光了解市场,选择最适合的时机,以最恰当的方式进入市场,吸引消费,这样必然能实现壮大品牌的理想。

 写作要领

品牌是一个名称、名词、符号或设计,或者是它们的组合,其目的是识别某个商品或某种服务,使之与其竞争者的产品或服务区别开来。品牌是企业的一笔无形资产,品牌营销就是从高层次上将企业的形象、知名度等展示给消费者,从而在消费者的心目中留下良好的印象。品牌营销策划就是品牌营销的策划方案。

品牌营销策划要找出实施品牌形象战略的要点,找出品牌的定位,以此来确定实施营销的传播策略。

第三章 产品管理类文书写作

第一节 产品市场定位报告

参考范文

【范例1】某轿车的市场定位

××轿车的市场定位

一、市场分析

由2008年美国次贷危机引起的世界金融危机,也使国际轿车市场竞争更加激烈,高档轿车市场就涌现出了美国的克莱斯勒,英国的劳斯莱斯,德国的宝马、奔驰,意大利的菲亚特等品牌,汽车市场呈现品牌林立的局面。为了建立和巩固品牌形象,汽车厂商不惜重金,制作大量的品牌广告和企业形象广告。

世界轿车市场一直处于不断的变化发展之中,众多的影响因素,如供求关系、政府的关税政策、环保法规、经济形势、原材料和能源的价格等,更是加大了汽车市场的复杂性与不确定性。竞争态势、消费者、环保问题是汽车竞争最重要的三个视角。在汽车行业众多的品牌定位中,宝马车强调的是"驾驶的乐趣",沃尔沃强调"耐久安全",马自达选择"可靠",SAAB的"飞行科技",丰田的"跑车外形",菲亚特的"精力充沛",这些定位观点是各不相同的。

二、××轿车的市场定位:元首驾座

××轿车的定位是"高贵、王者、显赫、至尊",××的TV广告中较出名的系列是"世界元首使用最多的车"。

高品质、可靠性、安全性、先进技术、环境适应性是××轿车的基本理念,凡是公司所推出的汽车均需达到五项理念的标准,缺少其中任何一项或未达标者均被视为缺陷品。

××公司对品质的追求精益求精,在价格定位上,也选取了高价位,与日本车的价格相比,一辆××轿车的价格可以购买两辆日本车。价值定价成为××公司最重要的制胜武器,消费者为了得到身份与地位的心理满足感而不惜重金。

三、新卖点之一:大打"安全"牌

据统计,每年全球因交通事故死伤的人数高达25万人,轿车的安全问题尤其突出。××公司一向重视交通安全问题,它首创的吸收冲击式车身、SRS安全气囊等安全设计被汽车工业界引为标杆,并导致全球各汽车厂商竞相投入研究开发的行列。

翻开××公司的历史,从20世纪50年代开始它就致力于安全问题的研究。1953年××公司发明的框形底盘上的承载式焊接结构使得衡量车身制造的标准朝着既美观、又安全的方向迈出了第一步。在600型的基础上,××公司又研制出"安全客舱":载客的内舱在发生交通事故时不会被挤瘪,承受冲击力的是发动机箱和行李箱这两个"缓冲区",为了不让方向盘挤压驾驶员,转向柱是套管式的,可以推拢到一起;每一部小轿车上,从车身到驾驶室部件,共有136个零部件是为安全服务的。

四、新卖点之二:环保至上

尽管轿车给人们带来了很多的好处,但遗憾的是汽车加速了环境的污染。汽车马达的发动增加了城市的噪声;汽车排出的废气污染了人们呼吸的空气……环境污染成为汽车的两大克星之一(另一个是能源危机)。未来的汽车是环保汽车,如利用电能的电动车,石油、太阳能、煤、核能、水力、风力等都可以用来发电,这就使得汽车能源不局限于某一种能源,又可彻底地消除噪声与废气的排放。

××公司把对环保问题的关切作为其诉求重点,长期以来重视环保技术的研究,研制节能和环境保护方面的新型汽车。石油危机发生后,××公司着力于研究汽车代用能源,如乙烷、甲烷、电子发动或混合燃料发动装置。

××公司每年定期推出强化企业形象的广告,表现对环境问题的高度关注是其重要内容。一般汽车公司是以美国环保法规为最终标准,多数的商品开发也以满足美国的标准为前提,但××公司除这些之外,另外制定了一套比美国标准还严格的产品管理规定。"使你加入节约能源及环境保护的工作"就是××轿车广告的口号。

【范例2】某咖啡店的市场定位

××咖啡的市场定位报告

××咖啡是在20世纪90年代中后期登陆中国大陆市场,开始定位于比较"稀少"的中高端消费人群,起步"曲高和寡"。后来还是在中国市场,××咖啡消费获得了前所未有的"高歌猛进"。它的成功之处,就在于它是"面对"着消费者,而不是"背对"着消费者。

100多年前,××咖啡是美国一本家喻户晓的小说里主人公的名字。1971年,3个美国人开始把它变成一家咖啡店的招牌。

1987年,霍华德·舒尔茨和他的律师,也就是比尔·盖茨的父亲以380万美元买下××咖啡公司,开始了真正意义上的"××咖啡之旅"。

如今,××咖啡已经成为世界连锁咖啡的第一品牌。××咖啡已经在全球38个国家开设了13000家店。虽然传统意义上"根红苗正"的咖啡并非起源于美国,但××咖啡目前已经俨然成为这些品牌最"正宗"的代名词。1999年1月11日,××国贸中心一层开设了一家××咖啡店,这意味着××咖啡开始了美妙的中国之旅。

那么,××咖啡在中国是怎样进行市场定位的呢?

一、在中国,××咖啡、×××冰淇淋征服的不仅仅是消费者的胃

在网络社区、博客或是文学作品的随笔中,不少人记下了诸如"××咖啡屋的下午""×××冰淇淋的女人"这样的生活片段,似乎在这些地方,每天都发生着可能影响人们生活质量与幸福指数的难忘故事:"我奋斗了五年,今天终于和你一样坐在这里喝咖啡了!"此时的××还是咖啡吗?不!它承载了一个年轻人奋斗的梦想;"如果你是一位适龄女子,你所生活的城市有×××冰淇淋,而你从来没被异性带入×××,或者已经很久没机会去了,那你就不得不在内心承认,没有人疼你、宠你了。"此时的×××还是冰淇淋吗?不!它变成了一个女人心中爱的祈祷……

这种细腻的感情,美妙的感觉,不仅仅是偶然地在一个消费者心中激起的涟漪,而是形成了一种广泛的消费共鸣。我们不得不承认,××咖啡、××冰淇淋的成功与其准确的品牌定位不无关系。

二、××咖啡的"第三空间"

关于人们的生存空间,××咖啡屋似乎很有研究。霍华德·舒尔茨曾这样表达××咖啡屋对应的空间:人们的滞留空间分为家庭、办公室和除此之外的其他场所。第一空间是家,第二空间是办公地点。××咖啡屋位于这两者之间,是让大家感到放松、安全的地方,是让你有归属感的地方。20世纪90年代兴起的网络浪潮也推动了××咖啡屋"第三空间"的成长。于是××咖啡屋在店内设置了无线上网的区域,为旅游者、商务移动办公人士提供服务。

其实我们不难看出,××咖啡屋选择了一种"非家、非办公"的中间状态。舒尔茨指出,××咖啡屋不是提供服务的咖啡公司,而是提供咖啡的服务公司。因此,作为"第三空间"的有机组成部分,音乐在××咖啡屋已经上升到了仅次于咖啡的位置,因为××咖啡屋的音乐已经不单单只是"咖啡伴侣",它本身已经成了××咖啡屋的一个很重要的商品。××咖啡屋播放的大多数是自己开发的有自主知识产权的音乐。迷上××咖啡的人很多也迷恋××咖啡屋的音乐。这些音乐正好迎合了那些时尚、新潮、追求前卫的白领阶层的需要。他们每天面临着强大的生存压力,十分需要精神慰藉,××咖啡屋的音乐正好起到了这种作用,确确实实让人感受到在消费一种文化,唤醒了人们内心某种也许已经快要消失的怀旧情感。

三、产品中国化

虽然因为一些限制,××咖啡屋在中国的店铺中并没有像其他全球××咖啡屋连锁店那样销售××咖啡屋音乐碟片。但××咖啡屋利用自己独特的消费环境与目标人群,为顾客提供精美的商品和服务。商品种类从各种咖啡的冲泡器具,到多种式样的咖啡杯。虽然这些副产品的销售在××咖啡屋整体营业额中所占比例还比较小,但是近年来一直呈上升趋势。在中秋节等中国特色的节庆时,还推出了"××月饼"等。

 写作要领

一、市场定位报告的写作要点

定位这个概念是经由美国的广告经理 Ries 和 Trout 于 1972 年提出后并开始流行起来的。市场定位并不是要对产品本身做什么事,而是对潜在顾客的心理采取行动,即把产品在潜在顾客的心中确定一个适当的位置,让产品在客户头脑中独树一帜。市场定位是设计者通过设计、提供产品形象,从而使其能在目标顾客心目中占有一个独特的、有价值的位置的行动。

二、市场定位报告的写作注意事项

定位是成功地创造出一个市场导向的价值建议,其实质是向顾客提出一个购买该产品的强烈理由。在实际应用中,独特的定位要抓住核心,不能面面俱到,在实践中可以借鉴以下几种形式。

1. 单一利益定位或第一名定位,如佳洁士突出防蛀。
2. 双重利益定位,如沃尔沃汽车将其定位于"最安全""最耐用"。
3. 三重利益定位,如牙膏强调"防蛀""爽口""增白",就是三重定位。

第二节 产品定位说明报告

 参考范文

【范例1】保健品产品定位

××小麦草片定位说明报告

一、背景分析

保健品作为一种特殊产品,虽对人体起着十分有益的作用,但总体而言,其疗效没有药品直接迅速,其价值又比食品昂贵,因此导致其生命周期比较短暂。市场上做得不错的品牌,如"×××""×××"等,之所以能在市场上立足,主要得益于其鲜明的功能定位、特定的渠道选择和强大的宣传支持。

二、产品分析

××小麦草片作为一种纯天然、高科技、功能性的保健食品,意欲参与国内同行业的激烈竞争,面临的问题就是如何看待这个产品。也就是说,如何在消费者心目中给产品进行形象定位的问题,它关系着产品上市后的销售成败。①作为保健品看待。势必会影响到产品的生命周期,很可能企业刚刚收回前期的投资,消费者已经对产品产生了厌倦,产品的生命周期已经进入了衰退期;②作为食品看待。一方面在定价上难以保证高价位,另一方面其药品式的外观也难以得到消费者的认同;③作为药品看待。一方面它是食品企业生产,属于保健食品,另一方面在销售渠道的选择上也必然会受到限制。

三、产品定位

经过综合分析,我们认为应把产品形象定位于类似于药品的功能性、高价位保健食品。这样,虽不能使产品进入大众流通渠道,却能够保证产品较为持久的生命周期,还可以通过强调其组成成分稀有元素硒进行高价格定位,保障企业的高额利润。

为保证能够成功地树立起产品形象以推动市场销售,应注意以下几点。

1. 在宣传上弱化其保健食品的概念,转移消费者的注意力,突出功能性诉求;在包装及宣传资料上印刷生产厂家时应采用其他形式出现(如××实业等)。

2. 在销售渠道上采用药品的销售途径,进入食品或其他日用品流通渠道。

3. 突出产品所含稀有元素(硒)组成成分以支持高价位诉求,应更换产品名称(如××硒片等),这样可使产品成为第一个以稀有元素硒为个性诉求的产品,容易让人产生深刻记忆,易于率先占领一块属于自己的市场,同时通过对硒这种稀有元素独特作用的介绍来统领众多的产品功效,有利于避免功能诉求太广泛、不明确。

4. 改进包装。考虑到国内消费者的价格接受程度和购买习惯,将原包装缩小,降低每盒售价,以降低市场切入的门槛;同时在内外包装上使产品突出功能性、纯天然、稀有珍贵的形象识别,在硒片色彩上也可以进行尝试,如采用浅绿色等,以此强化产品含有特种××小麦草中稀有元素——硒,同时与众多常见药片形成视觉差异。

5. 差异化的功能定位。对产品进行差异化功能定位,功能上以"净化血液,清除人体自由基"统领,根据不同区域病例比重差异进行针对性诉求,如有的地域着重强调防治糖尿病,而有的地域则强调防治高血脂、青春痘等。

【范例2】服装产品定位

"×××"服装轻系列产品定位说明

一、系列介绍

该系列主要以可丰富选择的裤装为核心产品,适度搭配上衣系列产品及服饰品的轻系列组合性女装。服务于核心年龄在25~45岁的青中年女性,重点满足她们工作及日常生活以至休闲旅游的裤装需求,同时在上衣着装上给予一定的组合搭配品。追求舒适大方的审美观与时尚流行相结合。符合现代都市、城镇女性的审美观念。

1. 核心诠释语:中度女性化、大方、舒适、亲和、超值、微度时尚。

2. 品质诠释:在实用中讲求品质,不奢华,不做作,价位适中,追求中等档次和品质感,少部分产品略偏中高档,重点是达成消费者在使用中的亲和力,又给人以物超所值的感觉。

二、风格定位

偏英伦休闲,大方得体实用,中度女性化,微度时尚。

三、系列定位

1. 经典系列(CLASSIC):固定系列,围绕经典、可搭配性强的裤装款,选用经典不过时的面料,少款式多色彩、齐尺码销售,贯穿四季。

2. 日常系列(DAILY):轻系列组合,搭配较齐、参考时尚可变元素,夏季连衣裙及单上衣,冬季毛纺及棉服羽绒类,圆机针织、横机针织少款多色;上衣、风衣、毛纺、连衣裙、单上衣及棉服羽绒服相对多款少色。

3. 休闲系列(LEISURE):轻系列组合,搭配较齐、参考时尚可变元素,衬衣分素色和条格两类;横机针织分素色和条格两类;圆机分条格和 logo 两类;衬衣、圆机针织及横机针织少款多色;提亮橱窗成列及店铺颜色,贯穿四季。

4. 牛仔系列(JEANS):固定系列,可适度年轻时尚,衬衣分素色和印花两类;横机针织分粗针外穿和内穿两类;圆机针织分烫印花型和 logo 两类;少款多色,提亮橱窗成列及店铺颜色,贯穿四季。

 **写作要领**

产品定位是指企业对用什么样的产品来满足目标消费者或目标消费市场的需求,这有别于市场定位,市场定位是指企业对目标消费者或目标消费者市场的选择。从理论上讲,应该先进行市场定位,然后才进行产品定位。产品定位是对目标市场的选择与企业产品结合的过程,也即将市场定位企业化、产品化的工作。

一、产品定位的主要内容

1. 产品的功能属性定位:解决产品主要是满足消费者什么样的需求,对消费者来说其主要的产品属性是什么。

2. 产品的产品线定位:解决产品在整个企业产品线中的地位,本类产品需要什么样的产品线,即解决产品线的宽度与深度的问题。

3. 产品的外观及包装定位:产品的外观与包装的设计风格、规格等。

4. 产品卖点定位:提炼出产品独特的销售主张。

5. 产品的基本营销策略定位:确定产品的基本策略——做市场领导者、挑战者、跟随者还是补缺者?以及确定相应的产品价格策略、沟通策略与渠道策略。

6. 产品的品牌属性定位:主要审视产品上述策略的实施决定的品牌属性是否与企业的母品牌属性存在冲突,如果存在冲突,如何解决或调整?

二、产品定位说明的写作方法

产品定位的方法有多种,可以借鉴以下方法。

1. 产品差异定位法,即本公司所销售的产品,与竞争产品相比的差异性。

2. 利益定位法,即产品的品质、选择性、价格、服务及地点等,能给消费者带来的价值。

3. 产品使用者定位法,即针对使用者来定位。

4. 针对特定竞争者定位法,这种定位法是直接针对某一特定竞争者,而不是针对某一产品类别。在实际定位时,应将产品固有的特性、独特的优点、竞争优势等,与目标市场的特征、需求、欲望等结合在一起考虑。

第三节　新产品开发计划书

参考范文

【范例1】家电新产品开发计划书

××股份集团××饮水机系列新产品计划书

一、概述

××股份集团公司利用自身的品牌效应与产品技术优势,在充分做好产品投入市场之前的准备工作后,最近又新推出了家电行业中的饮水机系列产品。该产品属于OEM产品。这是利用集团公司在家电行业的市场资源而制定的一个有价值的营销策略和战术,也是满足市场需求和获得卓越业绩的重要方略。故而这些营销策略和战术都是具有战略性质的。此次饮水机系列产品将"××"作为产品推广商标,侧重于"品牌、广告、分销"三大营销手段,采用"高、中、低"梯形价格体系,于20××年×月底以前投放全国市场,其中××省区域家电市场为华中地区的率先启动市场。

二、目前营销状况

1. 市场状况。饮水机市场发展快、规模大,品种众多,竞争激烈,起伏大:"广告开路"是营销的重要特点;市场价格普遍偏高,流通企业利润较大,最近两年饮水机市场出现了较大的滑坡,出现"大打价格战"现象,企业产品售后服务大多数并不完善。

2. 产品状况。市场上的各类饮水机有几十种,较好的品牌有:××、×、×××等;其他一般品牌如××、×××、×××等。

3. 竞争状况。竞争激烈残酷,市场起伏大,大打价格战,经常出现"各领风骚三五年"的情况。

4. 分销状况。各个厂家的销售渠道主要有两条:一是批发商(一、二、三级);二是终端商超(一、二、三级)。另有一些具有一定实力的企业设立品牌专卖店。

5. 宏观环境状况。随着中高层消费者的收入水平进一步提高,其面临的工作环境压力大,对生活快节奏和"绿色消费"自然有较大的需求,以便减少工作中的麻烦之处。

三、SWOT分析

1. 优势。××集团有雄厚的经济实力和品牌优势,并有独立自主的科研与开发实力;集团高层领导高度重视;此阶段恰属于饮水机市场的"旺季";公司给予新品上市以优惠促销政策。

2. 劣势。该产品为××集团的新品饮水机,处于新品上市阶段,没有一定的市场份额。除OEM方式限制了市场发挥之外,维修等方面的费用居高不下也影响了利润。采用这种方式在小家电市场运作,茫然地进入虽然成本低,但产品没有保证、市场反应缓慢、技术环节落后。这样无论对企业还是对消费者、经销商都会造成很大的损失,运作的企业很难有所作为。

3. 机会"无×不成军"——××区域市场属于全国重点家电市场,饮水机市场刚起步,市场发展空间大,而名牌又少,这种市场的不规范和不成熟,创造了难得的市场机遇和空间。同时××集团在××地区有较好与较全的市场营销网络体系。

4. 威胁饮水机市场品牌众多,竞争激烈,起伏较大,市场不规范和不成熟。

综上所述,利用本集团的资金技术优势和品牌,在自己熟悉的××地区采取全方位立体交叉式的促销和分销手段,以最强的竞争力迅速占领尽可能多的当地市场份额,并突出××饮水机品牌的特色,尽可能多地占领市场份额。

四、目标

1. 财务目标(略)。

2. 营销目标(略)。

五、营销战略

对于任何一家公司而言,营销战略决策都标志着未来的发展方向,体现了公司所向往的经营蓝图,又是一种营销策略和战术组合,也就是如何在市场中建立自己的地位,同时又战胜自己的竞争对手。

1. 市场定位。

(1)产品市场定位。针对知名品牌主要集中在大城市竞争的情况,××

饮水机则可以先扬长避短,拓展××中小城镇,占领××区域市场,等待时机成熟后再向全国大举进军。要一手创建自己的中高端品牌,不必拘泥于门缝中求生存。

(2) 细分市场定位。主要拓展××中小城镇,特别是××、××等地级市,这些地方将是有待开发的潜在消费市场。

(3) 产品目标市场。目前主要以××省区域三级城市为主,以一、二级城市为辅。

(4) 细分目标市场(略)。

2. 企业产品。

质量是企业的生命,为确保××饮水机的稳定高质量,集团公司研发推出适合××当地市场需求的产品,规格包装符合消费者需求,价位适中。

(1) 积极的产品创新(略)。

(2) 及时的产品更新(略)。

(3) 产品质量控制(略)。

(4) 产品包装设计(略)。

3. 产品市场定价。

(1) 主张高起点,低价格,使价格具有弹性。这样有利于保护渠道经销商的利益,也有利于控制我们自己的价格。所谓高起点,就是在定价方面要高出同行业的价格,或是相同。把所有的广告支持、返点和返利全部加在价格中。如在经销商提货时就可把返点给他(如10%直接返点,就像好又平超市中买100元送15元一样,羊毛出在羊身上),通过扣除以后我们的价格实则和同行业差不多。如果稍低几角,又有这么多的优惠政策,代理商是比较愿意做的。

(2) 在零销终端价格方面,我们要制定一个约束价格。在我们的价格上下浮动×%。当然如果我们一个地方只设独家经销商,一般就不会产生同一品牌相互竞争的问题。但为了保住一个好的品牌和一个长久的市场,防止经销商在同行竞争中烂价,损坏品牌,这一点是必须要注意的。

4. 产品的售后服务。

(1) 保证不良产品在×%以内,并对整机保修一年,压缩机保修三年。

(2) 在各地市(含县)建立售后服务站,提供优质售后服务。

(3) 不定期拜访消费者和使用者,定期举办免费维修活动。

5. 分销渠道(略)。

6. 渠道维护。

(1) 经销商的考核和权宜事项(略)。

(2) 渠道建设体制(略)。

(3) 渠道运作方式。

由总经销商为中心转变为以终端市场建设为中心。

销售工作要解决两个问题:一是如何把产品铺到消费者的面前,让消费者见得到;二是如何把产品铺进消费者的心中,让消费者乐得买。企业把产品交给经销商,由经销商一级一级地分销下去。由于网络不健全、渠道不畅、终端市场铺开率不高、渗透深度不足等,经销商无法将产品分销到厂家所希望的目标市场上,无法保证消费者在零售店里见得到、买得到、乐得买。厂家的销售政策无法得到经销商的全面执行,其结果是厂家的促销力度越来越大,但促销的效果越来越差。厂家与经销商的利益矛盾,使得厂家无法确保一个稳定的市场,经销商无序经营,窜货、降价倾销现象屡禁不绝。厂家调动经销商积极性的成本越来越大,导致厂家无利经营,如此等等。实践证明,这种市场运作方式越来越成为销售工作的弊病。成功企业应以终端市场建设为中心来运作市场。厂家一方面通过对代理商、经销商、零售商等各环节的服务与监控,使得自身的产品能够及时、准确、迅速地通过各渠道环节到达零售终端;另一方面,在终端市场进行各种各样的促销活动,提高产品的出样率,激发消费者的购买欲,使消费者乐得买。

(4) 市场重心由大城市向地、县市场下沉。

以往许多企业都是以大城市为重点开发的目标市场,在大城市,至少是在省会城市设立销售机构。当众多企业为争夺大城市市场而进行你死我活的竞争时,一些企业已将市场重心转移到地区、县级市场,着眼于在地、县级市场上设立销售机构。企业以大城市为销售重心,靠一个或几个经销商来辐射整个省级市场,受经销商销售网络广度和深度的局限,容易出现市场空白点,造成市场机会的浪费。同时,市场重心下沉是一个细化市场的过程,这种细化也反映在对经销商的选择上,销售机构下沉,客户也要下沉。企业对经销商的政策也由此发生了变化,从重点扶持大客户转移到重点扶持二、三级经销商。

(5) 渠道激励。

由让经销商赚钱变为让经销商掌握赚钱方法。我国现有的经销商队伍是以个体户为基础发展起来的,整体素质不高。许多经销商都是在经商大潮中靠着"敢干"而发家的,他们具有四点不足:一是市场开发能力不足;二是促销能力不足;三是管理能力不足;四是自我提高能力不足。厂家对渠道的激励措施已不再仅仅是给经销商送"红包",而是让经销商掌握赚钱的方法,对经销商进行培训。

7. 广告宣传。

(1) 流动性广告。

(2) 利用传统和现代宣传媒介,进行商品促销,同时构建形象专卖店。主要是通过报纸杂志、电台电视广告、张贴广告、实物广告等方式向广大消费者进行促销。

(3) 积极参加社会活动,扩大社会影响。

(4) 利用名人效应,扩大企业知名度。

(5) 社会承诺,提高产品信誉度。

8. 促销组合。

促销、终端、通路,每一个环节都可以克敌制胜,重要的是要找到对手的弱点,避实击虚,以己之长克敌之短,方能百战不殆。

(1) 促销上的对抗。促销是大小商家常用的竞争手段,面对竞争对手的促销,新品不能盲目跟风,大打价格战,而是要通过详细的市场调研,发现对手在促销过程中的"暗门",一举击中对方要害。

(2) 强化终端市场。终端是产品直接面对消费者的窗口,一个新产品即使品质再好,如果只是安于一隅孤芳自赏,终究不能吸引消费者的眼球。如何为新品创造一个登台亮相的大舞台,也是企业不能不考虑的问题。①紧贴对手;②大造声势。进行终端卖场传播需要注意的原则是:传达越少,消费者接受得越多。现在的广告信息太多,消费者乐于接受的是简单明了的信息。终端卖场布置要力求清楚简明,无论是产品包装、门店宣传,还是店内陈列等都令消费者一望便知。这样不仅便于消费者的品牌识别,方便消费者的购买,也有效地传播了品牌知名度。

(3) 稳定通路。在通路方面,与经销商建立契约式的合作关系,重奖专营商,是新品入市抢占市场的重要举措。由于属新品入市,一般中间渠道价差要比现有的品牌有一定的优势,这也是中间商最看重的一点,要严守现有价格体系,在月度返利等方面设立高出对手的返利政策或相对较高的"模糊奖励",同时通过当地的办事处或分公司提供协销服务,强化经销商经营信心。

具体的方式:

1)通过订货会、返点、定量等方式对经销商进行促销。

2)零销终端可通过和其他主板配件厂家合作,和当地经销商合作也可,实行卖×送一活动。

3)一切促销活动由总公司统一安排。

9. 市场调研。

组织人员做好先期的市场调研,掌握市场的第一手材料,努力做到"知己知彼,百战不殆",形成市场营销策划方案,使该方案突出"农村包围城市"营销战略精髓,并具有可行性和科学性。

10. 具体的实施步骤(略)。

【范例2】新型晾衣架开发计划书

新型晾衣架开发策划书

编号:××××

主题:新型晾衣架

时间:20××年×月×日

策划人:×××

一、开发目的

根据企业经营战略要求,开发第三代新型家用小商品。

二、开发目标

推出第三代新型晾衣架,使之成为企业新的利润增长点。

三、策划背景

目前,双职工家庭日益增多,他们共同的特点是白天无人在家。因此,如何晾晒衣物,成为这些家庭的烦恼。

四、商品概念

本商品在晾衣竿内设有传感器,即使对毛毛细雨也非常敏感,只要空气湿度增加,就会将此信息传输给合金伸缩支架,从而指挥衣架将衣服收回房内。而当空气湿度减少到一定比例,传感器又会指挥衣架张开。并且该衣架设有定时器,主人可在出门前设定时间,到时衣架可准时收回。

五、商品设计图(略)

六、目标市场

双职工家庭、单身男女和学生宿舍。

七、产品市场定位

中价位、优质日用生活品。

八、价格

×××元左右。

九、存在的问题及课题

该晾衣架可分成2~5节4种规格,一般小家庭用户使用2节和3节规格较多。但各种规模应生产多少,必须进行相应的调查。一般女性是主要购买者,为此应针对产品性能、设计、颜色等方面做充分调查。另外,需建立相应的售后服务体制。

十、广告宣传

时间:明年梅雨季节之前。

地点:我国南方各地(如××、××和××等地区)。

媒体:当地电视、广播。

十一、渠道策略

通过经销商在连锁商店、超级市场出售。

十二、促销策略

SP、店内现场演示。

十三、商品策略

不断开发新品、完善性能。

十四、服务策略

各地建立相应的售后服务点。

十五、日程计划安排

(1)调查:20××年11~12月中旬。

(2)广告宣传:20××年12月~次年3月。

(3)生产:20××年1~2月。

(4)店内促销:20××年3~4月。

 **写作要领**

企业为了生存与发展,必须增强创新能力和竞争力,不断开发新产品来满足市场的新需求。新产品开发策划书是根据企业新产品开发的理念和要求而撰写的一种实施性的策划书。它包括新产品开发的各项实施步骤、各项资源和时间的利用与分配等,可以科学有效地指导企业新产品开发工作。

一、什么叫新产品

新产品,在营销学中可以定义为能给消费者带来某种新的需求、为企业产生新的效益的产品。但是新产品中的"新"是相对的,其界定的范围也随着主体的不同而产生不同的定义。从一般意义上讲,新产品可以分为新发明的产品、改进型的产品、新牌号的产品三类。

二、新产品来源

1. 消费者的需求是产生新产品设想的直接来源。
2. 企业其他的外部利益相关者的行为也是新产品设想的重要来源。
3. 研究竞争对手的产品,从而改进企业现有的产品。
4. 采集经销商的建议。
5. 政府机关的有关信息也是新产品设想的重要来源。
6. 企业内部人员的想法是新产品设想的主要来源。

三、新产品开发策划的格式内容

1. 新产品的选择研究。
2. 市场计划。
3. 消费行为研究。
4. 竞争环境研究。

第四节 产品说明书

参考范文

【范例1】产品介绍说明书

××产品说明书

一、产品简介

×××型电子交流稳压器是专为稳定电源电压而设计的。在不稳定波动的电源上,或因负荷变动影响导致电源电压不稳定时,它都可以保持电压稳定不变。凡一切需要高稳定度电源的地方,如精密测量仪器、电子仪器、化学分析仪器、物理仪器、光学仪器、电信设备、电子设备或半导体生产设备等,均可使用本稳压器供给高稳定的电源电压。

二、技术数据

额定输出功率:(略)。

最大输出电流:(略)。

输入电压(稳压范围):(略)。

输出电压(可随需要选定电压值):(略)。

电源频率:(略)。

负荷性质:(略)。

体积:(略)。

重量:(略)。

三、工作原理

×××型电子交流稳压器是由磁放大器、自动变压器及电子控制器三个主要部分组成的。本稳压器稳定电压的基本原理是把一个磁放大器和一个升压变压器串联后,跨接在电源上,负荷变动时,则由电子控制部分立即改变磁放大器的直流饱和电流,它们都是自动进行的。因此,在电源电压波动或负荷变动时,它都能供给高稳定度的电源电压。

四、使用方法

1. 将机箱后背板上活门打开后,把输入和输出的导线(截面积小于6平方毫米的软电线)及接地线分别从箱底引入,接在有电源和负荷字样及接地线符号的接线板的螺钉上。

2. 插上电源,开启电源开关。约等5分钟后,再调节"电压调正"旋钮,可根据工作需要调至所要求的电压值(210~230V)。再等5分钟,方可接上负荷。

3. 电源电压在稳定范围以外时,可设法先提高或降低电源电压,然后再接至该稳压器。

4. 接通和切断电源时,均应在空负荷下进行。

5. 如发现开机后调节"电压调正"旋钮仍达不到所需电压值时,应立即关闭电源进行检查。

五、维护与修理(略)

六、元件表(略)

七、电气原理图(略)

【范例2】产品使用说明书

××应急充电器产品说明书

一、适用范围

随时而充、随身而充、随心而通是××应急充电器产品的特色。广泛适用于手机、MP3、MP4等移动数码产品。

二、使用方法

把应急充电器插在电源插座上就会智能存电,将您的数码产品充电线插入应急充电器的USB口上打开ON开关位,就可以对您的数码产品直接充电,当把您的数码产品充满电后,应急充电器上的绿色指示灯会自动发亮提示饱和状态,然后您将数码产品拔离充电线或者把应急充电器上的开关位打到OFF位置,应急充电器就会自动内存充电,直到绿灯再次亮或者黄灯熄灭时说明内存电量已经达到饱和状态。那么您将可以随时把它携带在身上为您备用4~6天的电量了,不必多买电池和充电器交叉使用了。一次充满内存电量放置时间可达2个月之久,可循环充内存电量800次以上,一次充满内存电量可使用4~6天时间,应急充电器也可搭配您的数码产品原配USB数据线充电时使用。

技术参数:(略)。

型号:(略)。

输入电压:(略)。

输出电压:(略)。

输出电流:(略)。

内存电量:(略)。

执行标准:(略)。

外形尺寸:(略)。

重量:(略)。

三、注意事项

1. 请将应急充电器插头小心插在电源插座上,勿用力太猛,以免损坏。

2. 如果您的数码器产品显示未能充电或出现无反应的情况,可能是以下原因:

(1)您的数码器产品内部性能电压或电流过高,请另搭配升压盘一起使用。

(2)您的数码器产品充电正负极性与应急充电器正负极性相反不对称。

3. 空载情况下黄灯闪亮属正常空载电流,不影响充电,请放心使用。

4. 当内存电量用完的时候,黄、绿灯不亮或没有工作显示,请再次插到电源上进行内存充电。

5. 建议您在使用时请先插入电源,充满内存电量可达到更佳充电效果。

四、质量保证

本产品自购买之日起三十天内如有质量问题包换,一年内包修。下列原因引起的产品损坏不在包换范围。

1. 不按说明书要求操作引起的损坏。

2. 用户私自拆机或维修引起的损坏,以及其他的人为损坏。

 写作要领

产品说明书是对产品的结构、性能、规格、用途、使用方法和维修保养等的说明性文书。而产品使用说明书则是向人们介绍了具体的关于某产品的使用方法和步骤,因而叫作产品使用说明书。

一、产品说明书的构成和要点

1. 标题。

(1)通常由产品名称或说明对象(如品牌、型号)加文种构成。文种可以是"说明书""说明""指南""介绍"等。如《西门子360可扩展数字无绳电话机说明》。

(2)有些说明书侧重于介绍使用方法,称为使用说明书,如《松下吹风机使用说明书》。

(3)产品名称直接做标题,如"光明高钙牛奶""麦斯威尔三合一咖啡""冠生园素易鲜天然植物鲜素"。

2. 正文。

正文是说明书的主体,内容因物而异,一般应该写明产品的基本情况,如名称、性能、构造、成分、用途、功效、使用方法、使用范围、注意事项、保养(储藏)、安装、维修等,有的还简要介绍生产商的基本情况或产品声誉等。正文可以根据不同类型产品的不同特性,进行各有侧重、详略得当、具体细致的介绍说明。

正文常见的写法大致有三种形式:

(1)概述式。对产品的有关知识做概括性的叙述、介绍。这种形式通过一气呵成的概括叙述,突出产品的个性,给人留下比较完整、深刻的印象。

(2)条文式。逐项分条介绍有关产品的各方面知识,如性能、构成、使用方法等。这种形式层次清楚、详细具体,表述上严谨有序。

(3)综合式。概述式和条文式的结合。既有总体概括的介绍,又有分项的具体说明。这种形式往往给人以全面的知识介绍。

3. 结尾。

结尾一般包括提供生产经销等相关企业或单位的名称、地址、电话、邮

编、传真号码、网址等内容。

二、产品说明书的写作要求

1. 内容要求真实准确。

真实是撰写说明书必须严格遵循的基本准则。唯有真实才能提供准确可靠的信息，才能使这种指导性、说明性文字名副其实地教人以用，也不至于对消费者产生误导。切不可为达到某种目的而夸大产品的作用和性能。

2. 内容要全面具体。

说明书要全面地说明事物，不仅介绍其优点，还要清楚地说明应注意的事项和可能产生的问题。

3. 说明时有重点和特点。

产品说明书一般不做事无巨细的全面说明，总是针对销售的目标、市场定位、产品的特点、特性等进行重点说明，突出产品的性能。撰写时，可根据情况需要，使用图片、图表等多样的形式，以期达到更好的说明效果。

4. 语言要通俗易懂。

通俗是撰写说明书不容忽视之点。说明书随产品进入千家万户，面对文化差异极大的消费者，通俗至关重要。因为只有通俗才能易懂，否则再真实准确也无济于事。

5. 文字表述简洁、规范、准确。

文字表达不致产生歧义，出现模棱两可、多种理解的现象。同时要注意用语通俗，尽量从读者的视角去考虑如何说明，可以将自己设想为第一次接触某产品的消费者，去构思说明的内容。

第五节 产品推介书

 参考范文

【范例1】电子产品推介书

电子公文包产品推介书

一、××是什么

当你出差之前发现要带的东西太多(如公司文件、日常安排手册、名片册、通讯录、会议记录本及各种资料等),感觉公文包太小的时候;当你急需和某人联系,而翻遍名片夹或通讯录也找不到电话的时候;当你在开会时,需要做大量会议记录的时候;当你希望有人能够按时提醒你重要日程安排或重要事项的时候;当你准备出差,想了解当地情况的时候……一台××电子公文包能轻松帮你解决全部问题。

二、这就是××

1. 电子公文包:××是装在衬衣口袋里的电子公文包。
2. 得力助手:××是商务活动和日常工作的得力助手。

三、产品定位

××电子公文包专为广大工商界人士、企业管理人员、政府工作人员、科研人员及大学教师等其他有大量信息需要随时记录和查找的人士设计。

四、功能介绍

××电子公文包除了具有传统的电子记事簿、电子通讯录、电子词典和电子秘书等所有功能外,还增添了大量在商务活动及日常生活中需要的实用资料。而在传统的电子记事簿的输入、查询、资料保护等多方面更有革命性的突破,真正实用、好用。

五、主要特点

1. 一触即得。××是高智能电子通讯录,一开机即可显示最近联系过的人名单,查电话只要点一下即可。采用百家姓技术,同时提供按汉语拼音排序方式,每行分列,一目了然。再也不需要在屏幕上杂乱的内容和姓氏中吃力地辨认与寻找。

2. 定时提醒。日期、月份、年份、节日、约会以及日程等,提前设定,一次输入,多次提醒。新增每日多次提醒功能,使用起来实用方便。

3. 妙笔生辉。手写输入,会写汉字就能操作,即写即现,识别率高。

4. 资料保护。迅速存储技术,确保断电后资料永不丢失。

5. 即买即用。机内预装操作指导,操作任何一步有疑难,点触疑难处2秒钟即可获得操作提示。

6. 身小屏大。身份证大小的机身,超大屏幕(是类似产品的2倍)显示,可轻松放进衬衣口袋。

7. 便笺速记。快速会议记录,写多快,记多快,保留原始字体,像写在纸上一样方便。

8. 海量存储。超大内存,可存储50万个汉字或数万条名片信息,多达99个记事目录。在"备忘"中新增保留全部候选区功能,您可快速录入,录入完成后再修改错字,只要点触错字,立即显示录入时的候选区,简单方便。

9. 全能助理。预装超大容量实用商务资料,衣食住行、商务活动面面俱到。

10. 电脑联机。双向交换信息,备份资料。

11. 守口如瓶。全局/局部密码功能,可以有选择地将全部或部分资料加密。

12. 无忧备份。使用选配附件备份卡另存资料,即使机器丢失,也可确保资料无损。同时,新增了机器屏幕意外损坏时的资料紧急输出功能。

六、商务资料库

1. 通信。国内邮政编码、国内长途区号、国际城市时差、国际长途区号。

2. 交通。全国各地铁路、航空、航运售票处。

3. 酒店。各地宾馆、酒店。

4. 美食。各地特色风味食品。

5. 购物。各地名优商场。

6. 旅游。各地风景名胜。

7. 保健。医疗保健常识。

8. 工商。企业登记、年检、商标。

9. 税务。税法、税项、税率。

10. 法规。经济合同法、广告法、劳动法。

11. 管理。管理常识与技巧。

12. 商务。商务常识。

13. 礼仪。商务礼仪。

【范例2】杂志媒体推介书

《健康·尚》媒体推介书

一、杂志的整体策划和办刊思路

1. 名称:《健康·尚》(Healthing)。

2. 主题:关于商家和客户之间健康共享的生活主张。

3. 总体定位。结合商会的主题活动,及时捕捉最新的健康生活时尚话题,通过多角度、全方位、立体化的解读,传播全新的健康生活理念,传递丰富实用的价值资讯,提供专业的医疗服务方略,倡导健康时尚的生活方式,激发健康的消费需求,从而为商会客户带来增值服务,使其成为商会向外界展示自身服务和形象的一个窗口,提升商会品牌内涵和受众对商会的肯定,进一步扩大商会的覆盖面和影响力。

4. 杂志功能。具体来说,杂志应具有以下四个方面的功能:传播商界行业资讯;倡导健康生活理念;连接商会与客户纽带;推动健康行业品牌建设。

5. 受众描述。全国各地商会客户及其相关的客户群体,以及商业领袖、金融机构、健康行业专家、相关政府部门、媒体机构。读者普遍受过良好高等教育,有较高的知识结构和审美情趣的公司白领、中产阶层以及企业家人群,年龄层次相对集中在35~55岁,注重理性思维,但阅读和传播宽度可延伸至其周围同事以及家庭成员,应关照其可读性和趣味性。

6. 刊物定位:高端健康生活类综合刊物。

(1) 这是一本不只关注商业资讯的刊物。商业已成为现代经济与生活的主导,作为商会客户刊物,《健康·尚》的视野和立意,不仅仅停留在"商业"这一层面,而是透过作为财富的人的创造者与支配者,挖掘人生的价值与意义,探讨健康的生活方式与合理的生活情趣,在超越商业服务民生的人本情怀下,倡导良好的价值理念、健康理念、生活理念,从而实现商会对客户健康生活和消费指导的共同关照。

(2) 这是一本有用实效的健康资讯管家和客观公正的意见领袖。《健康·尚》要真正为客户带来增值服务,就应该做到"敏锐、专业、睿智、严谨",在内容选择上,要充分了解客户需求,捕捉市场热点,不仅提供有用的信息,还有积极给予指导、解释功能,需要用严谨的态度,扎实的作风,翔实的数据,科学的语言来提升杂志的专业性与权威性。信任来自专业。真正让人喜欢看、值得看,使《健康·尚》成为每位商会客户健康生活中的良师益友。

(3) 这是商会维系客户,彼此交流、表达、分享的互动平台。更健康、更丰盛的人生,才是生活的终极目标。因此,《健康·尚》在传递商业资讯和健康生活建议的同时,也是一个交流、表达、分享的平台,我们乐于传递有益的健康理念、有用的消费体验、有趣的人生历程、有味的思悟心语。通过这种定期的定向传播平台,使客户形成一种"服务期待",从而达到维系客户,聚合人气,交流互动的良好效果。

二、形式和视觉风格定位

关于《健康·尚》的设计风格定位:根据商会特性和读者受众的特点,《健康·尚》的形式定位应总体上呈现出:富有个性时尚大气的视觉风格。表现为:精致、沉稳、轻松、优雅的形象气质,体现文化品位,彰显高端品质。并在总体设计和着色上,应沉稳而不浮躁、高雅而不浅薄。

1. 杂志的封面品位。在杂志封面着色的设计上,要尽量显示出稳重、高雅、端庄、大气的品位,色彩和图片使用上不应过分夸张杂乱;同时要充分考虑到读者的阅读舒适度,通过插图、影像、表格、漫画、图示等多种形式,形成图文并茂的视觉感受。

2. 杂志的设计风格。设计中可以选择一些创意较好,比较直观、活泼、有时代感的、有朝气的图片,着色要注意选择一些明丽素雅的色系,给人蓬勃向上的力量。设计风格上应该体现简约、平实、平和、柔和,不要过分追求色彩的刺激,形式的标新立异,要充分考虑读者受众的特点和品位,突出文化感、时代感。

3. 凸显杂志的服务性。在办刊特色上让读者视觉上有种很舒服的感觉,感到温馨、清新、雅致,内容上应该是实事求是、客观公正、积极向上,并体现商会的服务性质和刊物的办刊宗旨。

4. 杂志的版式。努力办出刊物特色,栏目设置应有自己的风格,同时在整个杂志的设计上要互相呼应,考虑整体感,从而形成整体的风格和品质。

三、主要栏目与内容策划

1. 健康·风。

2. 健康·尚。

3. 健康·人。

4. 健康·财。

5. 健康·居。

6. 健康·食。

7. 健康·游。

8. 健康·动。

9. 健康·疗。

10. 健康·心。

11. 健康·性。

12. 健康·娱。

四、刊物开本及形式

1. 开本:230mm×290mm。

2. 页码:120页。

3. 印刷以及工艺:四色印刷、局部烫金或烫银等特殊工艺处理。

4. 纸张:封面为300克铜版纸,覆光膜或亚膜,内页为120克铜版纸。

5. 装帧:书脊设计、无线胶装。

6. 出版:同时出版印刷版和数字版。

7. 发行:采取公开发行和内部赠阅两种形式。

写作要领

产品推介书是销售人员向客户推销产品时简单介绍产品的一种解说性材料,主要是为推销产品服务。

一般来说,产品推介书没有什么固定的格式,但是正文一般包括以下内容:产品主要功能介绍;产品使用的注意事项;产品保养、维修的注意事项;产品的主要性能指标;产品工作原理及系统;其他未尽事宜。

第六节 新产品推广宣传策划书

参考范文

【范例1】某品牌牛奶推广宣传策划书

××品牌牛奶市场推广计划书

一、整体环境分析

1. 宏观环境。

随着我国经济迅速发展,人们的生活水平日益提高,人们对生活质量的要求也随之提高,牛奶消费市场不断扩大,并且成为人们一日三餐必不可少的一部分,牛奶作为对人体极具营养价值的饮品,形成了巨大的消费市场。

2. 主要竞争对手情况分析(略)。

3. 消费需求分析。

(1)对牛奶的需求:随着生活水平的提高,人们对健康越来越重视。根据市场需求调查,××%的人认为,一日三餐特别是早餐,牛奶已成为人们必不可少的选择。

(2)消费能力分析:消费者对于目前牛奶的价格还是可以接受的。

(3)消费群体定位:牛奶产品面向普通大众,无论是城市还是乡村,多数人成为牛奶消费的群体。随着生活水平的提高,特别是老年人和小孩,更加关注饮食的健康性与营养性。牛奶丰富的营养价值与合适的价格使其成为消费者选购的主要考虑因素。

二、营销目标

1. 产品目标。

(1)短期市场目标:在整个市场态势中,将××牛奶定位为市场挑战者。由于××牛奶在营养价值与口味上与竞争对手均无较大的差异,而且市场进入较晚,同类产品数量众多,因此××牛奶只能通过让利活动,在短时间内利用整合营销传播手段,来拉动市场促动终端销售,吸引消费者,营造理想的销售环境,取得初步的经营业绩。

(2)长期市场目标:提升××牛奶的知名度与美誉度,树立公司良好的企业形象和品牌形象,树立发展百年品牌的观念,把××牛奶逐渐培养成为奶类产品中的强势品牌之一。

2. 销售目标:年销售额×××万元。

3. 市场占有率目标:积极扩大市场占有率。

4. 品牌目标:提升品牌形象,缩小与主要竞争对手的差距。

三、产品广告定位

1. 广告目标定位(略)。

2. 广告语(略)。

四、推广方式

对本产品的宣传,公司主要采取电视广告、报纸广告、户外广告、商家宣传等方式。具体形式如下。

1. 产品推广方式一览表(略)。

2. 方式说明。

(1)电视、电台广告。

在电视媒体收视率高的栏目投放产品广告,加强引导健康消费专题片。

在电台收听率高的栏目,推出产品广告,开展听众有奖问答的推广活动。

(2)报纸广告。

在当地《××日报》上,推出××牛奶产品广告。

(3)户外广告。

1)所有的配送车辆车身广告,重新设计制作。

2)给分销商、零售商制作店面广告。

3)在大型住宅小区和中小学出入口,设置路牌广告。

4)赠送广告伞。市区冷饮摊点,均投放广告伞,以增强本产品的可视性。

5)增设超市、专卖店、零售点POP,加强海报宣传。

6)广告塑料包装袋,印制大小规格不同的产品包装袋(全国统一、产品统一),既方便购买,又是流动广告。

7)冰柜广告。投放冰柜广告以展示品牌、产品形象。

五、营销活动实施

为开发××品牌牛奶在××区域的市场,本公司主要进行下述营销活动,如下表所示:××品牌牛奶营销活动日程表(略)。

1. 营销活动时间、方式及媒介活动内容(略)。

2. 开展××牛奶有奖知识问答。×月×日,在××超市现场进行抽奖活动。

3. 电视台专题片:宣传公司品牌牛奶的天然、绿色、健康、个性。

4.《××日报》专栏开展科普系列报道:

喝牛奶喝什么——营养篇。

喝牛奶喝什么——健康篇。

喝牛奶喝什么——口味篇。

喝牛奶喝什么——个性篇。

【范例2】某红酒推广宣传策划书

××红酒推广宣传策划书

在柔和摇曳的灯光下,沉醉在葡萄酒那殷红的色泽里,是一种惬意的心理感受,而饮用葡萄酒,更是一种排毒养颜、健胃活血的生理享受,其营养成分更胜于牛奶。对于一般人而言,每天饮用200mL左右的红酒,益处多多。

红酒虽好,但每日都喝一点的人却不多,主要原因在于红酒的保鲜程度比较差,一旦开瓶就必须在三天之内喝完,否则容易变质。

现在随着"××红酒"的到来,这个问题迎刃而解,它采用的是21世纪新专利技术(专利号:××××)"盒中袋"式包装,有效阻止空气进入和阳光照射,能长久保鲜。开启后保鲜期长达6个月,使您每天喝一点的愿望轻松实现。

本策划书主要侧重在××红酒包装功能的诉求,强调其"保鲜"特点,以迎合顾客每日喝一点的需求。

一、消费者分析

1. 目标消费群体以中老年为主,具有中等以上收入,出于追求健康生活和保健养颜的需要,平常有喝红酒的习惯。

2. 潜在消费者。以中老年女性为主,有中等以上收入,这些人没有喝红酒的习惯,但是却有保健养颜的需求,我们需要做的就是对她们宣传每日喝点红酒的好处,以及我们××红酒包装上的"保鲜"功能,以引导她们成为我们的目标消费群体。

3. 现有红酒消费群体的消费行为。主要在超市、酒店、酒吧购买,具有比较高的指名购买率,品牌忠诚度比较低。

4. 现有红酒消费者的态度。对红酒一旦打开不能长久保鲜存在明显的不满,这就成为我们××红酒打开市场的契机。

二、产品分析

1. 产品优势。

(1)××红酒的最大优势在于其包装的独特性,不同于市场上任何一款产品,其具有长久保鲜的功能,开启后保鲜期长达 6 个月!满足每日喝红酒的消费者的需要。

(2)口感较好,能满足一般消费者的需求。

2. 产品劣势。

(1)产品形象模糊。

(2)产品包装没有现代感,不够美观大方。其包装明显显得档次不够,不符合产品的价格定位。建议改进产品的包装档次,以符合其品质和价值形象。

(3)价格较高,不能满足很多较低收入的消费者每日喝一点的需求。建议降低售价,以争取更多的潜在消费者。

三、竞争环境分析

随着国内红酒消费浪潮的兴起,红酒以一种独特的品位吸引了广大的消费群。众多企业纷纷看中了葡萄酒市场这块蛋糕,使红酒市场的竞争空前激烈。目前在国内市场,××、××、××等国内红酒企业控制着全国超过80%的市场份额。在重要的红酒消费市场华南地区,××、××和××三个品牌市场综合占有率之和超过60%。××红酒在华北、华南、西南、西北4个地区市场综合占有率均名列第一。其中在西南地区,××红酒市场综合占有率达到66.13%。××和××红酒则分别在华东、东北地区占据榜首。

竞争对手的广告表现策略多为情感诉求,渲染一种喝红酒的情调,××红酒在广告表现方面应该另辟蹊径,采用以功能诉求为主的广告表现策略,重点宣传××红酒的保鲜功能。

四、产品定位策略

1. 价格定位。

××红酒的价格定位不宜过高,因为我们的目标是让××红酒成为人们每日都能方便饮用的红酒,但是由于××红酒在包装功能等方面有其附加值,它的价格定位在中高价位比较合适。

2. 功能诉求。

××红酒与其他市场上的同类产品与众不同点在于其包装上的保鲜功能,开启后易于保存。综上所述,我们把××红酒定位为中高档易保鲜红酒。

五、广告策略

1. 诉求对象。目标消费群体以中老年为主,具有中等以上收入,有追求健康生活和保健养颜的需要,平常有喝红酒的习惯。

2. 诉求重点。从消费者喜欢喝红酒,但是红酒却不容易保鲜,一旦开启就很容易变质入手,来突出××红酒不同于一般的红酒,其有长期保鲜的功能,适合存于家庭饮用。

3. 诉求方法。感性诉求策略是同类产品常用不衰的诉求方法,它能够包含丰富的生活和情感内容,对诉求对象起到比较好的效果,因此建议"××红酒"广告也以感性诉求为主要诉求方法。具体可以通过生活场景、处于日常生活中的人物形象和生活场景来表现。

(1)电视广告文字脚本1——保鲜篇。

1)场景一:一男子在经过精心布置的家中苦苦等待自己的女朋友;快到约会时间的时候男子打开了一瓶红酒。这时候,男子接到女朋友的电话说有事来不了了。因为酒已经开了,怕变质,男子只能独自把红酒喝完(表情沮丧)。

2)场景二:与上面同样一个场景,另一名男子也在家中等待自己的女朋友。快到约会时间的时候,男子打开了一瓶红酒,只是男子打开的是××红酒。这时候,男子接到女朋友的电话说有事来不了了。挂了电话,男子微笑着自言自语道:下次等你来的时候,我们一起来喝这瓶××红酒。(画外音)

"××红酒"——常饮常"鲜"。

(2)电视广告文字脚本2——美容保健篇。

思路:采用蒙太奇的手法,虚拟表现××红酒的美容养颜功效。

场景:在一个充满温馨浪漫的环境下,一个女孩与一个男孩正在约会。女孩的脸色显得不好,但是男孩透过盛红酒的杯子,女孩的脸色就显得很好,如此反复几次。等女孩喝了一点××红酒以后,即使不透过盛红酒的杯子,女孩的脸色也变得出奇地好了。

(画外音)"××红酒"——常饮常"鲜"。

拍摄重点:场景的布置,要带点梦幻情调,女孩子脸色的变化要处理得当。

4. 公益活动。

思路:要与众不同,用支持国防作为企业长期的公益活动。

主题:心系国防××有责

活动方式:消费者每购买一瓶"××红酒",××企业就拿出一元来支持国防事业。××企业还将不定期组织一些爱国主义教育,如组织贫困地区儿童参观军事基地,为退伍军人提供就业机会等。

5. 现场品酒活动。

思路:采用举行露天酒会的形式,让××红酒在较短时间内为人们所熟知。并利用特殊形式,向消费者展示××红酒的长久保鲜功能。

主题:常饮常"鲜"——"××红酒现场品酒会"

活动方式:在较繁华地带举行现场品酒会,将××红酒做成较大的模型(质地与商品一样,大小相当于普通饮水机)放置于现场,供消费者任意享用,并在现场派发一些××红酒的宣传资料。为了吸引人群,还可以在现场搭台,与消费者进行一些互动活动。

6. 特别活动。

为了证明××红酒的保鲜功能,并制造新闻亮点,我们还可以现场打开一瓶××红酒模型,先请消费者品尝从里面倒出的红酒。接着我们将这瓶红酒放置于现场,一个月后,在新闻媒体的监督下,我们再次从这瓶红酒里倒出红酒请消费者品尝。如果红酒依然新鲜,那么××红酒的保鲜功能也将被消费者牢牢记住。可以利用这个亮点,邀请一些新闻单位进行现场报道,以达到很好的宣传效果。

六、广告媒介策略

1. 媒介策略。

由于本次广告活动是"××红酒"首次开展广告活动,而且企业准备投入较多的费用,所以我们建议采取全方位的媒介策略。

(1)以电视广告为主导,向目标消费者做重点诉求,争取以电视广告达到最广泛的覆盖面。

(2)以报纸、电台广告为补充,向目标消费者传达关于产品的更丰富的信息,同时将各种促销活动的内容及时告知消费者。

(3)以张贴广告(吊旗等)、邮报等形式在各大超市、商场进行品牌宣传。

(4)用公交车体广告进行宣传。

(5)在超市各大门店进行大型户外广告宣传。

2. 媒介选择的标准。

(1)选择对消费者生活最有影响力的媒介。

(2)选择消费者接触最多的媒介。

(3)选择最家庭化的媒介。

(4)选择最有亲和力的超市、商场。

3. 所选媒介。

(1)电视媒介选择最深入家庭的频道。

(2)报纸方面选择大众报纸。

(3)公交车体广告选择繁华地段的车等。

(4)广告发布频率。各媒介在广告发布的时间和频率上互为补充。在广告开始的一个月内采取集中发布的策略,即在各媒介上持续发布广告,以节省广告费用,保持广告的持续性,起到持续的说服和提醒作用。

4. 整体传播策略。

因为本次广告活动是"××红酒"的首次广告活动,需要迅速地打开市场,因此除广告之外,还需要促销活动的配合。通过广告来促使消费者产生购买欲望,通过促销促使消费者直接产生购买行为。整体传播活动由下面的内容构成。

(1)媒介广告:通过上述大众传播媒介发布广告。

(2)售点广告:在××红酒的所有售点张贴各种宣传资料。

(3)售点促销活动:在各售点派出促销人员,直接开展促销。

1)现场品尝:请消费者现场品尝××红酒,并发放企业制作的一些小册子。

2)赠品促销:向购买一定数量产品的消费者赠送小型礼品或者采取买几送一的方式赠送。

3)加大包装促销:制作特别的包装以优惠价格出售。

(4)各种主题促销。

活动:与报纸广告相配合,开展大型的促销活动,以吸引更多的消费者购买本产品(比如在部分商品包装中加入幸运兑换券,消费者凭兑换券可以免费兑换一定数量的商品)。

(5)产品本身的配合。

由于本产品的重点诉求在于"保鲜"功能上,所以在包装上一定要进一步改善其保鲜功能,如果这一点不能过关,那么所有以上的广告就等于瞎子点灯——白费蜡。在保鲜功能能够保证的前提下,进一步增加其包装的美观性。因为喝红酒的人具有一定的品位,希望在包装上也能满足他们的需求。另外,还要改善红酒的口感。

 写作要领

产品推广策划书是产品进入市场的具体实施方案。撰写产品推广策划书时,应侧重于市场推广的大方向,主要从产品目标、市场定位、目标消费群、广告定位等方面入手。

一、产品推广策划的写作格式与方法

1. 市场背景分析。针对目前的市场及消费趋势进行分析,发现消费者的特点、购买动机,预测市场未来的发展前景;对市场上竞争企业产品的情况进行分析,了解竞争产品的价格、渠道、促销等方面的情况。

2. 企业背景分析。根据企业的具体情况、所开发产品的特点,分析市场上面临的环境机会与威胁。

3. 产品开发目标。根据市场竞争状况和企业自身的特点,制定产品开发目标,进行市场定位,选择目标市场。

4. 营销操作流程。针对产品的具体情况,制定价格、分销、促销等具体营销操作方案。

5. 效果评估。对策划方案实施效果和所要达到的目标,制定评价的标准,以便方案实施后进行客观评价。

第七节 产品售后服务书

 参考范文

【范例1】某公司产品售后服务书

××公司产品售后服务书

尊敬的客户:

您好!××有限公司衷心地感谢您选择我们的产品,并郑重向您承诺,我们将为您提供周到的服务。

具体实施措施如下:

1. 建立客户档案,实行一机一档管理方案,严格执行调试维修单制度,确保设备正常运行。

2. 对于大批量订单或有需要的客户单位,公司将派遣资深工程师免费对设备进行安装调试。

3. 公司免费为客户提供技术指导及使用培训。

4. 我公司所有泵类产品质保期为1年,阀门管道类产品质保期为2年,质保期内如出现任何质量问题免费三包(包修、包换、包退),并终身维修,详细实现方法见《××公司产品售后服务办法》。

5. 我公司对所售产品一律实行终身跟踪保养和维护,在因用户使用不当或保修期外的维修及配件仅收取配件成本费。

6. 以诚信为本、客户至上的原则服务于客户。

××有限公司售后服务部
20××年××月××日

【范例2】离合器售后服务说明书

××牌离合器售后服务说明书

尊敬的用户：

感谢您使用××离合器有限公司制造的××牌离合器产品。正确地选择、安装和使用离合器会充分发挥您爱车的优越品质，合理延长整车的使用寿命，减少维修频次，在使用过程中能实现充分传递扭矩、起步平稳、分离彻底以及换挡灵活。

为此，请您仔细阅读以下注意事项。

一、请确认您选择的离合器产品主要技术参数应与本公司向您推荐和提供的参数相符合。

二、本公司产品出厂前，均经过严格科学的各项性能测试和平衡校正，以确保产品在安装和使用过程中的可靠性。而用户在储运、安装中任何形式的摔、砸，及高层堆码都会对离合器的安装和使用产生不利的影响直至形成不可修复的损坏。

三、装配时请先确认定位销孔的大小和方向，所有锁紧螺钉须对角交替均匀拧紧，以免产生产品变形、平衡失效及使用中的打滑、分离不清等故障。

四、本公司产品在出厂前均已作清理防锈处理，但装车前仍需用干净棉纱擦净离合器压盘表面防锈油，并对相关件飞轮表面、分离轴承进行检查，如有飞轮不平(凹陷)轴承失油、卡死、严重磨损等现象，均应及时修理或更换。

五、安装后，请仔细调整分离轴承与离合器分离指之间的间隙。根据车型的不同，此间隙值推荐在1.5~5mm(微轿车1.5~3mm，轻中重载车3~5mm)，离合器在使用中由于正常磨损，分离指会逐步向上抬起，使上述间隙减小直至互相顶紧，使分离轴承长期运转，所以应及时调准轴承位置，否则就会发生分离轴承烧损、分离指或摩擦片也会被烧损。

六、本公司产品在使用过程中出现以下情况时，请用户或维修人员对照相应条款进行分析处理，必要时由本公司专业人员协助处理。(略)

七、本公司承担质量责任。同时具备以下两条的产品，质保期内出现性能或可靠性失效时,公司负责退换同种等量产品;在离合器以外的相关件无异常情形下,离合器压盘总成正常使用寿命3万公里内,从动盘总成使用寿命2万公里内;产品出厂6个月以内。

1. 产品失效形式如下。

(1)离合器不分离(操纵系统故障除外)。

(2)离合器压盘碎裂。

(3)离合器膜片弹簧开裂。

(4)离合器膜片弹簧支撑环断裂或严重磨损。

(5)不符合本公司产品图纸或技术参数。

(6)装车前摩擦片已碎裂。

(7)从动盘减振盘开裂。

(8)减振弹簧断裂或开裂。

(9)总成显著变形翘曲无法常规校正修复。

(10)不符合本公司产品图纸或技术参数。

以上情形详见附图(略)。

2. 公司不能承担质量责任的形式如下。

因本公司以外人员对离合器的不当装配、调整、维修、改装等行为造成的离合器失效和离合器相关零件已达到正常磨损寿命。主要现象如下:

(1)离合器压盘总成分离指端被异常磨损(超长时间接触分离轴承)。

(2)压盘表面局部已被烧蚀为黄、蓝色(摩擦处不完全接触,长时间打滑)。

(3)安装不正确引起离合器盖变形。

(4)超过三包期限(出厂期以后6个月)未经使用而严重修饰无法修复。

(5)匹配不当引起的烧盘或打滑。

(6)被确认超载引起的打滑烧片。

(7)摩擦片达到磨损极限(摩擦面与铆钉面接近或平齐)。

(8)摩擦片被各类油脂浸染。

(9)飞轮面不平整引起摩擦表面不完全接触造成的打滑烧片。

以上情形详见附图(略)。

八、产品退换程序。从直接销售商处依据以上质量责任界定形式,销售商确认可退换产品—在直接销售点填写调换单(顾客签字)—调换同种等量产品—由销售商定期集中退回公司—公司品质部分析复检—品质部确认后调换同种等量产品给销售商。

九、特别说明。

1. 销售商须在退回的产品上做出明显标识,标明失效原因,否则不予退换。

2. 经复检确认为销售商的疏忽造成的证据失实,或以假冒产品充抵的,全部质量责任和经济损失由销售商承担。

写作要领

产品售后服务书是销售方为了消费者的合法权益,完善产品质量,向消费者提供的一种信誉保证,它包括产品"三包"承诺服务书、售后协议书、服务承诺等。

产品售后服务书的结构

一般来说,产品售后服务书正文需写明的内容有:属于产品"三包"的服务范围;不属于产品"三包"的服务范围;"三包"时间范围;售后服务的具体规定;为用户提供的服务承诺;其他。

目前,很多企业已通过向客户提供用户服务指南、用户手册的方式将产品有关信息传递给消费者,这种实用、方便、全面的文书设计深受广大消费者喜爱。

第四章 广告文案类文书写作

第一节 广告策划书

参考范文

【范例1】男性化妆品广告策划书

××男性化妆品上市广告策划书

一、广告目的

谋求××男性化妆品在上市初期4个月内(本年3~6月)以52万余元广告预算,形成轰动效应与知名度,并能有良好的指名购买率,普遍受到消费者欢迎。

二、市场分析

男性化妆品(发胶、发蜡、面霜、刮胡泡、刮胡水等),一向被认为是大众化的消费品。大众化的产品,在市场销售时,首先注重普及知名度,其次为创造知名度,知名度高、知名度强的产品的销路才容易获得拓展。

当地男性化妆品,共计有下列十余种品牌。

1. ××男性化妆品:产品有营养乳液、修容霜、养发精、美发美容露、营养霜、蜂蜜柠檬香皂、透明发蜡等。

2. ××男性化妆品:产品有面霜、发蜡等。

3. ××男性化妆品:产品有面霜、养发霜等。

4. ××男性化妆品:产品有美容泡、整发露、刮胡泡等。

5. ××男性化妆品:产品有面霜、发蜡等。

6. ××男性化妆品:产品有爽身粉、发油等。

7. ××男性化妆品:产品有面霜、发蜡、止痒洗发水、发胶水等。

8. ××男性化妆品:产品有爽身粉、花露水等。

9. ××男性化妆品:产品有爽身粉等。

10. ×××男性化妆品:产品有面霜等。

11. ×××男性化妆品:产品有爽身粉、发蜡等。

×××男性化妆品上市虽不久,但多数消费者对×××公司的商品有较大的信任度;发蜡产品中,以××牌销路最好,采用报纸广告多;洗发水中,以×××牌销路最好,但自本月份起,××牌亦已推出此类洗发水;花露水中,××牌占市场销量的70%;爽身粉中,以××牌销路最大。

上列各种品牌的知名度很高,如果与此十余种同类产品竞销,必须先从打开知名度做起,使消费者深切明了产品的名称与内容,以求进一步改变消费者使用习惯并逐渐改用××牌。

××在国际市场中,虽已具有一定的地位,但在××地区一般消费者对其还比较陌生。在加大广告宣传后,其知名度较一般在国际市场中无名的产品,容易打开。此外,当地市场中,一般男性消费者对化妆品的使用尚不普遍,若能采用引导性的广告方法,配合销售广告,则有益于促使消费者增加。

三、广告重点

以"××××××××,××××××××"为主题词,并配合显示男性优美风采的图片,以求吸引消费者的注意力;以"×××××××,×××××"为副题,说明此种产品在国际市场已有很高的知名度,以增加消费者对产品的信任。

第一个月的广告(上市最初广告)拟普遍运用报纸、电视两大类媒体。从第二个月,减少运用报纸平面媒体,着重运用电视、电影两类立体媒体。

四、诉求对象

以25~45岁男性消费者为主,并促使其妻子及女友们,为其丈夫或男友购买此种化妆品。

根据地方统计,20××年初,25~45岁之男性人口数字如下:

年龄(岁)	人数(人)
25~29	490935
30~34	441439
35~39	446446
40~45	406962

总计:1785782人

根据保守的估计,此一数字中,已婚男性及拥有女友的男性,占到3/4左右。因此诉求对象中,又可增加10%的女性消费者,合计占当地人口的33%。

五、诉求地区

以当地城市为重点,消费力量较弱的乡镇为次要地区。

六、广告推广方法

1. 上市初,选择×家发行量高的报纸在显著位置刊登半版或1/3版广告。各报轮流刊登,连刊14天。自第二个月起,每月只选择最主要的报纸,刊登×次或×次1/3版广告。

2. 自上市之日起,选择××电视台在甲级时间每周做×次插播,每次××秒,连播×个月。

3. 自上市之日起,在××市选择票房纪录最高的×家电影院;在另外×个大城市,各选择×家电影院,每日各放映两场广告专题片(××秒钟),连映×个月。

4. 选择×家发行量最大的杂志,《××周刊》和《××月刊》,在热销期中(如中秋节及郊游季节)刊登整版彩页广告,以求扩大市场效果,杂志广告预定刊登×次。

(注:该项如加上详细战术步骤,内容将更加生动。)

七、广告预算分析

1. 上市之初的广告方面,所选的×家报纸名单如下(略)。(以上每家各刊1/3版一次)。合计广告费为××万元。

第二个月至第四个月报纸广告方面,选择《××日报》《××晚报》……轮流在第四版刊登半版。预定第二个月刊出×次;第三、四两个月各刊出×次。此部分合计广告费为×万元。报纸广告的费用预算,共计为××万元(详见附表A和附表B)。

2. 电视广告方面,所选的两家电视台,名单如下:

××电视台(拥有极高收视效果的商业电视台),每周在甲级时间中插播××秒的广告×次。

××电视台(创立时间虽不长,也是初具竞争力的商业电视台),每周在甲级时间插播××秒广告×次。

此部分 3~6 月 4 个月中,共插播××次,费用预算合计为××万元(详见附表 C)。

3. 电影院广告。在前述×大城市选择××家票房纪录较高的电影院,每天放映×分钟广告专题片两场,3~6 月共 4 个月。每月费用为×千元,此部分小计广告费用为×万元(见附表 D)。

4. 杂志广告。所选的两家杂志如下:

《××周刊》(当地杂志中发行量最高,周发行量已超出×万份),在该杂志刊出广告 4 次。

《××月刊》(读者多为青年知识分子、公司白领等),在该杂志刊出广告 2 次,此部分小计广告费用为×万元(见附表 E)。

5. 4 个月广告费用预算合计:

报纸广告为××万元(约占 32.6%);

电视、电影广告为××万元(约占 52.6%)

合计为××万元。

6. 公司原预算广告费用为 52 万元,本计划超出预算×万元。

八、效果预计

在 4 个月的广告计划执行后,预计可收获 3 种具体效果。

1. ××牌男性化妆品知名度可在××地区的诉求对象中普遍打开,此种男性化妆品的知名度可与其他知名品牌的男性化妆品相媲美。

2. ××品牌指明购买率将不断提高,且能使一般消费者渐渐养成使用习惯,进而吸引大批使用其他品牌化妆品的消费者,改用此种品牌。

3. 能增进男士们修饰自己的心理,使××品牌的销路打开。

【范例2】××手机广告策划书

××手机广告策划书

××××广告公司受××公司委托,进行××手机的广告活动策划。本策划根据双方协议,于20××年×月开始,至20××年×月结束,历时×个月。现提交广告活动策划方案文本。

本策划文本包括市场调查与分析、广告策略、广告计划、促销活动计划、附录等组成部分,全面涵盖了本次策划运作的内容,为本次广告活动提供策略和实施方法的全面指导。如果贵方认可此方案,希望本次广告活动能够完全照此执行。

如果贵方不采纳此方案,希望能够尊重我方劳动,不在其他广告活动中直接或间接使用本方案全部或者部分内容。

第一部分 市场调查分析

企业在市场营销中面临的主要问题在于国内外品牌的夹击;企业在市场营销中的优势在于本土优势。企业面临的市场机会点在于,随着通信技术环境的开放,欧、美、韩、日企业的技术垄断优势已不复存在,国产厂商与国际品牌的技术差距日益拉近。

一、营销环境分析

1. 营销环境中宏观的制约因素。

(1)心腹重镇的中部发展政策:国家对××的重视在近几年尤为明显。市政交通的日新月异让人们的眼界日趋开阔,人们对新发明、新事物都有极强的接受能力。

(2)×省××市场:与全国同等规模的其他城市相比,××市消费者接触各层次商品机会比较多,形成了比较强的价格价值评判能力,形成了稳定的消费心理和市场格局。在××市场不同消费能力的消费者的消费心态比较稳定,一般对自己消费什么档次的产品有比较明确的认识,使各档次的产品都能够稳定地占有部分市场,并且拥有稳定的消费群。

(3)不断提高的教育质量对高科技产品的需求:××市一直是××省乃至全国的教育先锋,高素质的消费者追求高生活质量成为××市部分消费者的迫切需求,也带动了科技零售总额的大幅度提高,××品牌手机所面临的正是这样一个规模不断扩大的市场。

2. 影响市场营销的微观因素。

(1) 企业与供应商的关系:由于××品牌实力雄厚、声誉远播,因此可以得到供应商的信任,在产品供应方面不存在问题。

(2) 企业与经销商的关系:由于企业已有的广告和促销活动,实际销售情况已经比较理想,经销商获利多多,所以销售产品的积极性也很大,企业可以进一步在营销渠道方面做出努力。

3. 市场概况。

(1) 市场的规模。

信息产业部最新统计数据显示,20××年1~9月全国通信业务总量累计完成8898.8亿元,比上年同期增长24.6%;通信业务收入累计完成4723.3亿元,比上年同期增长10.9%……

(2) 市场的构成。

1) 构成这一市场的主要产品品种:××手机:××G系列、××V系列、××E系列、××ET系列、××i系列、××P系列。

2) 与本品牌构成竞争的品牌。

女性群体:××品牌,有小巧玲珑的外观,深受女性群体喜爱,而且已经有一定的垄断市场形成。

商务人士:××品牌,经典简约的款式和高精的功能占据了较大部分商务市场。

学生群体:××牌,坚持高科技、低价格的策略为广大学生所接纳。

针对以上情况,××品牌手机推出智能娱乐功能P系列、时尚学习功能i系列、豪华高科ET系列,进行产品多样化发展,突出产品个性。

3) 本品牌市场变化的可能。

本品牌在未来的市场中有可能出现以下几种变化:其一,继续保持现有的占有率,但是因其他品牌占有率上升而相对下降;其二,占有率下降;其三,占有率上升。本品牌的市场占有率上升自然是最为有利的态势,因此本次广告活动的主要目标也在于此。

(3) 市场构成的特性。

品牌类型的特性:××——合资品牌、××——合资品牌、××——合资品牌、××——国产品牌。

4. 营销环境分析总结。

(1) 市场机会。整个市场将继续扩大,需求量将逐步提高。没有任何一个品牌能在市场中占绝对优势地位。

(2) 市场威胁。由于这是一个比较饱和的市场,而且更多的品牌都在开发更新的产品,尤其是已有合资的品牌在市场上占有优势地位。

(3) 企业在市场中的优势。××企业具有比较雄厚的实力,因此有能力改变产品在市场上的现状。而且由于产品上市的时间还不长,消费者还没有形成国有品牌的印象,因此有通过适当的营销手段吸引更多消费者的可能。

(4) 产品在市场中的劣势。××产品的市场占有率一般,而且市场对国有品牌的不信任,部分消费者可能因为品牌原因不愿意选择本产品。

(5) 重点问题。基于企业长远的发展,利用价格优势迅速提高产品的市场占有率,再以实力争取到市场满意度,从而在现有的主要品牌中获得优势地位。

二、消费者分析

1. 消费者选择××品牌手机的理念(略)。

2. 消费者购买手机时比较喜爱的促销方式(略)。

3. 消费者购买的时间频率分析(略)。

4. 消费者的品牌忠诚程度(略)。

5. 潜在消费者分析(略)。

6. 消费者分析的总结(略)。

7. ××品牌手机面临的机会和问题(略)。

三、产品分析

1. 产品特征分析。

(1) 产品的质量:产品质量较高;消费者对产品质量比较满意;企业凭借先进的技术和设备能够继续保持现有的产品质量;消费者在质量方面有新的需求,产品的质量还有进一步提高的潜力。

(2) 产品的价格:产品价格在同类产品中居于比较高的档次;以高档为主,兼顾中档;产品的价格与产品的质量比较吻合,基本做到优质优价;消费者认为产品的价格偏高,因此购买积极性较差。

(3) 产品的品种:产品现有 6 个品种,在数量上居于同类产品的一般水平;与同类产品相比,没有特有的品种;有些同类产品具有的品种,本产品没有;产品的品种自上市后,没有增加和改变。

(4)生产工艺:××移动通信科技有限公司以技术竞争为本,组建起了一支富有行业经验和创新精神的研发队伍。公司下属的国家级无线通信研发中心,依托××研究院形成二级研发体系,并与国际知名厂商紧密合作,从而具备了强大的通信技术研发能力,掌握了手机研发的核心技术。

2. 产品生命周期分析。

虽然整个手机市场处于消退期,但是现有的主要品牌因为上市时间的不同,处于不同的生命周期。××集团于20××年×月开始,经历了开拓市场的阶段和市场占有率逐步上升的阶段,现在市场占有率已经基本稳定,因此处于产品的市场成熟期。××手机由于没有积极开拓市场,因此销路还没有打开,实际上处于市场导入期。

从××企业自身来看,产品上市的时间还比较短,处于打开市场的阶段,消费者调查也表明,多数消费者也认为××牌是一种新产品。因此,从各个方面来看,××产品都处于市场导入的阶段,能否通过广告活动迅速打开市场,直接关系到产品未来的市场前景,因此,尽快制定合理的市场营销和广告策略非常重要。

3. 产品定位分析。

企业对产品的预期定位:企业将产品定位于全部消费者。

第二部分　广告策略

本次广告活动的主要目标为提高××手机的市场占有率。

本次广告活动以××市为目标市场。

本次广告活动以××消费者为诉求对象,以中青年为诉求重点。

本次活动采取线上兼线下的媒介策略。

一、广告目标

1. 广告目标。通过广告活动,在半年内市场占有率提高5%~8%,使××成为知名度居于领先水平的品牌。

2. 根据市场情况可以达到的目标市场占有率,赶上和超过其他品牌。

3. 本次广告活动的目标。通过半年的广告和促销活动,使产品的市场占有率提高到50%以上,产品的知名度达到100%。

二、目标市场策略

1. 企业原来的目标市场。

（1）企业原来所面对的目标市场。企业原来面对××市所有需要购买手机的消费者进行营销，对不同消费者的需求是不加区分的，其中既包括根本不考虑国产品牌的消费者，也包括有国产品牌的消费习惯的消费者，还有偶尔购买国产品牌的消费者，消费者对手机的需求和他们的共性特征很难描述。

（2）从表面看来市场的规模非常大，但是其中有相当数量的消费者根本不是国产品牌的消费者，这些消费者的数量又很难估算，整个市场的规模是不确定的。

（3）原有市场观点的评价。

机会与威胁：目标市场的不确定是企业原有的市场观点的主要欠缺之处，但是由于企业所面对的是一个不加区分的广阔市场，而不是已经确定的错误的目标市场，所以企业还有改进目标市场策略的机会。

优势与劣势：在产品自身，其高质量可以满足部分注重品质的消费者的需求，这是产品内在的优势，而产品的高价格又有可能阻碍部分消费者产生购买愿望，这是产品内在的不足。

主要问题点：本次广告活动在目标市场方面所要解决的主要问题是对整个市场进行细分，找出企业的目标消费者，确定合理的目标市场策略，以产品现有的高品质的特性，吸引部分对手机品质要求较高的消费者，争取他们对产品的认知，促使他们产生购买行动。

重新进行目标市场策略决策的必要性。企业现有的市场观念很难解决上述问题，因此有必要重新进行目标市场策略决策。

2. 市场细分。

（1）市场细分及各细分市场的评估。一个消费者能否成为××手机的消费者，受他的年龄、家庭生命周期、收入、生活方式、追求的利益等因素的影响，因此，我们以这些因素为标准，将全部的消费者划分为不同的群体（略）。

（2）对企业最有价值的细分市场：从上面的分析可以看出，对××企业最有价值的细分市场具有以下特性：20～40岁的中青年；独立生活或者有独立的家庭、有未成年的子女；中等以上收入；适应现代生活，采取时髦变动的生活方式;注重产品的质量,有较高的价格承受能力。

3. 细分市场的评估。

(1)细分市场的规模和发展。在所有消费者中,具有这种特性的消费者只是其中的一部分,但并不是很小的一部分。事实上,他们具有比较强的消费能力,是诸多高质量、高价格的产品的主要消费者。

××市是一个正在迅速发展的大都市,而这一消费群体最能够适应社会生活的发展,而且其数量将不断增加,所以如果企业选择这一消费群体为目标市场,市场规模的扩大将非常有潜力。

(2)细分市场结构的吸引力。这一细分市场中的消费者具有稳定的购买能力,而且其他品牌的同类产品尚未明确选择这一市场作为目标市场,所以企业不会面临同类产品的激烈竞争,而且暂时没有替代产品的威胁。因此这一细分市场是结构比较合理的细分市场。

(3)公司的目标和资源。企业有能力在这个细分市场上进行营销,而且企业在这个市场上的发展有助于提高企业形象和品牌形象,从而实现企业建立领先品牌的营销目标。

4. 企业的目标市场策略。

有以下两种目标市场策略可以选择:一是完全市场覆盖的策略;二是选择特定的细分市场进行营销的策略。

企业市场营销的实践已经证明,完全市场覆盖的策略对于××公司这种并非适合所有消费者的产品并不是一种理想的市场营销策略,而根据产品的特性和我们对于按照不同的标准划分的各个细分市场的评估可以看出,选择最有可能选择本产品的消费者群体进行营销将有可能吸引更多的目标消费者,使产品获得稳定的消费群体。所以我们建议企业以我们上面总结过的细分市场为企业营销的目标市场。

三、产品定位策略

在前面的产品分析中,我们已经指出了企业以往的产品定位策略的不合理之处,而消费者分析和市场细分的结果也证明,针对消费者的需求,对产品重新进行定位非常必要。

1. 产品定位的前提。对××产品的定位,在两个前提下进行,一是产品保持现有的质量;二是产品保持现有的价位。此产品定位的任务就是为这种优质优价的手机找到与目标消费者需求相吻合的恰当的定位。

2. 定位机会点。××产品的定位可以朝着高科技和全面两个方向进行,但我们建议仍旧采取高科技的定位,原因有以下几个方面:

(1)消费者对于手机的需求,可以分为两个阶段:在手机出现之初,他们主要的需求是方便,而在这种方便的需求为众多品牌的产品所满足后,他们的需求就从比较低层次的方便转向比较高层次的高科技。

(2)现在虽然多数品牌都采取高科技的定位,但是如果××品牌为了回避竞争而采取方便的定位,无疑会很难适应消费者需求的发展,被消费者认为是一种低层次的产品。

(3)高科技的定位包含比较丰富的内涵,可以从多方面挖掘出与众不同的内容,而现在众多的品牌虽然都采取高科技的定位,多数都停留在表面的层次,没有做更深的挖掘,因此显得千篇一律,缺乏特色。

(4)对产品细分市场的分析也表明,对于最有可能消费××公司产品的消费者来说,高科技比方便更有吸引力。

3. 产品可以选择的定位。在突出产品的高科技的总体指导思路下,产品定位可以有以下几种选择:

(1)定位出发点定位表述;

(2)产品差异更加接近消费者需求的手机功能;

(3)为讲求高质量生活的现代人设计的通信工具;

(4)使用形态和使用时帮助忙碌的工作者提供便利;

(5)竞争者定位产品优于普通手机的高质量产品;

(6)对顾客有益,使生活具有高质量的通信产品。

以上几种定位,都不同程度地表现了高科技产品的优势,但是它们不同程度地都缺乏独特性,因此还不能说是理想的定位。高质量的生活是消费者的需求,但是高质量生活的表述却过于空泛,难以对消费者产生独特的吸引力。因此,定位需要解决的核心问题就是将二者完美结合,挖掘出富有创造性、对消费者更有吸引力的定位。

四、广告媒介策略

1. 媒介策略。

由于本次广告活动是××品牌手机开展广告活动,而且企业准备投入较多的费用,所以我们建议突破其他产品只做电视广告的模式,采取全方位的媒介策略。

（1）以电视广告为主导，向目标消费者做重点诉求，争取以电视广告达到最广泛的覆盖面。

（2）以报纸广告为补充，向目标消费者传达关于产品的更丰富的信息，同时将各种促销活动的内容及时告知消费者。

（3）以招贴广告作为售点广告，对消费者进行提醒性诉求，以促使他们即时采取购买行动。

2. 媒介选择的标准。

（1）选择××地区对消费者生活最有影响力的媒介。

（2）选择××地区消费者接触最多的媒介。

（3）选择最家庭化的媒介。

3. 所选媒介。

（1）××有线电视台：是××地方电视台，也是××地区收视率最高的电视台之一，一般家庭都会收看这个电视台的节目，而且其费用低于××电视台。

（2）《××都市报》：是××市唯一一家都市报，也是以家庭订阅为主的报纸，其广告费用较高，但是广告覆盖面广，能对电视广告做有效的补充诉求。

（3）广告发布时机：各媒体的广告在广告活动开始时同时发布。

（4）广告发布频率：各媒体在广告发布的时间和频率上互为补充。在广告开始的一个月内采取集中发布的策略，即在各媒体上持续发布广告，以快速打开市场。一个月后采取间歇发布的策略，以节省广告费用，保持广告的连续性，起到持续的说服和提醒作用。

【范例3】豆奶品牌广告策划书

××豆奶品牌广告策划书

豆奶是一种营养全面的健康饮品，但在当前的市场竞争中处于较弱的地位，豆奶打开销路的关键在于培养消费者的观念和准确的市场定位。如开发得当，大有市场。

一、产品分析

豆奶含有丰富的营养成分，特别是含有丰富的蛋白质以及较多的微量元素镁,此外,还含有维生素 B1、B2 等,的确是一种较好的营养食品。豆奶还被西方营养学家称作"健脑"食品,因为豆奶中所含的大豆磷脂可以激活脑细胞,提高老年人的记忆力与注意力。磷脂是人体细胞构成的基本物质之一,是组成大脑细胞和神经细胞必不可少的成分。生物体中磷脂的代谢与脑的机能状态有关。人在服用大豆磷脂后,经过体内水解而生成胆碱、甘油磷酸及脂肪酸,具有较强的生理活性和营养价值,因此,老年人经常服用大豆磷脂对改善神经化学功能和大脑机能起到促进作用。适当补充磷脂可缓解脑细胞的退化与死亡,增强体质。大豆磷脂能够抗老,还因为磷脂具有保护和恢复细胞的作用。细胞膜是由磷脂、蛋白质、胆固醇组成的,它们承担着代谢过程中供应细胞维持生命所必需的物质和排泄废物的功能。因此,对老年人而言,大豆磷脂是一种激发脑细胞活力效果比较明显的保健食品。

豆制品含有丰富的不饱和脂肪酸,能分解体内的胆固醇,促进脂质代谢,使皮下脂肪不易堆积。特别是黄豆,它是减肥的好食品。豆奶粉中的脂肪主要是植物脂肪,不饱和脂肪酸含量较高,并含有人体所必需脂肪酸亚油酸,胆固醇含量低,可以预防动脉硬化。

从上述可以看出豆制品有着健脑减肥的优点和功效,另外豆奶的另外一个优点是营养全面,这对于早餐奶是很重要的要求,豆奶的这种优势是牛奶无法比拟的,做豆奶的广告可以将此作为一个卖点。

二、市场分析

就豆奶产品的市场开发而言,豆奶的消费者的观念培育是头等问题:豆奶行业作为植物蛋白的分支,仍然处于一个教化消费者的初级阶段,市场的培育仍然是整个行业需要面临的核心问题。人们对牛奶的重要性认识已经成为一个先入为主的诱导。

1. 行业的集中程度低。大多处于以区域为半径的辐射型消费原生形态,市场还处于散点市场阶段,如何向块状同质化市场进行过渡,是行业亟待解决的问题。行业内缺乏强有力的领导品牌,行业更加缺乏资源的优化整合者,无人牵头引导这个行业逐步向集中阶段发展。

2. 行业缺乏高附加值的中高档产品支撑。产品主要以原始的植物蛋白原浆为主,缺乏高附加价值的中高端产品。市场也缺乏细分。

3. 缺失优秀的商业运作模式。豆奶的渠道运作主要以产地作为基地进行原始的自然分销方式,传统流通渠道仍是众多厂家的主要依靠对象,缺乏有效成熟的商业模式可供借鉴与模仿。豆奶从品类上是继续依附牛奶?作为牛奶的一个分支、一个品类?还是大胆地跳出牛奶阴影的笼罩,自立门户,作为一个与牛奶平行的类别呢?这不但需要勇气,还需要整个行业团结一致的力量。在商业模式上是沿用牛奶等快速消费品的商业模式?还是另辟蹊径,重新构建一套适合豆奶业的商业模式?这一切都是值得探讨与研究的问题与命题。

4. 豆奶的行业引导与推广声音比较稀薄。豆奶业的观念培育、品牌建设、营销推广、营销体系建设等,还缺乏足够的支撑点,对于消费群体的培育和其他品类的争夺仍处于比较薄弱的状态。缺乏像"一杯牛奶强壮一个民族"这样的行业响亮口号。

5. 中国豆奶行业发展迟缓原因。

(1)行业没有被引起足够的重视。

世界上大部分国家早在十几年前就已大力发展豆奶产业,如巴西、阿根廷,从依靠进口大豆到今天的大豆大国,与他们重视和大力发展豆制品产业有关。相对而言,我国的豆奶产业还相对落后。为此,我国目前专门推出了一项大豆工程,以促进我国豆制品产业的进一步发展。这个大豆工程是一个涵盖很广的项目,包括各种大豆制成的食品、饮料。目前大豆饮料是技术上较为成熟、营养上较有价值、推广上有政府支持、生产有企业参与的有前途的品种。因此,我们有理由相信豆奶拥有较好的市场前景。从产品大类来看,饮料行业的发展已处于稳定发展阶段并不断趋于成熟。对于每一种饮品,都存在着发展潜力。如果替代品能扩大或增加产品用途或替换率,替代品的渗透也会增加人们对其他产业的需求。谁能发掘产业发展的规律,不断推陈出新,迎合人们不断提高的口味,谁就能寻找到新的发展机会。

(2)缺乏一套成熟的商业模式。

中国豆奶仍然是孤军作战,没有形成以行业价值链为关联的资源优化与组合者,各自为政,没有办法形成行业的整体竞争优势和合力,各企业犹如一盘散沙。消费者的引导与教育,市场的培育与宣传,品牌的树立与传播等,仍处于一个无序的自然状态。

(3)豆奶的产品设计不能满足消费者的口感需求。

因为"豆奶的生产工艺复杂,对生产设备的要求相当高,而设备好坏对口味的影响又非常大",阻碍了豆奶工业化的发展。人们对饮料的要求是：色、香、味、健康、营养、安全。目前一些企业把豆奶的消费群定位在中小学生,但中小学生最敏感的是品味,最不能接受的是豆腥味,也不喜欢过甜的饮料,最喜欢果汁、可可等口味的饮料。学生对食物的营养成分最没有概念,如果色、香、味不好,仅靠家长、学校的劝导是无法促进学生消费的。中老年人对营养成分最敏感,在摄入植物蛋白的同时还需要补钙,口味当然也是不可缺少的。茶饮料的发展就是一个很好的佐证。但目前大多数的豆奶产品还存在这样或那样的问题。

(4) 缺乏对消费者观念的培育与消费市场的正确引导。

中国豆奶行业发展迟缓的原因,是人们对豆奶的食用价值没有足够的认识,其中食用价值除了营养价值还有它的食用方便性等。人们总是将豆奶和豆浆比较,自然就会觉得很贵,但如果使人们认识到豆奶是和牛奶、杏仁露、椰子汁、果汁一样的健康食品,就不会觉得豆奶贵了。较高的价格也制约了人们对豆奶的消费。另外,对豆奶营养价值的认同有待提高。从营养学的角度讲,豆奶是一个值得社会关注的产品。但由于尚未被社会广泛认可,豆奶目前的发展状况并不尽如人意。如果得到各界支持,豆奶产品为社会所认可,其产量可以大幅增加,则成本下降空间很大。

(5) 缺乏市场运作的经验与方法。

豆奶在我国的发展从一开始就是计划经济的产物,缺少市场经济的运作方式。相比于其他饮料,豆奶的前期发展政府支持力度较大。豆奶虽然属于技术含量较高的饮料产品,其生产经营仍需符合饮料市场投入大的规律,但目前豆奶生产企业由于效益不好,在市场上的投入相对较小,对品牌、对豆奶营养价值的宣传较少,逐渐进入一个"好产品卖不出好价钱、好产品得不到好销量"的怪圈中。

三、广告定位

主要突出豆奶的四大特点,即健康、优质、实惠、方便。

1. 健康。豆奶中的脂肪主要是植物脂肪,不饱和脂肪酸含量较高,并含有人体所必需的脂肪酸亚油酸,胆固醇含量低,可以预防动脉硬化。豆奶是经过超微粉碎工艺加工而成的,不除豆渣,大豆子叶被全部利用,膳食纤维的含量比同类产品高,膳食纤维有润肠通便的作用,可以预防直肠癌。豆奶中含有多种矿物质和维生素。豆奶中含有大豆低聚糖,可以提高人体免疫力,延缓衰老。豆奶粉中含有大豆异黄酮,大豆异黄酮是植物雌激素,长期食用可以预防乳腺癌、前列腺癌;可以预防骨质疏松;可以减轻或避免引起更年期综合征。豆奶粉中含有大豆卵磷脂,大豆卵磷脂可以抗衰老,健脑。

2. 优质。营养全面。

3. 实惠。在同类饮品中价格低廉。

4. 方便。可以空腹喝。

四、广告创意

1. 从营养全面、方便入手。突出豆奶营养全面、可空腹喝的特点。

广告标语:"早餐,一杯豆奶就够了"。

画面:用匆匆忙忙的上班族、上学族表现。

2. 从豆奶是绿色饮品入手,如减肥、防癌、健脑。

五、广告媒体计划

1. 广告定位:全国性的,现在以中央电视台为例。

2. 广告媒体:以电视为主。辅以传统的刷墙面广告和竖广告牌。现在仅计算电视广告费用:150万元。

3. 广告安排:广告时间××秒,每月播出×次(连续半年),费用××万元。

写作要领

一、广告策划书的概述

广告策划,又称广告企划,是在市场调查研究基础上,对广告整体活动或某一方面活动的预先设想和策划。广告策划书把在广告活动中所要采取的一切部署都列出来,指示相关人员在特定时间予以执行,它是广告活动的正式行动文件。

二、写作格式与方法

一份完整的广告策划书至少应包括如下内容:

1. 前言。简明概要地说明广告活动的时限、任务和目标,必要时还应说明广告主的营销战略。这是全部计划的摘要,目的是把广告计划的要求提出来,让企业最高层次的决策者或执行人员快速阅读和了解,使最高层次的决策者或执行人员对策划的某一部分有疑问时,能通过翻阅该部分迅速了解细节,这部分内容不宜太长,以数百字为佳,所以有的广告策划书称这部分为执行摘要。

2. 市场分析。市场分析主要包括以下三个方面的内容:背景资料;目前同类产品情况;同类产品的竞争状况。

3. 产品分析。分析被策划产品有哪些优越性及不利因素。主要包括产品特点和产品优劣比较。

4. 销售分析。销售是市场营销的重要组成部分,透彻地了解同类产品的销售状况,将为广告促销工作提供重要的依据。销售状况分析应包括下列内容:地域分析、竞争对手销售状况、优劣比较。

5. 广告重点。一般应根据产品定位和市场研究结果,阐明广告策略的重点,说明用什么方法使广告产品在消费者心目中建立深刻的印象;用什么方法刺激消费者产生购买兴趣;用什么方法改变消费者的使用习惯,使消费者选购和使用广告产品;用什么方法扩大广告产品的销售对象范围;用什么方法使消费者形成新的购买习惯。有的广告策划书在这部分内容中增设促销活动计划,写明促销活动的目的、策略和设想。也有把促销活动计划作为单独文件分别处理的。

6. 广告对象。主要根据产品定位和市场研究来测算出广告对象有多少人、多少户。根据人口研究结果,列出有关人口的分析数据,概述潜在消费者的需求特征和心理特征、生活方式和消费方式等。

7. 广告地区或诉求地区。应确定目标市场,并说明选择此特定分布地区的理由。

8. 广告策略。要详细说明广告实施的具体细节。撰写者应把所涉及的媒体计划清晰、完整而又简短地设计出来,详细程度可根据媒体计划的复杂性而定。也可另行制定媒体策划书。一般至少应清楚地叙述所使用的媒体、使用该媒体的目的、媒体策略、媒体计划。如果选用多种媒体,则需要对各类媒体的刊播及如何交叉配合加以说明。

9. 公关战略。公关活动旨在树立良好的企业形象和声誉,沟通企业与公众的关系,使消费者对企业产生好感。公关战略要与广告战略密切配合,通过举办一系列有社会影响力的活动达到上述目的。

10. 媒体战略。媒体战略是指根据广告的目标与对象,选择效果最佳的媒体来达到广告的目的。媒体战略的内容主要包括以下几个方面：

（1）媒体的选择与组合；

（2）媒体适用的地区；

（3）媒体的频率；

（4）媒体的位置、版面；

（5）媒体预算分配。

11. 广告预算及分配部分。要根据广告策略的内容，详细列出媒体选用情况及所需费用、每次刊播的价格，最好能制成表格，列出调研、设计、制作等费用。或将这部分内容列入广告预算书中专门介绍。必须把年度内的所有广告费用列入预算之中。一般包括调研、策划费、广告制作费、媒介使用费、促销费、管理费、机动费等。

12. 广告统一设计。广告统一设计指根据上述各项综合要求，分别设计出报纸、杂志、广播、电视等不同媒体广告的设计稿或脚本，以为年度内广告制作的统一设计提供参考或依据。

13. 广告效果预测部分。广告效果预测是预计广告策划可以达到的目标或效果，明确反馈、检测的方法。主要说明经广告主认可，按照广告计划实施的广告活动预计可达到的目标。这一目标应该和前言部分规定的目标任务相呼应。

在实际撰写广告策划书时，上述十三个部分可有增减或合并分列。如可增加公关计划、广告建议等部分，也可将最后部分改为结束语或结论，根据具体情况而定。

三、写作要求

1. 一般要求简短、易读、易懂。

2. 不要使用过多的代名词。

3. 在每一部分的开始最好有一个简短的摘要。说明所使用资料的来源，使计划书增加可信度。

4. 字数最好不要超过 2 万字。如果篇幅过长，可将图表及有关说明材料用附录的办法解决。

5. 在撰写过程中，视具体情况，有时也将媒体策划、广告预算、总结报告等部分专门列出，形成相对独立的文案，随后分而述之。

第二节 广告文案

 参考范文

【范例1】香水电视广告文案

××香水广告文案

一、广告标题

自信与迷人之夜——××香水的女人魅力

二、广告正文

1. 引言。

"自信与迷人之夜"是一系列广告活动的核心主张,意指把女性的多元化性格体现在生活中最美的一面,彻底地抛开工作,抛开压力,尽情地狂欢,尽情地幻想与欢笑,让这个夜晚不再平凡、不再枯燥无味,展现女性魅力的一面。

2. 主体。

(1)电视广告。

主题:自信与迷人之夜

情景:一位年轻的女士,身上擦了××邂逅女士香水,以酒吧为背景。在酒吧里与一位男士相遇。女士的妩媚和浓浓的××香水,深深地吸引了在场的男士。以DJ音乐为背景,在很High的音乐背景下,女士的舞姿和妩媚是迷人的、自信的。

(2)平面广告。

主题:自信与迷人之夜

画面:用一位年轻的女士优美的身体曲线体现香水的高贵与时尚,女性背面观众,给人一种妩媚、诱人的姿态。以黑夜为背景,突出主题:××香水——香伴一生,妩媚与自信。让××妩媚型香水"自信与迷人之夜"的广告深入人心。

广告标题：自信与迷人之夜——女人的魅力

广告附文：

Coco Chanel 曾说过"Chance is my soul."当 Chanel 遇上××时，××诞生了。继经典的 CHANEL No.5 后，全新香氛××以崭新的浑圆形象，成为香水新经典、明日世界的新典范。Chanel 香氛大师 Jacques Polge 以三年时间调制的××，是特别针对年轻勇于尝试、爱好幻想、热情活力、迷人却又纤细的年轻女性所设计。从多方面体现年轻女性的自信、多元化的性格特质和自然的美态。××一经推出，即在美国造成轰动，以清新花香为主调，动态香味层融合风信子、白麝香、粉红胡椒、茉莉、香根草、柑橘果、鸢尾和琥珀广藿香，散发甜美的感觉之余，也带有感性及热情的气息，甜美与辛辣交织的嗅觉体验，充分表现时代女性朝气勃勃及勇敢果断的一面。××创新的行星式香味惊喜，摆脱一般前、中、后味的固定形式，让你的甜美气质充满无限惊喜。

××邂逅女士香水外包装及瓶身摆脱了过往的设计，创造了令人难忘的新惊喜，以浑圆的瓶身愉悦视觉，粉红色包装来挑逗感官。有别于 Chanel 经典香氛的方形瓶身，××是 Chanel 史上第一款圆形瓶子的香水，正式地为 Chanel 揭开了这个新纪元的序幕！在浑圆之内，注满的是迷人的动力、性感的魅力及澎湃的创造力，亦蕴含着宇宙无限的意义，成功地为 Chanel 香水写下历史的新一页。香调：清新花香调。动态香味层：风信子、白麝香、粉红胡椒、茉莉、香根草、柑橘果、鸢尾、琥珀广藿香。

结合产品本身的特性和对目标对象的分析，××邂逅女士香水将自己定位为"一个热情活力与迷人的时代"，这个与年轻女性的自信与幻想相结合。

【范例2】轿车报纸广告文案

××牌轿车报纸广告文案

一、标题

并非所有的人都能真正懂得它所代表的含义

二、正文

面对火箭升空，人们更多的是陶醉于它那扶摇直上的雄姿、雷霆万钧的气势,只有少数人会从火箭每一米的上升高度来测量人类创造力的无限,感受科技进步的美妙。

作为中德科技多年合作的辉煌结晶的另一种创造力与进步的代表,它就要出现在你的面前了,也许你已经焦急地等待了好几天,那么现在你真的可以暂时放下手中的事,平心静气,屏住呼吸,拭目以待——一个振奋人心的时刻,它的到来已经进入倒计时了。

广告语:"卓然出众,彰显尊贵"。

 写作要领

广告文案,就是运用多种表现手法,融叙事、论述、说明、抒情等于一体,使用易于理解、风格各异的语言,以传达广告信息为目的的特殊商用文体。广告文案有广义和狭义之分,广义的广告文案就是指通过广告语言、形象和其他因素,对既定的广告主题、广告创意所进行的具体表现。狭义的广告文案则指表现广告信息的言语与文字构成。广义的广告文案包括标题、正文、口号的撰写和对广告形象的选择搭配;狭义的广告文案包括标题、正文、口号的撰写。

一、广告文案的格式与内容

1. 标题。

标题通常由产品名称加"广告文案"组成。

2. 正文。

广告正文是对产品及服务,以客观的事实、具体的说明,来增加消费者的了解与认知,以理服人。广告正文撰写内容要求实事求是,通俗易懂。无论采用何种题材式样,都要抓住主要的信息来叙述,言简意赅。总结以下三点:

(1)具体展示广告主题及相关内容;

(2)合理选择诉求重点,突出要点;

(3)以简明扼要的口号作为广告语。

3. 结尾。

广告中的附属性文字,主要传达企业名称、地址、通信方式、提供服务的方法等信息。广告文案是由标题、广告正文、广告口号和随文组成的。它是广告内容的文字化表现。在广告设计中,文案与图案图形同等重要,图形具有前期的冲击力,广告文案具有较深的影响力。

二、广告文案的标题

标题是广告文案的主题,往往也是广告内容的诉求重点。它的作用在于吸引人们对广告的注目,留下印象,引起人们对广告的兴趣。只有当受众对标语产生兴趣时,才会阅读正文。广告标语的设计形式有:情报式、问答式、祈使式、新闻式、口号式、暗示式、提醒式等。广告标语撰写时语言要简明扼要,易懂易记,表达清晰,新颖个性,句中的文字数量一般控制在12个字左右为宜。

另外,有时广告文案还有副标题,它是广告方案的补充部分,有一个点睛的作用。主要表现在对标题的补充与说明,如让人感觉前述有些不太明确,这里让人全面了解。

三、广告口号

口号是战略性的语言,目的是经过反复和相同的表现,以便明白它与其他企业精神的不同,使消费者掌握商品或服务的个性。这已成为推广商品不可或缺的要素。广告口号常有的形式:联想式、比喻式、许诺式、推理式、赞扬式、命令式。广告口号的撰写要注意简洁明了、语言明确、独创有趣、便于记忆、易读上口。

四、广告文案的写作原则

1. 广告文案文本最直接地与受众产生联系。
2. 最终目的是说服和诱导消费者产生消费行为。
3. 文本经由媒体得到广泛传播并能产生双重效应。
4. 真实性是广告文案的生命力所在。

五、广告文案的写作要求

1. 准确规范、点明主题。
2. 简明精练、言简意赅。

3. 生动形象、表明创意。

4. 动听流畅、上口易记。

第三节 广告创意策划文案

 参考范文

【范例1】汽车广告创意策划文案

××汽车创意文案

一、标题

"这部新型的××汽车在以每小时60公里的速度行驶时,最大声响来自它的电子钟。"

二、副标题

是什么原因使得××成为世界上最好的轿车?一位知名的××工程师回答道:"根本没什么真正的戏法——这只不过是耐心地注意到细节而已。"

三、正文

1. 行车技术主编报告:"在以每小时60公里的速度行驶时,最大声响来自它的电子钟。"引擎是出奇的寂静。三个消音装置把声音的频率从听觉上拔掉。

2. 每个××的引擎在安装时都先以最大气门开足7小时,而每辆车子都在各种不同的路面上试车数百公里。

3. ××是为车主自己驾驶而设计的,它比国内制造的最大型车小18英寸。

4. 本车有机动方向盘,机车刹车及自动排挡,极易驾驶与停车,无须雇用司机。

5. 除驾驶速度计以外,在车身与车盘之间没有金属衔接,整个车身都是封闭绝缘的。

6. 完成的车子要在最后测验室里经过一个星期的精密调试。在这里分别要受到98种严酷的考验。例如,工程师们用听诊器来细听轮轴所发出的微弱声音。

7. ××保用三年。从东岸到西岸都有经销网及配件站,在服务上不再会有任何麻烦了。

8. 著名的××引擎冷却器,除了亨利·莱斯在1933年去世时,把红色姓名的首写字母RR改成黑色以外,再也没有变动过。

9. 汽车车身的设计制造,在全部14层油漆完成之前,先涂5层底漆,每次都用人工磨光。

10. 使用在方向盘柱上的开关,就能够调节减震器以适应路面的情况。(驾驶不觉疲劳,是该车的显著特点。)

11. 另有后窗除霜开关,控制着1360条隐布在玻璃中的热线网。备有两套通风系统,即使你坐在车内关闭所有的门窗,也可调节空气以求舒适。

12. 座位的垫面是用8头牛的牛皮制成,这些牛皮足可制作128双软皮鞋。

13. 镶贴胡桃木的野餐桌可从仪器板下拉出。另外两个可从前座的后背旋转出来。

14. 你还可以有以下随意的选择:煮咖啡的机械、电话自动记录器、床、冷热水盥洗器、一只电动刮胡刀。

15. 只要按压一下驾驶座下的橡板,就能使整个车盘加上润滑油。在仪器板上的计量器,可指示出曲轴箱中机油的存量。

16. 汽油消耗量极低,因而不需要买特价油,这是一部令人十分愉悦的经济车。

17. 具有两种不同于传统的机动刹车,水力制动器与机械制动器。××是非常安全的汽车,也是十分灵活的轿车。它可在时速85公里时安静地行驶。最高时速可超过100公里。

18. ××的工程师们定期访问汽车的车主,替他们检修车子,并在服务时提出忠告。

19. ×××也是××公司所制造。除引擎冷却器之外,两车完全一样,是同一个工厂中的同一群工程师所设计制造的。×××的引擎冷却器较为简单,所以要便宜300美元。对于驾驶××感觉信心不太足的人士,可以考虑买一辆×××。

四、价　格

广告画面所示的轿车,若在主要港口交货,售价是××万美元。

倘若你想得到驾驶××的愉快经验,请与我们的经销商联系:××公司,纽约,洛克菲勒广场10号。

五、随文

喷气式引擎与未来

一些航空公司已为他们的波音707及道格拉斯DC8选用了××的涡轮喷气式引擎。××的喷气式螺旋桨引擎则用于韦克子爵机、爱童F27式机以及墨西哥湾·圭亚那式机上。

世界各地航空公司的涡轮喷气式引擎,大半都是向××订货或由××公司供应的。

××现有员工42000人,而该公司的工程经验并不仅限于涡轮喷气式引擎及喷气式螺旋桨引擎。另有柴油发动引擎及汽油发动引擎,可用于许多其他领域。

该公司庞大的研究发展资源正在从事许多未来性、计划性的工作。其中包括核能利用、火箭发射等等。

【范例2】服装广告创意策划文案

××牌女装电视广告创意

最近,在全国各地有线台的体育频道上的××牌最新女装电视广告,其崭新的制作手法与创意风格,尤其是其在品牌形象上的突破,引起广泛关注。

新的品牌定位以消费者的心理需求为嵌入点,为××牌的核心价值——运动,这一众所周知的理念注入新的内容与观点,并鲜明地与其竞争对手区别开来。

1. 品牌定位——我运动,我美丽。

几乎所有的运动服装品牌,都有一个运动观。××品牌认为运动是无时无处不在,想做就做;××品牌认为运动是科学意义上的精确演算;××品牌认为运动是人类回归自己,拥抱自己的诉求;而××品牌则认为运动就是自由……每一个品牌都在演绎自己对运动的理解,以唤起目标消费者的认同,进而培养对品牌的认同。作为中国运动服装第一品牌的××牌更应对运动的意义作深邃的思考,运动不仅仅是单纯意义上的跑、跳、投等竞技体育,它是世界存在的方式。世间万事万物,小到细胞生命,大到宇宙星空、地壳活动、动植物的生长、城市的变迁、人类的进化……无一不是通过运动来证明自己的存在,运动无时不在,无处不在!一旦停止运动,这个世界就不复存在。任何人,无论男女老幼,只要他处于运动中,他就能感受到自己的存在,活生生的存在。

2. ××女装的广告创意。

"我运动,我美丽"的理念是博大的、深邃的、久远的,如何在××牌女装的电视广告创意中将其视觉化、单纯化,以简单的产品广告带出深刻的品牌核心理念,对创作人员而言是个巨大的挑战。

通过翻阅相关调研公司的资料,创作人员注意到:××女装的目标消费对象是14~24岁的未婚女性,她们无固定收入,但有一定的消费能力,通常过着典型的学生生活,喜欢看书、听音乐、聚会、聊天、看MTV、做力所能及的运动(如打球、健身操、远足等),她们喜欢名牌,非常关注流行时尚——在心理上,她们有充分鲜明的性别意识——我是女人、女孩,我就是我,她们希望在男性的世界中舒展自己的个性魅力;她们不怕在这个社会与男性竞争,她们也有勇气参与冲破世俗的竞争,其至超越男性;她们崇尚另类,不喜欢雷同,不愿效仿别人;她们渴望通过自己积极向上的努力来向世人证明她们的存在。

3. 广告策划——吸引·竞争·超越。

找到了目标消费者的心理追求与品牌核心理念之间的微妙关系——新时代的新新人类们渴望被认同,她们也正以积极的态度去追求个人生存的价值。这样,创意就必须切中她们的心理,生动地反映她们的心态,与她们产生共鸣,并在不经意间暗示,她们所追求的,她们所渴望的,××品牌可以帮助她们达成。

在电视广告中放入了三个情节:第一个情节是吸引,三个穿着××品牌女装的少女在广袤的旷野中迎风奔跑,充满青春与活力,脸上洋溢着自信,迎面而去的两个男子被她们的神采吸引,不由自主地回眸;第二个情节是竞争,两个穿溜冰鞋的少女,在几个健硕的篮球运动员中灵活跑动,妙手夺球,令球员望球兴叹,将女性面对挑战毫无惧色极其聪明伶俐的一面表现得淋漓尽致;第三个情节是超越,一个少女自信地扔出一个保龄球,将十个男子组成的球阵击倒,散落一地,将女性超越男性的欲望夸张视觉化。三个情节层层递进,环环相扣,加上超现实的环境,单色调的背景处理手法,张弛有度的节奏,魔幻般的音乐,耳目一新地表达出"新女性主义"的精髓:以魅力去吸引,凭实力去竞争,靠自信去超越,从而证明自己的存在。

 写作要领

一、广告创意的概述

创意是广告的核心与灵魂,一则广告的效果如何,最关键的因素就在于创意。创意文案主要是将广告作品的表现及形式用完整的文字表达出来。其中,除了产生画面的构想之外,还包括广告语言的表现内容(如平面的标题、引文、正文、附文、广告语等,影视的音效、旁白、字幕、广告语等)。其中至关重要的就是新颖的创意和传神的文字表现。

二、广告创意策划的注意要点

被收看的广告中,只有1/3的广告能给观众留下一些印象,而这1/3的广告中只有1/2的内容被观众正确理解,仅有5%能在24小时内被观众记住。也就是说,一则广告如果没有创意,只会被湮没在其他的广告之中。要做出有创意的广告,可以从以下五大原则着手。

1. 相关性:就是广告创意必须与产品个性、企业形象相关。
2. 原创性:就是广告创意要突破常规,出人意料、与众不同。
3. 简明性:就是指广告创意必须简单明了,切中主题,使人过目不忘,印象深刻。
4. 合法性:就是指广告创意必须符合广告法规和广告发布地的伦理道德、风俗习惯。
5. 真实性:就是广告必须真实,不能为了吹捧某件产品而有不符合实际的言论出现。

第四节　促销活动广告文案

 参考范文

【范例1】产品赠送促销广告文案

女性保养品赠送促销广告

25岁的女人,常常伴随痛经、经期不调、乳房胀痛的困扰;35岁的女人,身体逐渐发胖,色斑、皱纹、眼袋逐渐显现,乳腺增生,子宫肌瘤,卵巢囊肿频频光顾;45岁的女人,迅速衰老,更年期提前报到,骨质疏松,恶性妇科肿瘤,阴云不散!

××胶囊,调理女性气血,调养好身材,滋润好肤色,揭开女人漂亮的小秘密,让你轻松实现健康美丽的梦想。于×月×日至×月×日购买××胶囊,可享受以下优惠:

1. 买5盒送1盒,再送价值188元美眼一号1套。
2. 买10盒送2盒,再送价值376元美眼一号2套,加6元还可获赠价值412元女性保养套餐一套。

女性保养套餐:祛皱、润肤、养颜,改善更年期症状,让靓丽青春更持久!

活动指定药店:××路××医药零售总店

【范例2】抽奖活动促销广告文案

元旦抽奖促销文案

一、活动时间

20××年12月31日~20××年1月3日,为期4天。

二、活动主题

元旦购物抽大奖。

三、活动目的

1. 通过节日促销,吸引潜在顾客前来消费,提升销售额,塑造××商场在消费者心目中的良好形象。

2. 增加老顾客对××商场的忠诚度,确保顾客长期前来消费。

四、活动内容及细则

1. 新年新折扣:本商场内新年商品全场折扣销售(详见"各种商品折扣表")。

2. 购物抽大奖。

(1) 活动期间,凡在本商场购物累计满×××元的顾客,即可凭当日购物小票抽奖,就有机会把大奖摩托车骑回家。满×××元可抽奖一次,依次类推,多买多抽。

(2) 根据抽奖的相同点数来确定奖项的等级,您就有机会获得相应的奖项。现抽现兑。

(3) 奖品设置:本次抽奖活动共设置6个等级的奖励,奖项等级、中奖条件、奖品具体设置如下所示:

一等奖:×名,奖品为摩托车。

二等奖:××名,奖品为微波炉。

三等奖:×名,奖品为DVD。

四等奖:××名,奖品为电饭煲。

五等奖:×××名,奖品为洗衣粉。

纪念奖:奖品为牙刷。

3. 元旦大礼包。

(1) 凡于元旦当天于本商场购物累积满×××元的顾客,即可凭购物小票或发票至总服务台赠品兑换处兑换一张儿童节蛋糕兑换券。

(2) 每张小票或发票至多可兑换××张兑换券。

(3) 兑换券的有效期至20××年×月×日。持券人可于×月×日前至指定的蛋糕房专柜提领,逾期无效。蛋糕以现场的实物为准。

五、活动宣传方式

1. 报纸。

刊登时间:《××晚报》12月28日××栏目、《××晨报》12月30日、31日××栏目。

广告内容:20××年12月31日~20××年1月3日,来××商场购物抽奖中摩托车、微波炉、DVD等大奖;20××年12月31日~20××年1月3日,××商场开展为期4天的全场折扣销售活动;20××年1月1日,××商场开展购物满额赠蛋糕兑换券活动。

2. 电视滚动字幕。

播出时间:20××年12月25日~12月31日。

字幕内容:20××年12月31日~20××年1月3日,来××商场购物抽奖中摩托车、微波炉、DVD等大奖。

3. 商场外条幅。

悬挂时间:20××年12月25日~20××年1月4日。

条幅内容:

(1)元旦节日惊喜多,××商场购物抽奖中摩托。

(2)××商场让利顾客,全场商品折扣销售。

(3)只需购物×××元,就有机会将摩托车骑回家。

(4)摩托车、微波炉、DVD,总有一款属于你。

4. 商场前宣传版面。

张贴时间:20××年12月25日~20××年1月4日。

张贴内容:活动详情及具体奖项设置。

5. 商场内广播。

广播时间:20××年12月25日~20××年1月4日。

广播内容:活动详情及具体奖项设置。

6. 商场海报宣传。

发放时间:20××年12月25日~20××年1月4日。

海报内容:本期折扣销售商品图片,抽奖活动详情及具体奖项设置。

发放范围:商场内及社区发放。

7. 展台布置摆放奖品。

摆放时间:20××年12月31日~20××年1月3日。

奖品大量陈列于商场抽奖展台上,让过往的百姓或路过本商场的顾客深刻体会到大奖就在身边。

六、活动实施操作

1. 报纸广告必须于20××年12月27日前设计好,按报纸要求及时刊出。

2. 电视滚动字幕的内容必须于20××年12月24日前准备好,按要求及时播出。

3. 商场外条幅、宣传板的内容必须于20××年12月24日前设计制作好,并按要求悬挂、张贴。

4. 奖品、活动道具、监控器材必须于20××年12月31日前全部准备到位。

5. 抽奖活动区维持秩序人员及活动现场工作人员于20××年12月31日前必须全部确定到位。

6. 合理安排活动期间商场工作人员的准时到岗,合理安排休假,以便在促销期内做到最好的人员调配。

7. 20××年12月31日清早,商场经理检查活动道具及赠品的到位情况,如有遗漏需及时补充。

8. 于20××年12月31日前,完善商场内的商品(特别是家庭日用品及粮油品)补货工作。

七、促销费用预算

1. 抽奖活动费用分析。

根据同期抽奖活动的结果,20××年12月31日~20××年1月3日的活动期间,实现的销售额达×××百万元,顾客数达到××万人,总抽奖费用为××万元。

抽奖活动费用,具体如下表所示。

奖品费用表:

奖　品	等　级	奖品	中奖概率(%)	数　　量	费用(元)
一等奖	摩托车				
二等奖	微波炉				
三等奖	DVD				
四等奖	电饭煲				
五等奖	洗衣粉				
纪念奖	牙　刷				
合　计					

与往年同期相比,本次奖项费用下降×万元。正常情况下,预期本次4天促销活动的销售额可实现×××百万元,利润预期为×××万元。

2. 宣传费用预算。

(1)报纸、电视的广告费用×万元。

(2)商场外条幅、宣传板的设计制作费用×千元。

(3)商场海报印刷费用×千元。

(4)抽奖舞台布置费用×千元。

(5)儿童节蛋糕兑换券的费用×千元。

【范例3】价格折扣促销广告文案

价 格 促 销 广 告 文 案

在××日子将要到来之际,××公司推出了"价格折上折、品质不打折"的活动,为广大消费者带来了福音。

一、活动时间

20××年××月××日~20××年×月×日

二、活动内容

新品折上折,××标准版折后××元

感兴趣的朋友,可以登录商城网站订购。订购的用户还可以享受以下服务:

1. 我公司官方网络销售的产品都会有官方的出货单据、订单号等有效凭证,所有货物都带有正规保修卡,支持全国联保。

2. 我公司网站遵守国家规定的"三包"政策,同时网络销售的产品更有保障,7天无理由退换货,3个月包换,1年保修,5年有偿维修。另外,货物质量原因引起的退换货物,快递费用完全由我公司官方承担。

三、特别说明

出现以下情况者,不能享受我公司免费保修服务,你可以选择有偿服务(人工费+材料费)。

1. 人为造成的产品损坏:摔伤、碰伤、划伤等。

2. 违反产品使用说明而造成的产品损伤。

3. 产品流水号、条码号、保修贴纸被改动、删除。

4. 未经授权的修理、误用、滥用、事故、改动、不正确的安装、不可抗力等因素。

5. 无有效发票、收据的。

6. 无厂名、厂址、生产日期、产品合格证的。

7. 已超过保修期的产品。

【范例4】有奖竞赛促销广告文案

小朋友们一起来,打扮"××学童奶"

如果是15岁以下的小朋友,就请一起来打扮我们的"××学童奶",放假在家,喝一口"学童奶",望一望窗外,充分发挥你的想象,创造一片童年的自由天空,画出一个自己喜欢的图景。开学后,把你的大作交给老师……我们将请专家组评出自由想象创作比赛的各类奖项。

活动设以下几个奖项:

1. 优胜奖3名,得奖者可参加"坐飞机,游内蒙古呼伦贝尔草原"的旅游活动,获奖作品将印在"学童奶"产品包装上。

2. 入围奖100名,可参加暑假××健康夏令营活动,作品可参加全市专场展出。

3. 幸运抽奖3名,参加呼伦贝尔草原旅游活动,获奖小朋友的班主任老师也可一同参加旅游活动。

4. 纪念奖1000名。随机抽取1000名获精美小礼品一份,凡投稿者均有机会获奖。

 写作要领

一、促销广告的概念

促销广告是促使消费者采取购买行动的一种广告形式,是企业单位为了推销商品,通过报纸、广播电视、招贴橱窗或互联网等媒介进行宣传,达到消费者能接受、进而购买的目的。

二、促销广告的格式与内容

无固定格式,撰写促销广告时,要有针对性地抓住消费者的心理,采用既符合商品特点又是消费者喜闻乐见的形式,来达到效果的完美统一。

第五节 展销订货广告文案

 参考范文

【范例1】迎春供货会广告

20××年迎春供货会

一、供货会概况

1. 名称:20××年迎春展销供货会。
2. 举办单位:××工商贸易联合公司、××羊毛衫厂、××自行车股份有限公司、××皮鞋厂、××童车厂、××幼儿用品有限公司。

二、供货会现货供应

1. 童年玩具类:上海"××牌"系列童车:推车、童床,上海"××牌"童车;×××牌童车、三轮车,昆山××手推车;无锡××牌手推车,宁波××手推车;××××牌系列婴儿床;各类高中低档学步车;上海、××生产的各类高中低档玩具,童座车,三轮车;××牌、××牌系列电瓶车。

2. 鞋类:多次荣获××市双优的名牌产品,××、××等品牌的各式男士冬春季皮鞋。

3. 针纺类:××牌纯毛毛毯;××、××、××等品牌的各式男女羊毛衫系列;××毛巾被;××衬衫等。

4. 婴儿制品纸品类:隆重推出畅销产品×××牌、××牌、高中档婴儿纸尿裤,××、×××等中低档婴儿纸尿裤、纸尿片、隔尿巾;××礼品盒装各式婴童衣衫、婴童用品、用具;各式儿童纯棉运动衫。

5. ××牌系列铝制品(铝锅、铝盆、铝壶等)。

三、总结20××年联销情况同时签订20××年联销合同

四、会议时间

20××年×月×日~×日

联系人:××
电话:××××××

【范例2】秋季钓具展销订货会

××20××秋季钓具展销订货会

一、参展要求

本届展销会经国家有关部门批准,要求参展企业须持营业执照副本复印件。展销产品如带注册商标,请持商标注册登记副本复印件或商标使用授权书、代理协议。参展企业必须按《国家产品质量法》中有关规定展销商品。拒绝无营业执照的企业参会,禁止制售假冒伪劣活动。参展企业如有造假、侵权行为,立即取消参展资格。

二、日程安排

20××年×月×日布展。

20××年×月×日~×日展销。

20××年×月×日14:00撤展。

三、展位价格(会期)

1. 标准展位:A馆(2m×3m)1500元/个;B馆(3m×3m)1600元/个。

2. 室外展棚:1000元/个(2.5m×3m)。

3. 室外地摊:400元/个(2m×4m)。

四、宾馆预订

1. 160元/天,180元/天,200元/天,210元/天,240元/天。

2. 要求:包订4天,20××年×月×日入住,×日12点之前退房(双人间,二星级至四星级)。

五、会务服务

1. 在展馆内设置快餐售卖处,向参展单位供应高、中、低档快餐。

2. 为参展企业提供有偿停车服务,大货车每辆80元/会期;小轿车每辆50元/会期。费用由××会展中心收取。凭主办单位所发的停车证停车。

3. 为参展企业提供有偿仓储服务。收费标准每件1~2元。

4. 展会期间××市多家招待所、旅馆现场办公。

5. 展会期间物流单位现场办公。

6. 向参展企业和采购商免费发放《会刊》。

7. 预订往返程车、机票。

六、交通指南

1. 从××至××的长途车,××站公交车:××路支线。

××始发地:早 5:30～18:30,每 15 分钟一班。

××始发地:早 5:05～17:00,每 20 分钟一班。

2. ××火车站到达会展中心公交车:8 路、12 路。

3. ××出租车:10 元起价,拨打×××××随叫随到。

写作要领

展销、订货会广告是商品生产厂家的商业部门、行政机关出面,推销厂家的产品的一种传播信息的实用文书。它没有固定格式,写作一般是以简明的文字,介绍主办单位、会议地址、开会时间、主要产品、联系人、电话号码等情况。

一、订货会的主要内容

订货会主要包括准备工作、策划活动以及注意细节等内容。订货会的准备工作要确定订货会的邀请对象,包括批发商、分销商及大卖场或连锁超市的主要负责人等,这些人员在订货会中起决定作用;确定订货会的主推品种;制定主推品种的订货政策;做好订货会事前造势和客户摸底;做好场地的选择;做好时间安排和订货资料的准备工作等。订货会的策划包括主题的确定、会场的布置、订货会在会中的沟通、制造气氛等内容。

二、订货会的注意事项

开好订货会,要避免以下几种情况:

1. 订货会不要办成展览会,防止订货会出现花钱赚吃喝,货没订出多少,费用却白花,订货会成了展览会。

2. 订货会不要开成纯粹的沟通会,由于对参会目的不明确,在开订货会时与客户过多注重感情沟通,推介产品拉不下面子或认为只要关系好客户肯定会要自己的产品,结果忽视自己要将货物订出去的目标,使订货会成了经销商与客户的沟通会。

3. 订货会不要开成答谢会,事前对活动内容没有详细说明,客户没有准备,结果客户参加了订货会,但由于没有心理准备,结果使货没订出,使订货会成为答谢会。

4. 订货会会后服务要及时跟进。一方面要将货物及时送达订货客户的手中;另一方面要做好电话的及时跟踪与走访追踪,收取保证金,确保真正达成意向。

第六节 启事类广告文案

参考范文

【范例1】商城招商启事

××商城招商启事

由国家技术监督局中国技术监督情报协会与××工贸公司联办的××商城,位于××市繁华商业黄金地段——××大街××号。

××商城,是经国家工商行政管理部门批准,以"××商城"注册命名,并在整个经营管理过程中贯穿"××进货、××销售、××服务"三位一体的新型商业企业。首批招商将挑选30余家生产金银珠宝、化妆品、皮革制品、羊绒制品、羊毛制品、真丝制品及烟酒食品、家用电器的企业,欢迎联络。

地址一:××市××街××号
邮　编:××××××
电　话:××××××××
联系人:×××

地址二:××市××区××路×号
邮　编:××××××
电　话:××××××××
联系人:×××

【范例2】合资办厂启事

合资办厂启事

我厂系利用废旧塑料生产编织袋、超薄塑料背心袋的专业厂家,为了加强经济技术的协作,现寻求有以下条件的单位联合办厂。

1. 寻求具备厂房1000平方米,电力10千瓦,工人20名及有×××万元以上资金能力的单位,联合生产超薄塑料背心袋。

2. 寻求具有厂房2000平方米,电力80千瓦,工人70余名及有×××万元资金能力的单位,联办全自动生产线,生产塑料编织袋。

我方联营方法是按设备额投入20%~50%,并负责包技术、包购料。有意协作者请来人来电联系,前来考察时,可乘飞机或火车直达××市××路××号××饭店,我方有专人接待,并协同来我厂考察协商。

×××塑料编织厂

联系人:×××

电　　话:××××××××

地　　址:××市××路××号

【范例3】邀请中外企业家聚会启事

诚挚邀请中外企业家聚会启事

为中外企业家进行交流与合作的创造良机,诚挚邀请中外企业家聚首××市。

20××年中外企业家洽谈会今秋在××举行,为了进一步深化改革开放,发展市场经济,中国公共关系协会、中华全国工商业联合会(中国民间商会)邀××集团主办,××中外企业家服务公司承办的"中外企业家洽谈会",将于20××年×月在××宾馆举行。此次盛会是海内外企业之间进行经济技术交流、加强企业投资合作的极好机会。届时将有来自美国、英国、法国、俄罗斯、意大利、加拿大、日本、澳大利亚、阿拉伯、拉丁美洲、东南亚、中国香港、中国台湾等国家和地区的客商与会。

洽谈会期间安排的活动有：外商与国内企业家恳谈会，并发布有关国家市场分析资料，沟通国际市场信息；参会企业的产品展览，提供贸易洽谈；项目推介会，推出企业合作项目，寻求合作伙伴；经济技术交流会，开展高科技交流活动；联合国亚太理事会和国内外商业、金融、建筑、贸易等企业家商贸论坛；中国金融市场研讨会；中国房地产市场及信息发布会；国际科技发展研讨会等活动。

诚挚邀请中外企业家聚首××参加盛会，您将会得到满意的收获。

参会范围：行业、规模不限

会议地址：××市×××国际酒店

电话：××××××××

联系人：中外企业家洽谈会组委会

 写作要领

启事文书是指组织（或个人）公开向大家说明，让更多人知晓的公告性文体。启事可以张贴、散发或通过报刊、电视、广播等媒体进行广泛传播，是树立组织形象、扩大知名度的有力手段。

第七节　征订类广告文案

 参考范文

【范例1】书籍团购征订广告

《××广告丛书》征订启事

由××广告丛书编委会编撰，××××出版社出版的《××广告丛书》将于20××年8月～20××年2月陆续出版发行。

这套《××广告丛书》，从商品经济发展的战略高度，系统地总结了现代广告活动和我国广告事业实践的基本经验，科学地阐述了现代广告的基本理论,内容丰富,观点新颖,别具特色,易学适用,融政策性、科学性、知识性、艺术性与实用性于一体,展现出现代广告业的全新领域。

这套《××广告丛书》包括:《××广告原理》《××广告策划》《××广告设计》《××广告摄影》《××广告写作》《××广告心理学》《××广告创意》《××广告传播》《××广告经营管理》《××广告展望》。它是我国广告专业工作者、工商企业经营管理者提高广告经营、指导广告实践必备的参考书,亦适宜作为商业贸易、经济管理等大专院校的教学参考用书。

团体订购优惠活动:

1. 凡团体订购1000册以上者,按80%折扣收款(书价的20%作为购书者的推销费)。
2. 收到订书款后,由征订单位负责寄书。
3. 订购函请寄:×××市××区×××大厦"现代广告研究中心"。
4. 开户银行:××××××银行××××支行
5. 地址:××市×××大街××号
6. 邮政编码:××××××
7. 账号:×××××××××××××
8. 订购截止日期:20××年×月×日
9. 本订单一式二联,第一联与汇款单一并作为报销凭证,由购书方保存。第二联与用户标签给现代广告研究中心寄来,应写明汇款金额、日期、汇单号码,以作为寄书凭证。

现代广告研究中心
《××广告丛书》编委会

【范例2】文学杂志征订广告

《××》杂志征订启事

《××》文学爱好者的家园,大中学师生的挚友,助您梦想成真,圆你作家梦想!

《××》的作者文章均来自读者,每一篇文章,每一篇图片,都表达您的心声!

《××》是您心灵的家园,如果你喜欢她,请把你的心声倾诉,把您秀丽、纯情、自然、朝气勃发的倩影寄来。您的故事,您的风采,也许能从此打开机遇之门……

《××》,体贴您的心情,温暖你的人生,做每一位读者的知心朋友!为答谢读者厚爱,本刊举办20××年《××》征订大回报:

1. 全国各地文学社团,凡集体订阅20××年全年《××》10份(凭当地邮局订阅收据)可收到本刊一套精装黄金版合订本;20份二套(二年度)以此类推。集体订阅50份者除能得到四年度精装合订本外,还可推荐一名代表参加本报举办的20××年大型文学笔会(会议期间食宿均由杂志社负责)。

2. 个人订阅者可将订阅收据邮来,每年末按参与人数的8%抽出幸运奖,获奖者可得到本刊黄金版精装合订本一套。参与者均可收到本刊特制的12份读者有奖评刊表,期期都有机会中奖。20××年《××》每期均有,凡集齐12期期花者还可参加期花幸运大抽奖活动,获奖者还会收到一分惊喜的礼物。20××年《××》活动多多,期待着你参与!

20××年《××》将继续坚持国际流行大16开本,精美制作,定价不变,每册10元,全年120元,本刊邮发代号:36-148,全国各地邮局(所)均可订阅,不便到邮局订阅者,本刊发行部可代办邮购,定价不变,获奖资格不变,邮资全免。

咨询热线:(××××)××××××××

 写作要领

征订广告是指企业单位为了推销报纸、书籍等,通过媒介进行宣传,引起消费者兴趣,采取购买行为的文书。征订广告没有固定的格式,写作时要清晰、明确,既要追求经济效益,也要讲究社会效果。

一般来讲,征订启事的正文包括以下内容:

1. 关于要发行报刊、杂志、新书的出版计划。

该部分一般要将刊物或书籍名称,即将出版或刊订的情况,诸如是改刊、复刊、增刊,或是即将出版、出版单位著译者、开本、字数等介绍清楚。

2. 出版物或书籍的具体内容简介。

要以简明的语言将该出版物的主要内容介绍给读者。同时还要写出该出版物的特色,适宜阅读的对象等。

3. 该出版物的订阅方式。

要将出版物品、出版时间、订阅办法、联系地址和联系人等介绍清楚。

第五章 公关活动类文书写作

第一节　新闻发布会文案

参考范文

【范例1】公益救助活动新闻发布会

一、主办单位(略)

二、发布主题

××公益救助活动新闻发布会暨启动仪式。

三、发布时间、地点

1. 新闻发布会时间:20××年×月×日上午9:00。

2. 发布地点:××大酒店。

四、组织工作

由组委会负责来宾签到、贵宾接待、材料发布等。

五、主持人(略)

六、邀请媒体及有关领导

1. 新闻媒体:《××晨报》、××网、××健康网、××电视台。

2. 有关领导:×××、××。

3. 医院代表(每家参与医院3~4人):××××。

七、会场布置

1. 鲜花。

2. 发布会会场背景:悬挂横幅,悬挂公益救助活动宣传海报(宣传画)。

八、发布会前宣传氛围的渲染

1. 组织媒体记者参与公益救助活动新闻发布会,采写专题新闻报道。

2. 参与活动的××市新闻单位(××市电视台)要精心组织,分别做好专题新闻宣传报道,并加大在《××晨报》主页版块上的新闻宣传力度。

九、议程安排

上午9:00,主持人宣布新闻发布会开始。

1. 主办单位领导就公益救助活动的意义、目的、主题、内容、时间安排进行发布,并介绍公益救助活动的有关筹备情况。

2. 医院代表讲话。就医院参与公益救助活动的意义与医院对活动的支持发表意见,同时倡导更多的医院参与到医疗公益救助的活动中来,强调此次活动的公益性。

3. 承办方讲话。阐明承办此次公益救助活动的意义与报名活动的条件与方法。

4. 启动仪式。

【范例2】商场周年庆典新闻发布会

××电器商场周年庆典新闻发布会

一、目的

1. 公布××电器商场××周年庆典及活动信息,引起社会各界的关注。

2. 做好社会各界的公关工作,与政府职能部门、新闻媒体、厂商、消费者建立良好的合作关系。

3. 提供扩大新闻宣传的契机,树立××商场良好的公众形象,提升××的企业知名度。

4. 向社会各界展示××的企业文化、企业实力,××经营特色,提高××的美誉度。

5. 掀起"激情十二月,天天过节"的新闻宣传高潮。

6. 为新商店开业做宣传。

二、时间

20××年×月×日(星期×)

三、地点

1. 五星级酒店(××市×××国际大酒店)。

2. 多功能厅150人左右容量(场租费用:2000元)。

3. 配套音响、话筒设备齐全。

4. 提供投影仪(电脑自备)。

四、参会人员

(××领导、政府官员、各品牌厂家代表、新闻媒体等)

各部门在×月×日16:00前将参加会议确定名单汇总至行政部××处。

1. 总部领导:(行政部落实)。

2. 大区领导:(行政部落实)。

3. 政府官员:(行政部落实)××市主管商业的副市长及副书记、××市宣传部部长、××市××区相关领导、××市商业局相关领导、××市商业联合会领导等。

4. 各品牌厂家厂长、经理及驻××代表约40人:(由采销中心确定)。

5. 邀请新闻媒体约20人(含×××记者):(广宣部确定)××都市报社长/总编、××晚报社长/总编、××广播电视报社长/总编、《××广播电视报》《××都市报》《××晚报》、××电视台台长、××经济广播电台、××交通经济广播。

6. ×××分部参会20人:分部总经理××、采销总监××、广宣部经理×××、财务部经理×××、行政部经理×××、人资经理××、市调部经理×××、物流公司经理×××、安保处经理××、营销经理×××、客服部××等;以及各科主管(由采销部提供)。

五、会议内容

1. 总部(大区)领导代表××总公司发表庆典贺词,展望未来。

2. 商场总经理回顾××商场一年来的经营业绩,并预期未来经营目标与规划。

3. ××市领导、商业局领导讲话。

4. 大区领导为××商场颁发锦旗;××市领导为××商场颁发荣誉证书。

5. ××商场为回报社会,关爱社会弱势群体,为市福利院捐赠礼品。

6. 为回报××商场客户的支持信赖,会议隆重推出"激情12月,天天过大节"大型让利销售活动。

7. 与所有给予商场支持和关心的各企业、团体和各界代表加强联欢互动。

8. 晚宴活动。××领导、市领导、厂家代表共同切司庆蛋糕;一同浇灌象征友谊的香槟塔。

六、会议程序

14:00,会务组工作人员进驻酒店布置会场。

16:00,组委会检查会务安排。

16:30,会议开始。暖场音乐播放,礼仪、签到、礼品(礼金)发放,引领来客就位入场(会议主席台背景屏幕循环播放宣传片)。

17:00,主持人宣布答谢晚宴仪式开始,介绍来宾(背景音乐)。

17:10,××大区领导讲话。

17:20,××商场总经理讲话。

17:30,××市市长讲话。

17:55,大区颁发锦旗(颁奖乐)。

18:00,××区领导颁发荣誉证书(颁奖乐)。

18:10,回馈社会关爱弱势群体捐赠礼品、福利院领导讲话。

18:20,厂家领导代表讲话。

18:40,公司领导邀请厂家代表一起切蛋糕(背景音乐)。

19:10,公司领导与厂家领导一起浇灌香槟塔(背景音乐)。

19:20,××商场领导发表祝酒词,晚宴开始。

21:00,晚宴结束。

七、工作安排(略)

八、费用预算(略)

九、人员安排(略)

十、附件

1. 新闻发布会会议通稿。

2. 主持人串词。

3. 邀请人员确认表。

4. 电器公司大区领导发言稿。

5. ××商场总经理发言稿。

6. 市领导发言稿。

7. 费用预算明细。

写作要领

新闻发布会,要确定新闻发布会的日期、地点、新闻发布主要内容等。文案的重点是挖掘好新闻要点、制造好新闻效应。文案还要拟定详细邀请名单、会议议程、时间表、发布会现场布置方案等。

新闻发布的新闻要点与主要新闻内容,要事先准备好新闻通稿,以便统一宣传口径。要确定组织者与参与人员,包括广告公司、领导、客户、同行、媒体记者等,与新闻发布会承办者协调规模与价格签订合同。要按计划开始发布会,发布会程序通常为来宾签到、贵宾接待、主持人发布会议主要内容、有特别公关需求的人员的个别活动。在新闻发布会召开后,要监督媒体发布情况,整理发布会音像资料,收集会议剪报,制作发布会成果资料集,评测新闻发布会效果,收集反馈信息,总结经验等。

第二节　新闻策划文案

参考范文

【范例】美国鸽子事件

美国××公司的鸽子事件

一、选题

美国××公司52层高的新总部大楼竣工后,一大群鸽子竟飞进了总部大楼的一个房间,把这个房间作为它们的栖息之处。不多久,鸽子粪、羽毛就把这个房间弄得很脏。面对这种情况,公司的公关顾问认为这是扩大公司影响的一个好机会。如果举行一次记者招待会、设计一次专题活动、散发介绍性的小册子等,都可以把总部大楼竣工的消息传播给公众,但这些方法太常规,很难引起轰动效应。现在一大群鸽子飞进52层高的大楼内,这本身就是一件很吸引人的事。于是策划人员下令关闭所有门窗,不让一只鸽子飞走,并采取了一系列行动。

美国××公司正是巧借飞来的"鸽子"制造新闻,吸引媒介纷纷前来采访、报道这一事件,使广大公众通过媒介报道,先对鸽子感兴趣,继而对公司大楼和公司本身产生深刻而良好的印象。

二、报道方案设计

1. 事件营造。

首先,通知动物保护委员会,请其速派人员前来协助处理这件有关保护动物的事件。动物保护委员会接到电话后十分重视,并立即派有关人员携带网罗来捕鸽。同时,公司通知新闻机构。

2. 报道范围。

把此次事件的具体经过、时间地点、事发缘由以及各方反馈链接其他事件进行全程报道。

3. 报道重点。

为保护动物,"动物保护协会将派出工作人员前往××公司新落成的总部大楼捕鸽"。

4. 报道的规模和进程。

第一阶段:立即赶往现场。进行现场报道,采访目击者,进行事件的初步报道即事件本身的报道。收集现场图片配以报道。

第二阶段:追踪报道。继续跟进事件的发展进行报道,与有关部门取得联系,获取他们对此做出的反应、看法以及公开言论等,还要收集民众的看法和信息意见反馈。

第三阶段:社会各界人士的评论分析。整个报道规模持续至事件结束,配以大量的记者进行各方面的系列采访调查。

5. 制订发稿计划。

体裁以消息和评论为主,并配以社会舆论及言论。表现形式以文字稿件加大幅图片为主;还可向外约稿收集更多的信息。版面设计,刚开始争取以头版进行报道,配以大图片。之后跟进报道的内容可排在二版或三版,视情况而定。

6. 报道结构与报道方式。

报道结构可以是两种:线型结构,即报道的方式为连续性进行;组合式,再链接到其他类似事件。

三、新闻报道的效果

由于新闻界认为这是一条有价值的新闻,于是电台、电视台、报社等媒介纷纷派出记者进行现场采访和报道。从捕捉第一只鸽子落网,前后共花了3天的时间。各新闻媒介通过消息、特写、专访、评论等形式进行了连续报道,引起了社会公众浓厚的兴趣,自然也就把公众的注意力吸引到了××公司以及公司刚竣工的总部大楼上来。

 写作要领

一、新闻策划概述

新闻策划是指在发现或者制造、预测新闻之后,通过具体部署,有计划、有步骤地通知媒介,使新闻得以诞生。商业行销中的新闻策划与推广,是企业主有意识地选择和安排某些具有新闻价值的事件发生,或者利用某些具有一定新闻价值的事件,由此制造出适于传播媒介报道的新闻事件。美国著名传播学家威尔伯·施拉姆将这类事件称为"媒介事件"。

二、新闻策划的效用

打造企业知名度和品牌的一个重要途径便是新闻策划,一个企业的形象和理念经常在媒体上出现,成为媒体关注的焦点,其知名度自然就会得到提升。

BMS企业顾问公司曾经发布了一份名为"提醒企业做品牌要善用新闻公关"的报告,在这份主要针对××人的调查报告中,有一个非常重要的结论——树品牌,新闻更有力。报告称,××人更多的是从新闻报道中建立了对公司和品牌的信任和喜好,从某种意义上说,出新闻越多的公司,其品牌认知度越高。××人对国内品牌认知的手段基本上是新闻报道(57%),看公司的广告(46%),感受和口传(28%),例如,海尔、微软、联想等公司频频在新闻报道中亮相,在消费者心目中树立了很好的品牌形象。BMS公司对调查数据所做的交叉分析表明,在通过广告手段建立自己对国内品牌的认知的人群中,有七成还要再通过新闻报道加以印证;而当人们通过新闻或公司专题报道了解一家公司和它的品牌后,则有近44%的人对公司所做的广告不再看重,这个数据进一步表明,新闻和相关的报道对公众的影响力要远高于广告,其效果有时远远超过花钱打广告所能起到的效果,从某种意义上说是一种不花钱的广告。

三、如何挖掘新闻点

新闻策划实质上是对新闻的一次有意识的深层挖掘,如寻找某个相关的纪念日、某种庆祝活动、某项产品开发、某种赛事参与等,其目的在于尽可能促成具有新闻价值的事件发生。就企业本身而言,则可以从以下几个方面挖掘新闻点:新产品;企业领头人;行业地位;事件;企业管理方法。

第三节 专题报道策划文案

 参考范文

【范例】房地产专题报告策划书

"东部海岸生活"专题报告策划书

一、策划缘起

在"东部旅游文化节"开幕的喜人背景下,××的旅游旺季和置业高潮已经到来。随着××房产公司新楼盘的开盘,东部家居生活不断朝着海岸新时尚升级。

二、合作优势

《××周刊》,先锋时尚,为东部海岸生活冲浪领航。

20××年7月22日,全球时尚生活资讯、白领精英读本《××周刊》正式创刊。《××周刊》是××市公开发行的全彩色铜版纸印刷,在××和××两地同时发行的第一份周刊,试刊以来,深受读者和业内外的一致好评,证明这一独特崭新媒体深受市场欢迎。该刊用精美的图片、优美的文字、精确的策划,为××地区人民传递着美好的生活信息。

三、媒体互动

《××周刊》与××液晶电视广告互动,开创最新传媒模式。

为了充分传达东部海岸生活气息,更加准确锁定白领、金领人士置业××,《××周刊》与××传媒机构联手,在遍布××、××的高档写字楼、高档酒店、住宅及电梯间开辟液晶电视广告。凡在《××周刊》投放整版彩色广告的客户,都将同时得到××传媒赠送的滚动播出一周、每天48次、每次10

秒的宣传广告活动,以产生更为广泛的传播效果,达到事半功倍之效。

四、报道方法

全景式描绘××生活,为置业东部海岸展示立体画卷。

1. 介绍××历史文化:概括山海××,沧桑巨变。

2. 描述旅游东部:"处处美景处处家"的环境。

3. 谱写华宅颂歌:"聆听山海、无与伦比"的天籁。

4. 展示成熟配套:记录时尚小镇故事。

5. 图说××夏威夷:动感都市的社区广告。

五、其他配合

全面互动,《××周刊》期待合作。

1. 采访国土局、销售中心领导,介绍××房产的规划与发展蓝图。

2. 组织看楼专车,免费服务。

3. 赠送老板、总经理专访文章。

4. 请中介公司、专家畅谈置业××的多重优势。

5. 其他合作另行协商。

《××周刊》房地产部
二○××年×月×日

写作要领

一、专题报道策划的概述

当企业不满足于单个或零星的新闻事件策划时,会想到策划专题系列报道来集中、持续、系列化地加强传播。专题报道策划较新闻报道策划的篇幅长、题材深,牵涉的方面多,是营销策划中比新闻策划更为复杂、要求更高的一种策划方法。专题报道策划的内容通常要包括背景分析、深度报道、特点优势、专题分析等内容。

二、专题报道策划的注意要点

专题报道策划要选择好背景和时机、运用最恰当的方式来推出报道,以求吸引目标受众,达到预期的传播效果。从实施的角度来说,专题报道策划同新闻策划一样,要包括市场分析、确定宣传目标、策划"新闻点"、选择媒体、编制预算、策划的实施和控制、策划效果衡量等步骤。

由于专题报道比新闻策划的内容更深,所以在实施费用上要多,包括一组相关联的新闻事件实施费用和新闻发布费用。在专题策划中,媒体是否愿意配合和转载都是决定成功的关键因素,只有巧妙地制造一系列新闻点,持续引起目标受众的关注,专题报道策划才能显现价值。

第四节 文化主题活动策划文案

 参考范文

【范例】某楼盘茶文化公关活动策划案

××楼盘举办茶文化公关活动策划案

一、活动目标

全面展示楼盘形象,利用现有硬、软件设施进一步组合,吸引目标客户群体;消除观望性客户在落单选择上的疑虑,并在营销推广中不断挖掘、增加目标客户群,为二期营销冲刺储备富足的客源。

二、活动应用推广语

"为你煮一壶茶,等你走遍天涯"。

三、活动执行核心点

整合项目资源优势,以本次活动的主要载体"茶文化"来营造一种温馨美好、怀恋生活的基调,针对性吸引目标客户群光临现场,集中展示楼盘一期已呈现景观,辅以利好性优惠政策,达到营销目标,并为二期开盘造势。

四、活动企划方案

1. 活动建议主题:"茶中岁月,水样情怀——××楼盘中国茶文化现场展示会"。

2. 建议执行时间:20××年×月×日。

3. 活动地点:项目现场。

4. 活动组织建议:主办方为楼盘开发商,协办方为茶叶、茶具经销商及茶艺表演社团。

5. 活动邀请人士:茶协领导、民间知名茶文化研究人士、知名茶艺表演社团、业主、准业主、意向客户群及茶文化爱好者和相关媒体。

五、活动具体内容及实施流程

1."茶话"。

(1)茶协领导发表讲话,为本次活动营造专业氛围,提供有力支撑,加强活动的隆重色彩。

(2)开发商发表讲话,邀请知名茶文化研究者、茶艺表演社团逐一亮相,并简洁致辞感谢本次活动的支持商家。旨在调动观众的怀恋情绪,渲染现场活动的热烈气氛,为本次活动的可观赏性埋下伏笔,高度吸引观众关注。

(3)业主代表发表讲话,结合本次茶文化现场展示周末活动谈谈居家感受,从居住者的角度进行陈述,真实再现居家环境,契合人们的居住理想对接项目本身,以达到推广目的。

2."茶思"。

由民间茶文化研究人士列举参与本次活动的名茶品种,细述其产品特点、历史渊源及相关知识点;同时安排观众进行选择性品鉴。极富民族气息的开场,为整个活动铺垫厚重的文化基调,自然聚焦观众注意力。

3."茶韵"。

由茶艺社团进行别开生面的茶艺表演;并即兴邀请观众现场参与、传授、品鉴;参与观众可获赠茶叶礼品。进一步提升观众对茶文化的兴趣;并调动其参与性、积极性,自觉培养主人翁形象,形成对楼盘的亲切感。

4."茶景"。

由置业顾问分发项目资料,进行详尽的产品说明,展示楼盘形象、环境。着力渲染景观特色和私家花园带给居住者的生活氛围,与本次活动主题有机结合,将观众的注意力自然转移到项目本身上来,以形成对楼盘更直接和深刻的印象。

5."茶具"。

由置业顾问组织观众观赏茶具;随后参观项目内部景观及样板间,并在私家花园内进行现场抽奖,所产生的幸运观众将获赠茶具礼品。以茶具观赏为牵引,全景展示项目细节,加深楼盘在受众心目中的美好印象。

6."茶事"。

宣布本次茶文化展示活动会圆满结束;组织观众在私家花园内品茗、休闲;告知本次活动期间的相关优惠政策;由置业顾问料理详细讲解、接受预定、排号等事宜。活动终端回到营销事项,延续茶文化活动留下的影响力,展开销售工作,促成更多订单,以达到本次活动的推广目的。

六、媒体资源整合应用

相关电视台、报纸、媒体新闻报道。

七、现场包装建议

1. 大门、通道:渲染气氛的现场布置(如气球、拱门、条幅),及指示系统。活动主场销售大厅:大幅主题活动背景板;与茶文化相关的易拉宝;临时表演用舞台及简单音响设备;古典音乐背景等。

2. 销售大厅门口:分类设置签到簿和名片盒,分别作为业主和意向性客户签到之用。签到处均设小礼品派送。

3. 销售大厅内:茶水、糕点设置大厅一角,旁附项目资料。

4. 各个出口及活动的其他场所:均设主题活动易拉宝及楼盘发售信息。

 写作要领

一、文化主题活动的主要内容

公关活动越来越受到企业的青睐,这种直接吸引客户到现场的活动,确实是一种增进客户对项目了解、抓住潜在客户的好办法。文化主题活动一般包括标题、文化主题背景、调查分析、目标、创意说明、媒介策略、活动计划等,如有必要还应列出预算。

二、文化主题活动策划的注意要点

文化主题活动策划的关键是要有一个好的文化主题。

在文化主题活动策划时,背后都会有特定的背景和需要,要对此进行分析,只有阐明了这一背景和需要,才能引出后面的具体策划内容(方案),也才能说明举办这一活动的迫切性和意义所在。文化主题活动要突出重点,并确立公关目标。

文化主题活动离不开创意,创意也是文化主题活动成败的关键。创意是公关人员根据调查结论、社会组织形象特性和公众需求所进行的一种创造性思维活动,是整个文化主题活动策划中的画龙点睛之笔。一个富有创意性的文化主题策划,本身将极具独特性和个性,能吸引和感染公众,使公关传播收到良好的效果。

第五节　演出活动策划文案

 参考范文

【范例1】劳动节文艺演出活动策划

"五一"文艺演出活动

为了营造"五一"佳节的喜庆气氛,给社区居民一个相互交流沟通的平台,进一步拉近社区居民邻里间的距离,推动社区和谐发展,共度欢乐迎"五一"国际劳动节,拟订于20××年×月×日,由××公司与社区居民共同打造一台迎"五一"文艺演出活动。

一、整体情况

1. 文艺演出主题名称:迎"五一"文艺演出。
2. 演出目标:丰富居民的业余文化生活、营造"五一"劳动节的喜庆气氛、增强社区凝聚力、构建和谐社区、展现社区和××公司的风采。
3. 时间:20××年×月×日,17:00~19:00。
4. 地点:×××社区。
5. 节目主持:×××。
6. 主办单位:×××公司。
7. 协办单位:××公司。
8. 演出人员:××演艺团。
9. 观众:社区居民群众。

10. 演出筹备工作管理方式:阶段式管理和项目式管理相结合。

11. 演出人员及后勤工作人员共计:××人。

二、工作人员和项目组

工作筹备小组组长:负责指导监督整场演出前后的各项工作。

副组长:协助组长进行管理协调。

小组成员:具体实施各项分类工作。

1. 节目协调小组。

任务:与主持人和演出人员的协调与沟通;节目的审定及演出全流程的衔接监督。

2. 治安管理小组。

组长:×××(社区民警)

组员:××

任务:演出前后安全的维护,具体负责整场演出前后的治安管理工作;演出期间会场秩序的维持。

3. 后勤服务组。

任务:演出前后会场用具、座椅的安排;演出前的接待工作;演出期间会场后勤保障。

4. 机动小组。

任务:监督并确保拱门搭建及时与质量;音响、功放、话筒等设施的摆放和整理;演出中突发情况的紧急预案及处理。

5. 宣传小组。

任务:利用海报、横幅等方式开展宣传;现场摄影及DV摄像。

三、各阶段任务

1. 筹备阶段。

(1)联系演出人员,进行沟通协调,确定演出具体事宜。

(2)确定工作人员配备及分工协作情况。

(3)落实演出所需各种硬件设施,如舞台拱门的搭建,音响、功放、话筒等的租借。

(4)进行演出前的宣传工作。

(5)邀请相关领导(暂定)。

2. 进展及控制阶段。

（1）现场控制及协调。

（2）后勤服务保障。

（3）整个演出过程的治安管理。

3. 演出结束后的后续工作。

（1）观众的疏导。

（2）器材设备的保管归还及运送。

（3）垃圾清理。

四、节目安排

本次演出由××公司和社区共同打造，节目形式多样、题材新颖、喜闻乐见，另制定节目清单。

【范例2】银行文艺演出活动策划书

热烈庆祝"××银行建行6周年"暨我行存款突破100亿元"快乐生活，轻松工作"文艺演出活动策划书

为热烈庆祝"××银行建行6周年"暨我行存款突破100亿元，同时，为进一步加强企业的凝聚力，丰富企业文化生活，特举办"快乐生活，轻松工作"文艺演出活动。

一、活动主题

演出围绕××主题——"快乐生活，轻松工作"展开。

二、活动形式

文艺晚会。

三、活动时间

20××年×月×日。

四、活动定位

突出主题，晚会力求营造快乐、活泼、轻松的会场气氛。参演节目要积极向上，富有活力，有创意、有新意，突出团队精神，同时也鼓励彰显个性。

五、活动组织主体

××银行××分行。

六、活动参与主体

××银行××分行各支行。

七、活动筹委会名单

1. 总负责:×××。

2. 节目审查组:组长:××;副组长:×××;成员:××、×××、×××。

3. 后勤工作组:组长:××;副组长:×××;成员:××、×××、×××。

4. 晚会现场工作组:总指挥:×××。

5. 前台工作:×××。

6. 后台工作:×××。

八、组织管理原则

1. 各个小组要服从组织安排,努力完成自己的工作任务。

2. 增强团队协作精神、提倡高效合作意识。

3. 筹备人员由××、×××、××、×××组成。

4. 现场各小组相互配合,精诚团结,共同努力办好活动。

九、晚会现场工作组名单及其责任(略)

十、晚会现场布置

1. 晚会现场布置:包括舞美(舞台背景、横幅等舞台布置)、灯光、音响、各单位观众座次安排等;由活动筹委会后勤工作组具体负责。

2. 晚会设计:分为"欢聚一堂""快乐生活、轻松工作""展望未来"三个篇章;开场领导致辞,中间穿插游戏、抽奖等互动环节。

十一、晚会程序

1. 6:50,领导与嘉宾入席。

2. 7:00,主持人宣布晚会开始。

3. 主持人串场词。

主持人:(男)尊敬的各位领导、各位来宾,同志们、朋友们,大家晚上好!金秋时节,充满着丰收的喜悦和欢乐。今天,我们在此隆重集会,热烈庆祝"××银行建行6周年"暨我行存款突破100亿元。首先有请××行长致辞。让我们以热烈的掌声表示欢迎。(致辞略)

主持人(女):当清晨第一缕阳光洒向龙城,我们的青春也随之飞扬;当亲切的问候在耳边回响,我们的希望也如潮般生长。成长之路,一路辉煌,100个亿的成绩令人欢欣鼓舞,你我的心更加贴近;世纪召唤,万里鹏程,改革者的风姿让世人赞叹,地球也随之变得更小。巍巍太行山脉,这里是晋商的故土。今天,她铸就了××银行事业一次次的辉煌;滔滔汾水河畔,这里有××人的身影。未来,她描绘出××银行更加壮美的蓝图。在这人文荟萃、历史厚重的古城胜地,在这生机勃勃、气氛热烈的汾水河畔,让我们敲起锣鼓,奏响凯歌,为她庆功;让我们奔腾欢跃,翩翩起舞,为她祝贺!

(齐)让我们共同道一声:生日快乐!

第一篇:欢聚一堂

(1)歌曲联唱。

主持人:(女)刚才大家欣赏到的是由××带来的歌曲联唱。下面大家要欣赏的是由××选送的舞蹈《欢聚一堂》。(男)长城飞舞的巨龙,是中华民族坚强的脊梁。黄河吹响的唢呐,是中华民族豪情万里长。(女)欢歌笑语飘荡,锣鼓唢呐飞扬。兄弟欢聚一堂,祝愿祖国未来蒸蒸日上。请看歌曲联唱(联唱音乐起,演员直接上场)。

(2)民族舞《天路》。

主持人:(女)清晨我站在青青的牧场,看到神鹰披着那霞光,像一片祥云飞过蓝天,为藏家儿女带来吉祥。(男)那是一条神奇的天路,把人间的温暖送到边疆,从此山不再高路不再漫长,各族儿女欢聚一堂。(女)请欣赏民族舞《天路》,表演者:×××。

(3)音乐剧《相亲相爱》。

主持人:(女)我喜欢一回家就有暖洋洋的灯光在等待;(男)我喜欢一起床就看到大家微笑的脸庞;(女)我喜欢一出门就为了家人和自己的理想打拼;(男)我喜欢一家人心朝着同一个方向眺望。(女)因为我们是一家人,相亲相爱的一家人。有福就该同享,有难必然同当;(男)因为我们是一家人,相亲相爱的一家人,(齐)用相知相守换地久天长。(男)请欣赏由××选送的音乐剧《相亲相爱》,表演者:×××。

第二篇:快乐生活,轻松工作(略)

第三篇:展望未来

(1)舞蹈《×××》。

(2)小品《××××》。

(3)独唱《×××》。

(4)相声《×××》。

(5)大合唱《展望未来》

4. 晚会结束,全体演员上场谢幕。

主持人:(男)我在期盼,期盼黎明,美丽的朝霞,诉说着你辉煌人生。(女)我在期盼,期盼清晨,光芒四射的红日,为你照亮征程。(男)我在期盼,期盼雷霆,震撼人心的惊雷,如霹雳划破长空。(女)我在期盼,期盼潮讯,在汹涌的浪涛中拼搏,方显你英雄本色。

"展望未来,汇聚才智"——我们为身在××而深感光荣和骄傲;

"快乐生活,轻松工作"——我们为身为××人而倍感幸福和自豪!

让我们共同祈盼,祈盼××的未来更加繁荣、更加昌盛;

让我们共同祝愿,祝愿××的明天更加美好,更加辉煌!

 **写作要领**

演出活动策划书的内容主要包括活动主题、时间、地点、目标人群、流程表、宣传方式、节目安排等。演出活动对于观众来说,最吸引他们的是演出节目单和参与体验环节,是否有有趣好看的内容。因此,有哪些演员将出现,这些演员简单的介绍,演出哪些节目,设置哪些环节,观众能获得什么感受等,在活动策划书里要设计好亮点,让演出有足够的吸引力。此外,成功的演出活动也离不开广告牌、海报、报纸软文广告等的辅助。

第六节 联谊活动策划文案

 参考范文

【范例1】客户联谊会活动策划案一

××客户联谊会

一、活动背景

由于××公司在20××年度的市场运作中取得了辉煌的成绩,我们特借此机会真诚答谢所有合作伙伴,回报社会。同时,借此联谊会形式树立公司企业形象,宣传企业经营优势,构建一个畅通的客户关系沟通渠道,营造宽松、良好的交流氛围。

二、活动目的

最大限度地满足客户的需求并提供可进行互动沟通与交流的平台,让客户感受到公司的人性化营销理念,加强重点客户与公司的联系,增进彼此的感情,构建企业员工与客户之间良好的情感桥梁,以提升公司的知名度,为今后销售工作的开展提供便利的条件,从而促进下一年企业销量的全面攀升。

三、活动主题

××客户联谊会。

四、活动时间

20××年×月×日。

五、活动计划

1. 主持人:××、××。

2. 参与人员:××公司领导、客户经理、营销人员及合作伙伴、经销商、客户代表。

3. 活动地点:×××大酒店。

六、活动内容(略)

七、人员邀请

1. 合作伙伴及新、老客户(大客户及忠诚客户)。

(1)活动前××天,根据客户资料发放邀请函或电话邀请。

(2)活动前××天,根据客户回执电话确认,确定最终参加活动的人数。

(3)活动前××天,致电邀请有意向的潜在客户;由销售人员发送手机短信,告知活动相关内容,并邀请客户参加。

(4)活动前××天,根据客户的回执电话确认,确定最终参加活动的人数。

2. 媒体记者。

(1)邀请时间:活动前××天,联系有关媒体记者;活动前××天再次确认。

(2)电视台×家,×人;电台×家,×人;报纸×家,×人;网络×家,

×人。

八、活动程序

1. 主持人宣布活动开始,之后介绍本次联谊活动的宗旨、目的和特邀嘉宾。

2. 由特邀嘉宾做本次活动的开幕讲话。

3. 由企业主要负责人介绍企业的基本情况、发展方向等。

4. 活动开始,主持人按节目单主持活动。

5. 由企业负责人做总结发言。

6. 主持人宣布活动结束。

九、活动预算(略)

【范例2】客户联谊会活动策划案二

20××年客户联谊会

一、联谊会主题

20××年"合作共赢——再创辉煌"

二、联谊会目的

通过举办"合作共赢——再创辉煌"联谊会,表彰优秀员工和先进集体,增加企业与员工之间的感情;借此机会回馈客户,拉近与客户之间的感情,为今后更好地合作奠定感情基础。具体来说,此次联谊会的目的是:激励士气,再创佳绩;合作共赢,再创辉煌;增进感情,互利互惠。

三、主题定位与阐释

1. 主题定位:激励斗志、振奋士气、展望未来;企业、员工、客户共同成长,共同繁荣的盛会。

2. 主题阐述:"合作共赢"是基于互利互惠、共享多赢理念而提出的晚会主题,××集团发展的重要阶段,企业更加需要各方的共同努力,举办20××年"合作共赢——再创辉煌"联欢晚会,意味着同舟共济、齐心协力,互利互惠、共享共建,团结一致、再创辉煌。

四、晚会策划亮点展示

1. 主题精准定位凸显活动目的,"合作共赢——再创辉煌"定位于激励斗志、振奋士气、展望未来,企业、员工、客户共同成长,共同繁荣的盛会。

2. 著名主持人串词增进员工归属感，邀请电视台著名主持人做"合作共赢——再创辉煌"晚会的主持人，在主持人串词中加强对××辉煌业绩的阐述和对未来的展望，名人效应增强说服力。

3. 会场布置喜庆、热烈、感染力强，邀请专业活动设计团队根据活动主题和参会人员心理负责会场的布置，凸显喜庆、热烈、大气，增强员工的归属感、自豪感。

4. 氛围营造焕发火热激情，会场布置、音乐、灯光配合、主持人煽情，集团领导积极配合，员工互动，营造会场激情氛围。

5. 节目安排丰富多彩，歌曲、舞蹈、相声频频上演，享受视觉文化盛宴。

6. 游戏互动绘声绘色，晚会现场增加更多的互动游戏，内容丰富多彩，集团领导与员工、客户同乐，舞台上下交互联动。

7. 抽奖送礼(主要针对员工家属和客户代表)，增添抽奖环节，与会员工家属和公司主要客户送豪礼，策划送礼方式，随机抽奖。根据座位号(员工家属座位号与客户座位号)，现场随机抽奖，一等奖×××元(10名)；二等奖×××元(20名)；三等奖×××元(30名)。

8. 抢答问题送礼品，回答主持人的问题，答对者可以获得精美礼品，问题主要是展示××的辉煌和集团的各项制度、理念等，通过回答问题增强员工的自豪感，同时更能活跃会场氛围。

9. 晚会策划偏向于"互动"，烘托"共赢"氛围。邀请领导、员工、客户、员工家属共同参与，调动大家的积极性和热情。晚会为了凸显共赢主题，在活动内容的策划上需要每个人参与，打破以往领导只观看的被动局面，让领导、员工、客户、员工家属共同参与，拉近彼此距离，增强团队意识。

10. 颁奖仪式添加颁奖词和获奖感言环节，在颁奖过程中设立获奖感言和宣读颁奖词环节，让获奖单位代表、获奖客户发表获奖感言，董事长宣读颁奖词，通过这一环节激励员工奋发向上，再创辉煌。

11. 媒介关注造声造势，邀请媒介参与报道，宣传企业形象，增强员工的自豪感。

12. 集团宣布20××年新的激励计划，借助本次晚会，集团宣布20××年新的奖励计划，包括员工的奖励和客户的奖励，激发士气。

五、联谊会时间及地点

20××年×月×日，×××大酒店。

六、联谊会组织单位、参与人、晚会领导、工作组成员

1. 主办单位：××集团。

2. 参与者：集团领导、员工、客户、员工家属。

3. 晚会工作组成员：组长×××，副组长×××，成员×××、×××、×××等。

七、执行方案

1. 人员安排及工作要求。

(1) 节目策划组人员及主要职责。

主要人员：组长××，组员×××、×××、×××。

主要工作职责：负责节目的排练和筛选，制定节目评选制度，完善节目排练方案，负责节目排练的指导和外部联系专业人员进行指导工作，在20××年×月×日以前确定晚会节目和节目顺序编排，并制作本场晚会的节目单；负责演员的化妆、晚会节目需要的服装租赁及保管、节目道具的准备及整个晚会顺序的确定；负责晚会舞台的设计、布置，并对布置舞台所需物品列出清单。

晚会前了解设备情况，安排专人负责灯光、音响等关键设备的调试和配合以及晚会需要的其他舞台道具，负责晚会彩排与当天使用。

(2) 外联宣传组人员及主要职责。

主要人员：组长×××，组员×××、×××、×××。

主要工作职责：晚会前结合晚会主题进行形式多样的宣传，收集和整理宣传所需的各项材料，并以展板的形式于晚会当天放置在酒店大堂前。负责晚会宣传横幅的制作和悬挂；联系媒体单位对晚会进行报道，同时撰写宣传新闻通稿，负责采集晚会的图片和影像资料并制作成DV集团保存；在×月×日前拟定邀请嘉宾及媒体名单报集团审批，在×月×日制作向各邀请单位和嘉宾发送的请柬。

负责晚会的礼仪小姐的挑选和培训，结合晚会当天节目顺序等具体情况安排礼仪工作。在晚会开场30分钟前将嘉宾名单送至主持人处；负责晚会当天嘉宾的签到、观众座位的安排等工作，并在×月×日前做好座位分布通知工作。晚会当天必须在酒店入口处做好入场指示，协助后勤处维持入场秩序；负责晚会需要的各种调动气氛的物品的发放和回收，如荧光棒、鲜花等。

(3)后勤组人员及主要职责。

主要人员:组长×××,组员×××、×××、×××。

主要工作职责:负责活动费用总预算;负责奖品、礼品及所需物品的采购工作;负责协助节目策划组进行活动现场整体氛围的布置工作(宣传条幅的悬挂,会场的设计、布置等);负责安排参演员工的服装、道具;负责维持晚会当天进场秩序及晚会进行中的秩序;处理晚会进行中出现的其他紧急情况。

2. 晚会后期工作。

(1)舞台组负责所有舞台设备的整理归还以及舞台的清理工作。

(2)礼仪组负责停车场的卫生清理协调和参会人员入、出场引导工作。

(3)宣传部负责收回所有横幅、展板等道具。

(4)节目组负责所有演员服装的收回、归还以及其他表演道具的管理。

(5)外联、后勤组负责送客、酒店的善后工作。

3. 晚会流程。

(1)签到:6:00~6:50。

背景音乐,选择高雅喜庆的歌曲《迎宾曲》,烘托现场高雅气氛,或者播放《步步高》烘托热烈、兴奋的氛围。

(2)开幕式:7:00~7:30。

(3)主持人串词:7:30~7:40。

(4)集团主要领导、客户、员工代表讲话:7:40~8:40。

(5)颁奖、获奖者感言、宣读颁奖词:8:40~9:20。

(6)歌曲表演:9:20~10:20。

(7)团结、互助游戏:《蹲蹲乐》(具体介绍略)10:20~10:50。

(8)抽奖活动:10:50~11:10。

(9)主持人串词:11:10~11:15。

(10)晚会结束:11:20。

4. 晚会前期准备工作。

(1)各单位节目征集、各单位节目上报汇总。

(2)收集汇总各单位会演领队、工作人员、演员联系方式等有关信息。

(3)晚会舞美设计初稿(晚会舞台背景设计等)。

(4)×月×日初步筛选节目;×月×日前召开晚会筹备组会议,研讨节目内容和质量。

×月×日确定活动内容节目、活动地点、时间;×月×日前各单位节目排练和督导,争取时间集中彩排一次,听取各方意见;确定参加晚会的集团领导邀请名单;参加晚会人员统计,领导/来宾席位签、邀请函准备,晚会现场座位分配、安排;确定晚会节目及节目出场排序,印制晚会节目单,起草并印发晚会通知;"共赢"晚会文字稿(领导讲话稿、晚会主持人串词、对外宣传资料),准备晚会用品(演出服装、荧光棒等)、演出节目伴奏带收集、礼花焰火准备等。

×月×日前按晚会节目顺序集中彩排一次,查漏补缺;领导/来宾邀请函发放、席位签、座位排序、接待、领导礼品准备等;媒体记者邀请,演出节目伴奏带、晚会节目单、晚会文字材料等检查完善;晚会车辆调度、现场安全卫生、外请节目接送、演员就餐等。

(5)晚会当天工作。

×月×日演出人员化妆及现场走台、媒体记者邀请、工作人员到位;主席台座位(席位签)摆放、鲜花、水果点心摆放;领导来宾联络、就餐、接待、席位签摆放、座位排序、礼品准备、资料发放等;舞台布置(背景)、音响、灯光、观众(演员)席座位摆放;晚会现场安全卫生、演出人员就餐、外请演员车辆接送安排;医药针线包准备、观众台荧光棒准备、礼花焰火燃放等;媒体记者车马费、晚会外聘节目出场费用准备等。

八、晚会经费预算

编号:××××。

用途:×××××。

预算:×万元[含主持人邀请费、租用服装道具、演员化妆费用、礼仪开支(请柬、礼品)、舞台布置、后勤保障(工作餐、水)、场外布置(空飘、气拱)、演员开支、宣传费用]。

九、活动注意细节

本次活动在具体操作过程中,将有大量的后勤保障工作需要得到足够的重视,后勤保障工作的好坏将直接影响本次活动的成败。

1. 现场卫生清理:配备2名清洁工,定时对活动现场进行清扫,确保活动现场的整洁。

2. 活动经费安排:本着勤俭节约原则,活动划拨经费必须以专款专用的原则,由领导小组专项管理,确保活动经费合理应用,整体活动顺利实施。

3. 活动前定期工作报告:各部门通报各项准备工作的进展情况。

4. 活动当天安全保卫及应急措施。

5. 交通秩序:注意邀请嘉宾车辆停放及管理工作。

6. 消防:检修酒店会场的灭火器、防爆桶是否到位。

7. 电工、音响:主会场配备专业电工一名,预备发电机一台,检测维护用电;配备专业音响师一名,保证晚会正常进行。

8. 注意天气:注意活动当天的天气情况,以及会场的温度控制。

写作要领

每年末,各公司及企业都会举办各种形式的客户联谊会,以增进与客户之间的感情,构建畅通的客户关系渠道。客户联谊活动策划就是为企业安排客户联谊活动而撰写的书面文案。

客户联谊活动策划一般包括如下内容:

1. 说明活动的背景。

2. 说明活动的目的。

3. 介绍活动的主题。

4. 说明活动的内容。

5. 活动的时间、地点、参与人员。

6. 说明活动的流程。

第六章 商务谈判类文书写作

第一节　商务谈判方案

　参考范文

【范例1】延迟交货索赔问题谈判方案

商务谈判策划书

一、谈判主题

解决汽轮机转子毛坯延迟交货索赔问题,维护双方长期合作关系。

二、谈判团队人员组成(甲方:×××,乙方:×××)

1. 主谈:×××,公司谈判全权代表。

2. 决策人:×××,负责重大问题的决策。

3. 技术顾问:×××,负责技术问题。

4. 法律顾问:×××,负责法律问题。

三、双方利益及优劣势分析

1. 双方利益分析。

(1)我方利益:要求对方尽早交货;维护双方长期合作关系;要求对方赔偿,弥补我方损失。

(2)对方利益:解决赔偿问题,维持双方长期合作关系。

2. 双方优势分析。

(1)我方优势:我公司占有国内电力市场1/3的份额,对方与我方无法达成合作,将对其造成巨大损失。

(2)对方优势:在法律方面,有罢工属于不可抗力的规定;对方根据合同,由不可抗力产生的延迟交货不适用处罚条例。

3. 双方劣势分析。

(1)我方劣势:在法律上有关罢工属于不可抗力范围这点对对方极为有利,对方将会据此拒绝赔偿;对方延迟交货给我公司带来的利润、名誉上的损失;我公司毛坯供应短缺,影响恶劣,迫切与对方合作,否则将可能造成更大损失。

(2)对方劣势:属于违约方,面临与众多签约公司的相关谈判,达不成协议将可能陷入困境。

四、谈判目标

1. 战略目标:体面、务实地解决此次索赔问题,重在减小损失,并维护双方长期合作关系。

2. 原因分析:让对方尽快交货远比要求对方赔款重要,迫切要求维护与对方的长期合作关系。

3. 索赔目标。

(1)报价。

1)赔款:450万美元。

2)交货期:2个月后,即11月。

3)技术支持:要求对方派一个技术顾问小组到我公司提供技术指导。

4)优惠待遇:在同等条件下优先供货。

5)价格目标:为弥补我方损失,向对方提出单价降5%的要求。

(2)底线。

1)获得对方象征性赔款,使对方承认错误,挽回我公司的名誉损失。

2)尽快交货以减小我方损失。

3)对方与我方长期合作。

五、程序及具体策略

1. 开局。

方案1:感情交流式开局策略。通过谈及双方合作情况形成感情上的共鸣,把对方引入较融洽的谈判气氛中。

方案2:采取进攻式开局策略。营造低调谈判气氛,强硬地指出对方因延迟交货给我方带来了巨大损失,开出450万美元的罚款,以制造心理优势,使我方处于主动地位。

2. 对方提出有关罢工属于不可抗力的规定拒绝赔偿的对策。

(1)借题发挥的策略。认真听取对方陈述,抓住对方问题点,据理力争、以求突破。

(2)法律与事实相结合原则。提出我方法律依据,并对罢工事件进行剖析,对其进行反驳。

3. 中期阶段。

(1)"红脸白脸"策略。由两名谈判成员其中一名充当红脸,一名充当白脸,促使协议的谈成,适时将谈判话题从罢工事件的定位上转移到交货期及长远利益上来,把握住谈判的节奏和进程,从而占据主动。

(2)层层推进,步步为营的策略。有技巧地提出我方预期利益,先易后难,步步为营地争取利益。

(3)把握让步原则。明确我方核心利益所在,实行"以退为进"策略,退一步进两步,做到迂回补偿,充分利用手中筹码,适当时可以退让赔款金额来换取其他更大的利益。

(4)突出优势。以资料作支撑,以理服人,强调与我方协议成功给对方带来的利益,同时软硬兼施,暗示对方若与我方协议失败将会造成巨大损失。

(5)打破僵局。合理利用暂停,首先冷静分析僵局原因,再可运用肯定对方形式,否定对方实质的方法避免僵局,适时用"声东击西"策略,打破僵局。

4. 休局阶段。如有必要,根据实际情况对原有方案进行调整。

5. 最后谈判阶段。

(1)把握底线。适时运用折中调和策略,严格把握最后让步的幅度,在适宜时机提出最终报价,使用最后通牒策略。

(2)埋下契机。在谈判中形成一体化谈判,以期建立长期合作关系。

(3)达成协议。明确最终谈判结果,出示会议记录和合同范本,请对方确认,并确定正式签订合同时间。

六、准备谈判资料

1. 相关法律资料:《中华人民共和国合同法》《国际合同法》《国际货物买卖合同公约》《经济合同法》。

2. 备注:《合同法》违约责任。

(1)第一百零七条:当事人一方不履行合同义务或者履行合同义务不符合约定的,应当承担继续履行、采取补救措施或者赔偿损失等违约责任。

(2)联合国《国际货物买卖合同公约》规定:不可抗力是指不能预见、不能避免并不能克服的客观情况。

合同范本、背景资料、对方信息资料、技术资料、财务资料(见附录和幻灯片资料)。

七、制定应急预案

双方是第一次进行商务谈判,对彼此不太了解。为了使谈判顺利进行,有必要制定应急预案。

1. 对方承认违约,愿意支付赔偿金,但对450万美元表示异议。

应对方案:就赔款金额进行价格谈判,运用妥协策略,换取在交货期、技术支持、优惠待遇等方面的利益。

2. 对方使用权力有限策略,声称金额的限制,拒绝我方的提议。

应对方案:了解对方权限情况,"红脸"据理力争,适当运用制造僵局策略;"白脸"再以暗示的方式揭露对方的权限策略,并运用迂回补偿的技巧,来突破僵局;抑或是用声东击西策略。

3. 对方使用借题发挥策略,对我方某一次要问题抓住不放。

应对方案:避免没必要的解释,可转移话题,必要时可指出对方的策略本质,并声明,对方的策略影响谈判进程。

4. 对方依据法律上有关罢工属于不可抗力从而按照合同坚决拒绝赔偿。

应对方案:应考虑到我方战略目标是减小损失,并维护双方长期合作关系,采取放弃赔偿要求,换取其他长远利益。

5. 对方坚持在"按照合同坚决拒绝赔偿"一点上不做出任何让步,且在交货期上也不做出积极回应。

应对方案:我方先突出对方与我方长期合作的重要性及暗示与我方未达成协议对其恶劣影响,然后下达最后通牒。

【范例2】引进产品及技术问题谈判方案

关于引进×××公司重型汽车及生产技术的谈判方案

五年前,我公司曾经经手×××公司的重型汽车,经试用性能良好,为适应我矿山技术改造的需要,打算通过谈判再次引进×××公司同类汽车及有关部件的生产技术。×××公司代表于×月×日应邀来京洽谈。

一、谈判主题

以适当价格谈成29辆同类重型汽车及有关部件生产的技术引进。

二、目标设定

1. 技术要求。

(1)汽车车架运押15000小时无开裂。

(2)在气温为40摄氏度条件下,汽车发动机停止运转8小时以上在接入220V的电源后,发动机能在30分钟内启动。

(3)汽车的出动率在85%以上。

2. 试用期考核指标。

(1)一台汽车试用10个月(包括一个严寒的冬天)。

(2)出动率达85%以上。

(3)车辆运行375h,行程×××km。

(4)车辆运行达×××km。

3. 技术转让内容和技术转让深度。

(1)利用购29辆车为筹码,×××公司无偿(不作价)转让车架、厢斗、举升杠、转向缸、总装调试等技术。

(2)技术文件包括:图纸、工艺卡片、技术标准、零件目录手册、专用工具、专用工装、维修手册等。

4. 价格。

(1)20××年购买×××公司重型汽车,每台车单价为23万美元;5年后的今天如果仍能以每辆23万美元成交,那么定为价格下限。

(2)5年时间内按国际市场价格浮动10%计算,20××年成交的可能性价格为25万美元,此价格为上限。

小组成员在心理上要做好充分准备,争取价格下限成交,不急于求成;与此同时,在非常困难的情况下,也要坚持不能超过上限达成协议。

三、谈判程序

1. 就车架、厢斗、举升杠、总装调试等技术附件展开洽谈。

2. 商定合同条文。

3. 价格洽谈。

四、日程安排(进度)

1. 第一阶段:×月×日上午9:00~12:00,下午3:00~6:00。

2. 第二阶段:×月×日上午9:00~下午2:00。

3. 第三阶段:×月×日晚上7:00~9:00。

五、谈判地点

第一、二阶段的谈判安排在公司办公楼洽谈室;第三阶段的谈判安排在×××饭店2楼会议室。

六、谈判小组分工

1. 主谈:×××为我方谈判小组总代表,为主谈判。

2. 副主谈:×××协助主谈判,并提供建议或见机而谈。

3. 翻译:×××随时为主谈、副主谈担任翻译,并留心对方的反应。

4. 成员×××:负责谈判记录及技术方面的条款;成员×××:负责记录财务及法律方面的条款。

××重型汽车引进小组
二○××年×月×日

【范例3】业务洽谈合作谈判方案

关于羊绒出口业务的谈判方案

一、形势与分析

××国×××公司代表继去年×月来京访谈之后,将于20××年××月再次来我公司访问,与我方洽谈羊绒、驼毛业务。近两年来,我国羊绒市场一直处于供大于销的冷淡局面,各地库存严重积压,外销市场疲软,尤其是羊绒几乎无人问津。出现这种情况的原因除经济环境的影响外,还在于外商对我国羊绒价格的下调有足够的思想准备。大多数前来洽谈的外商都带有试探性质,预计在我方调价前不会轻易出手购货。

根据我们对市场的调查,以及从各外商机构处得到的信息,上述情况表明市场虽不乐观,但却出现了一些松动,适当降价将有利于羊绒的出口。在这种形势下,对××国×××公司代表的来访,只要我们做好接待、谈判工作,将价格调至合理水平,符合市场预期,促进业务成交,稳定市场,迎接羊绒市场转机的提早到来是可能的。

二、来访意图

20××年×月,×国×××公司代表来京洽问业务,由于对方提出对已签合同推迟交货、延期付款的要求,因此,谈判中气氛比较紧张。这次该公司委派代表来访,可能带有缓和气氛,与我方搞好关系以加强友好合作的目的。此外,还可能有以下几个意图。

1. 了解我公司20××年羊绒的经营方针,商讨羊绒现行价格调整的可能性及幅度。

2. 鉴于经济衰退、信贷紧缩、销售价格下降等不利因素,该公司代表这次来访还可能意图向我方提出改变以往每年在交易会分两次订购的做法,而采取分期分批随需随买的方式。

3. 该公司代表还可能向我方提出增加佣金和同意延期付款的要求。

三、谈判中的策略和做法

谈判拟采取先抑后扬做法。先听取和了解情况后,再提出价格的方法。先让对方介绍市场情况,提出对价格的意见,在摸清对方购货意向的基础上,亮出我们的新价。关于下调价格,初步研究内部掌握白绒下调×%～×%,争取能按此价与客户成交。

鉴于目前的经济危机、信贷紧缩,如对方提出放宽付款条件,又根据实际业务的大小,适当考虑同意临时性延迟××～××天付款,佣金可适当提高×%。

这次成交数量如在×××～×××吨,我们即按上述价格幅度适当调整,争取达成交易。除非购货量能决定我方20××年羊绒销量的大局,才再行考虑降价新幅度。如果对方缺乏合作诚意,我们仍应开出新价,为与其他客户开展新的业务铺平道路。

整个谈判仍坚持以往的做法,姿态要高,不计较枝节问题,不介意购货数量的多少,不使对方产生我方急于出售的错觉。总之,谈判中采取"内紧外松"的原则,紧紧把握住价格这一关键问题,通过洽谈达到我们预期的目的。

谈判中如涉及驼毛业务,可酌情考虑安排洽谈。

×××皮毛进出口公司

二○××年××月××日

 **写作要领**

商务谈判策划书,是指在谈判之前,根据谈判目的和要求预先以书面形式拟定的具体的有关谈判内容、谈判策略、谈判方式方法和谈判步骤的商务文书。

一般来说,商务谈判策划书包含以下几方面内容:

1. 标题。通常为谈判项目名称加"谈判策划书"组成。
2. 正文。
(1)谈判的总体构想、原则,即谈判要达到何种目的。
(2)谈判主要内容、谈判策略、谈判方式方法、谈判步骤、谈判目标等。
3. 落款。署上谈判单位及日期。

第二节　商务接待方案

 参考范文

【范例】洽谈业务的接待方案

××酒业公司总经理前来洽谈业务的接待方案

应我公司邀请,××酒业公司总经理等一行3人,将于本月6日到达我公司洽谈业务,时间暂定为3天。

该公司是我国××地区的大型酒类生产厂家,产品在国内外市场上一直供不应求。该公司与我公司有多年的业务联系,系我公司××酒的唯一供应厂家,与我公司业务往来频繁,互利互惠,态度友好,每年均与我公司有显著的交易业绩。对他们此次前来洽谈业务,我方拟本着友好、热情、长期合作的精神予以接待,望洽谈卓有成效。

具体安排如下:

1. 客人抵达、离京时,有专门业务人员接送。

2. 由我公司总经理、副总经理出面接待并宴请2次。

3. 洽谈由我方总经理负责与其谈判。

4. 客人在京期间适当安排参观我公司各营业网点、仓储及运销公司等。

5. 客人在京费用由我公司承担。

6. 接待费用详见下表(略)。

以上意见妥否,请公司领导批示。

附件:××酒业公司客人名单(略)

本公司接待人员名单(略)

××百货公司公关部
二○××年×月×日

写作要领

一、商务接待方案概述

商务接待方案是指生产厂家代表、客商或上级主管部门代表前来商谈业务,企业有关部门为做好接待工作,事先拟定的接待商务文书。包括安排日程、活动内容、参加人员、接待规格等书面材料,并呈报单位主管领导,经审批同意后,即按安排进行,通常也称为接待工作方案。

二、商务接待方案的写作内容

1. 标题。

通常有三种写法:接待××代表团前来洽谈业务的方案;××代表团前来洽谈业务的接待方案;对××代表团前来洽谈业务的接待方案。

2. 正文。

(1)介绍来访缘由,需要说明是应我方邀请,还是来访者的要求。

(2)来访者的职务、人数、访问时间、访问目的、会见人员、任务等。

(3)接待工作的原则及具体安排。

(4)接待方案需呈报上级审批。

3. 附件。附件说明接待人员及客人名单。

4. 落款。署上编制方案单位及日期。

第三节 商务谈判纪要

参考范文

【范例1】补偿贸易谈判纪要

贸易补偿问题谈判纪要

××丝绸公司(以下简称甲方)代表×××、×××与中国香港××丝织品贸易公司(以下简称乙方)代表×××、×××于20××年×月×日至×月×日在××饭店就双方进行补偿贸易问题进行了初步会谈。

现将会谈主要内容记录如下:

一、为了保证货源,扩大丝织服装贸易,甲乙双方经协商,一致同意在互惠互利的基础上开展丝织服装补偿贸易。

二、乙方要求甲方提供稳定的生产厂家,为乙方生产所需的丝绸服装。甲方同意乙方的要求,准备于近期内在××市投资8500万元新建一家丝绸服装厂,并于20××年1月1日前建成投产,生产乙方所需的以真丝为面料、不绣花的各式服装,年产量30万~35万件。如乙方需要,产量还可逐年提高。

三、会谈中乙方多次表示了对质量问题的关注,希望甲方在人员配置、职工培训、质量检验等方面加大投入,加强管理。甲方对乙方的要求表示理解,并表示在工厂筹建和投产后生产管理等方面愿意积极听取乙方意见,采取各种措施,保证产品质量。

四、双方商定,乙方向甲方提供价值大约10万美元的丝绸服装生产专用设备和附属设备。应甲方的要求,乙方同意在双方正式签订补偿贸易协议后一个月内向甲方提交设备名称、价格说明文件,供甲方确认。购置设备所需款项全部由乙方垫付,不计利息;甲方分三年,即在20××年、20××年、20××年内各归还三分之一;归还方式为乙方来料加工的加工费中扣除。

五、双方商定,甲乙双方的丝绸服装贸易和乙方的材料加工,其产品的规格、款式、质量要求、交货期限、付款方式等,应逐项签订合同。其中价格条款,原则上以双方签约时大陆的出品价格为标准协商确定。

六、应甲方的要求,乙方同意派出技术人员来甲方投资新建的丝绸服装厂进行技术指导,帮助服装厂提高产品质量。同时乙方同意乙方技术人员前来服装厂进行技术指导时所发生的费用,全部由乙方自行承担。

七、双方商定,甲方在本纪要签署后一个月内将投资新建丝绸服装厂的具体方案寄给乙方,由乙方确认后,双方约定适当时间,就补偿贸易问题进行进一步协商,确定协议内容。

八、本纪要用中文书写,一式两份,甲乙双方各执一份。

××丝绸公司(章)   香港××丝织品贸易公司(章)
甲方代表:×××(签字)   乙方代表:×××(签字)
二○××年×月×日   二○××年×月×日

【范例2】业务洽谈纪要

业 务 洽 谈 纪 要

中国××公司××分公司(简称甲方)代表,与××国××公司(简称乙方)代表,于20××年×月×日在中国××市××酒店,就兴办××合资项目进行了协商,双方均有合作意向,现达成初步意见如下:

一、依据双方的洽谈,乙方愿意就合资兴办××项目投资约×××万美元(大写数字),但投资方式有待进一步协商。甲方愿意以厂房、人工、技术、设备为投资资本,但如何作价则要等甲方统计好相关数据后双方再做决定。

二、双方一致同意20××年×月初××合资项目全面展开,具体开工时间有待进一步磋商。总体原则是尽量创造条件,尽快上马新项目。

……

六、经过本次洽谈,双方合作意愿明确。期待在今后的一个月内再行接触,以便进一步商洽合作事宜,具体时间待双方协商后再定。

七、本洽谈纪要一式两份,用中英文书写。甲、乙双方各执一份。

中国××公司××分公司(盖章)   ××国××公司(盖章)
甲方代表××(签字)   乙方代表××(签字)
二○××年十月二十五日   二○××年十月二十五日

 **写作要领**

一、商务谈判纪要概述

商务谈判纪要是指按照谈判双方就合作项目所达成的合作意愿如实记录的一种商务文书,主要包括谈判的主要议题、合作项目、合作意愿、涉及问题、达成结果及存在的分歧等,整理成书面文字予以记载,经双方代表签字确认后,便成为正式的谈判纪要,它对谈判双方具有一定的约束力,但没有法律约束力。

二、商务谈判纪要的格式与内容

1. 标题。标题通常是事由名称加"谈判纪要"组成。

2. 正文。

(1)开头。综述谈判情况,包括谈判双方公司名称、谈判代表姓名、谈判时间和地点、谈判目的、谈判议题及达成意向等。

(2)主体。概括列出谈判的主要议题,并在议题下写明谈判双方(或多方)经谈判协商后达成的一致意见;如果一方提出意见,另一方未同意或有所保留,要写出具体分歧的内容,并说明另一方对此问题所持的态度。

3. 落款。署上谈判各方单位名称及代表人姓名,并签署日期。

第四节 商务谈判备忘录

 参考范文

【范例1】项目合资谈判备忘录

项目合资谈判备忘录

(20××年×月×日)

中国××公司××分公司(简称甲方)与××国××公司(简称乙方)的

代表,于20××年×月×日在中国××市就兴办合资项目进行初步协商,双方交换了意见,达成了谅解,现就合资项目达成如下意见:

一、依据双方的交谈,乙方同意就合资经营××项目进行投资,投资金额大约为××万美元。投资方式尚待进一步磋商。甲方所用于投资的厂房、场地、机器设备的作价原则和办法,亦待进一步协商。

二、关于利润的分配原则,乙方认为自己的投入既有资金,又出技术,应该占60%~70%。甲方认为应该按投资比例分成。双方没有取得一致意见。但乙方代表表示利润分配比例愿意考虑甲方的意见,并另定时间进行协商确定。

三、合资项目生产的××产品,乙方承诺在国际市场上销售产量的45%,甲方希望乙方提高销售额,达到70%,其余在中国国内市场上销售。

四、工厂的规模、合营年限以及其他有关事项,均没有加以讨论和确认,双方都认为需向各自的上级汇报确定后,再进行具体协商。

五、这次洽谈,虽未能解决主要问题,但双方都表达了合作的愿望。期望在以后的适当时间,再进一步商洽合作事宜,具体时间待双方磋商后再定。

中国××公司××分公司　　　　　　××国××股份有限公司
甲方代表:×××(签章)　　　　　　乙方代表:×××(签章)

【范例2】技术引进谈判备忘录

×××产品技术引进谈判备忘录
(20××年×月×日)

中国×××股份有限公司(以下简称甲方)和××国×××公司(以下简称乙方)代表,于20××年×月×日,在甲方公司本部就技术引进一事进行了初步协商,双方交换了意见,本着合作共赢、互利互惠原则,达成了以下初步合作意向。

一、×××产品技术转让问题

经初步协商,合作双方愿意共同努力加快技术引进速度。先期可就技术引进具体问题进行协商,若能达成合作意愿,双方签订合同,并编写可行性研究报告。

二、乙方的合作意向

1. 20××年×月×日,乙方曾组织考察团对我方生产企业进行了考查,经乙方董事会研究,同意与甲方谈判技术转让与合资事宜。

2. ××国×××公司董事会认为,主要以技术转让为主,关于合资,有关资金投入问题有待进一步协商。

三、甲方公司技术引进的意向

1. 甲方董事会同意与××国×××公司进行技术引进合作,并确认乙方是首先考虑的合作对象。并希望双方应尽快进行深入交流和谈判,否则会失去国内外的市场机会,因此甲方希望尽快在合作上有所进展。

2. 甲方就有关技术引进问题谈判进展情况提出了具体建议,希望乙方尽快予以答复,并承诺保留和乙方谈判的优先权。

四、甲方与乙方公司合作方式

1. 双方确认加强技术合作的必要性,并希望通过合作来提升具有国际竞争力的新产品。这种国际间资源组合是产品成本降低的最有效途径。

2. 双方均不赞成50%+50%股份的合作方式。

3. 具体合作方式,有待双方进一步深入交流协商。

4. 引进的主要产品技术(略)。

五、谈判结果

这次洽谈,虽未能达成一致意见,但双方都表达了合作的愿望。期望在之后尽快约定时间再进行接触,以便进一步商洽合作事宜,具体时间待双方磋商后再定。

中国×××股份有限公司　　　　　　××国×××公司
甲方代表×××(签字)　　　　　　乙方代表×××(签字)

 写作要领

商务谈判备忘录是在商务磋商过程中的一种提示或记事性文书,是在商务谈判时,经过初步讨论后,记载双方的意向、谅解与承诺,为进一步洽谈时做参考。

一、商务谈判备忘录的格式与内容

1. 标题。

标题直接写"备忘录"或者谈判项目名称加"……备忘录"即可。

2. 正文。

（1）谈判具体情况,如双方单位名称、谈判代表姓名、会谈时间、地点、会谈项目等。

（2）事项,各自做出的承诺。

3. 落款。双方代表公司与谈判代表署名。

第五节　商务谈判合作意向书

参考范文

【范例1】地产项目合作意向书

地产项目合作意向书

甲方:×××(以下简称甲方),乙方:×××(以下简称乙方),为使××项目(以下简称本项目)在××高新技术产业开发区实现产业化,根据国家及地方有关法律、法规,双方本着平等、自愿、有偿的原则,订立本协议。

一、土地问题

1. 土地位置及出让方式。

甲方同意本项目进入××市出口加工区实现产业化。初步确定项目建设地点位于××区,占地约×××亩。其中独立使用面积×××亩,代征道路面积××亩,确切位置坐标和土地面积待甲方规划土地建设管理部门实测后确认。甲方将国有土地使用权以有偿出让方式提供给乙方。

2. 土地价格。

为体现对本项目的支持,甲方初步确定以×万元人民币/亩的优惠价格,将项目所需该宗土地的使用权出让给乙方,出让金总额为××万元人民币。该宗土地征用成本与出让值差额计××万元,由××区参照项目单位纳税中××区财政收益部分给予相同额度的扶持。

3. 付款方式。

××技术产业开发区规划土地建设管理部门与乙方签订正式土地使用权出让合同。乙方在该合同签订后十五日内,一次性向甲方付清土地使用权出让金。甲方收到全部土地使用权出让金后,按国家有关规定,尽快办理国有土地使用证等有关手续。

二、工程建设

1. 开工条件。

(1) 按照乙方建设规划要求,甲方承诺于20××年×月×日前,保证本期用地具备上水、污水、雨水、热力、宽带网、公用天线、通电、通信、通路和场平即"九通一平"的基本建设条件,确保乙方顺利进场,否则承担由此给乙方造成的经济损失。

(2) 甲方积极协助乙方办理有关建设手续。乙方则负责按规定时间、额度缴纳有关费用。

2. 工程进度。

乙方必须在20××年×月×日前进场开工建设,并严格按照施工进度计划投入资金进行建设,保证建设进度。

3. 竣工时间。

乙方必须在20××年×月×日前竣工,如延期竣工,应于原定竣工日期前30日期间,向甲方提出延期说明,取得甲方认可。

三、违约责任

1. 如果乙方未按《土地使用权出让合同》约定及时支付土地出让金等其他应付款项,从滞纳之日起,每日按应缴纳费用的0.5‰缴收滞纳金。逾期90日而未全部付清的,甲方有权解除协议,并可请求违约赔偿。

2. 乙方取得土地使用权后未按协议规定建设的,应缴纳已付土地出让金5%的违约金;连续两年不投资建设的,甲方有权按照国家有关规定收回土地使用权。

3. 如果由于甲方原因使乙方延期占用土地使用权,甲方应赔偿乙方已付土地出让金5%的违约金。

4. 为避免国有资产流失,保证甲方对本项目的补贴在一定时间内得到补偿。自本项目正式投产起五年内,乙方向高新区税务机关缴纳的各种税金(退税或创汇奖励),低于乙方已报送给甲方的项目报告书中所承诺的相应税种(退税或创汇奖励)金额的50%时(优惠政策除外),乙方应赔偿给甲方其税金差额。即乙方在项目报告书中承诺的某一税种具体金额×50%=乙方当年该税种实际缴纳金额。

四、其他

1. 在履行本协议时,若发生争议,双方协商解决;协商不成的,双方同意向××市仲裁委员会申请仲裁,没有达成书面仲裁协议的,可向人民法院起诉。

2. 任何一方对于因发生不可抗力且自身无过错造成延误不能履行本协议有关条款之规定义务时,该种不履行将不构成违约,但当事一方必须采取一切必要的补救措施以减少造成的损失。并在发生不可抗力30日内向另一方提交协议不能履行的或部分不能履行的,以及需延期的理由报告,同时,提供有关部门出具的不可抗力证明。

3. 本协议一式两份,甲、乙双方各执1份。两份协议具有同等法律效力,经甲、乙双方法定代表人(或委托代理人)签字盖章后生效。

4. 本协议于20××年×月×日在中华人民共和国××省××市签订。

5. 本协议有效期限自20××年×月×日起至20××年×月×日止。

6. 本协议未尽事宜,双方可另行约定后作为本协议附件,与本协议具有同等法律效力。

甲方:×××(章)	乙方:×××(章)
法定代表人(委托代理人):××	法定代表人(委托代理人):××
法人住所地:××××	法人住所地:××××
邮政编码:××××××	邮政编码:××××××
电话号码:××××××××	电话号码:××××××××

【范例2】合资生产产品意向书

合资生产××产品意向书

20××年3月1~7日,英国××公司(以下简称甲方)Edison先生与×

×市××自动化设备厂(以下简称乙方)厂长××先生,就双方合资生产××产品事宜进行了多次商谈。现达成初步意向如下:

一、合资生产的××产品,年生产量初步确定为××吨。

二、双方投资比例初步确定为:投资总额××万元人民币,其中甲方占60%,乙方占40%。

三、生产××产品年利润预算约达到××万元人民币,双方按投资比例分成或另行商议,利润分配方式在签订合同时将予以明确。

四、该合资项目预定在20××年10月前正式投入生产。

五、双方于20××年4月16日前准备好各自的可行性研究报告及有关资料。20××年5月前由乙方编写项目建议书上报行政主管部门,经批准后即告知甲方。

六、未尽事宜,双方将及时沟通,进而形成商谈备忘。在正式生产前签订生产××产品合同。

七、本意向书一式两份,双方各执一份。

甲方:英国××公司(印)　　乙方:××市××自动化设备厂(印)
代表:Edison(签字)　　　　代表:××(签字)
二〇××年×月×日　　　　　二〇××年×月×日

写作要领

商务合作意向书是商务活动中双方或多方在进行商贸合作之前,经过商务谈判,就合作事宜与合作意向表明基本态度、提出初步设想的协议性文书。

一、商务合作意向书的适用范围

主要用于洽谈重要的商务合作项目和涉外经营项目,如合资经营企业、合作经营贸易、承包国际工程等方面,可以在企业与企业之间、地区和地区之间、国家和国家之间使用。

意向书只是表明一种意向,一种双方或多方当事人的设想、兴趣、态度、观点和打算,不具有法律效力,不受法律保护。它是签订协议、合同的基础。

二、商务合作意向书的主要用途

商务合作意向书主要是表达贸易或合作各方共同的目的和责任,是签订协议、合同前的意向性、原则性一致意见的达成。商务合作意向书制作既可以使磋商合作的步伐走得稳健而有节奏,避免草率从事、盲目签约,也可以及时抓住合作意向开拓发展,避免失去商机。

三、商务合作意向书的分类

商务合作意向书按照内容的不同来区分,常见的有技术合作意向书、工程合作意向书、联合投资意向书和经济洽谈意向书等。按照签署方式的不同来区分,意向书有单签式意向书、联签式意向书、换文式意向书三种类型,其中最常见的是联签式意向书。单签式意向书由出具方签署,合作方在副本上签字认可;联签式由双方联合签署,各执一份,是使用较多的方式;换文式由双方各自签署后交换文本。

四、商务合作意向书的写作格式及方法

1. 标题。

一般来说,标题可以直书"意向书"三字,也可以在"意向书"前标明合作内容,还可以在合作内容前标明合作各方名称。

2. 正文。

(1)引言。引言写明签订意向书的依据、缘由、目的。表述时比经济合同、协议书相对灵活些。有时引言部分要说明双方谈判磋商的大致情况,如谈判磋商的时间、地点、议题甚至考察经过等。意向书一般不在标题下单独列出立约当事人名称,所以在引言部分均要交代清楚签订意向书各方的名称,并在名称后加括号注明"简称甲方""简称乙方"等,以使行文简洁方便。

(2)主体。以条文的形式表述合作各方达成的具体意向。如果是中外合资经营企业,需要就合资项目整体规划、合作期限、货币结算名称、投资金额及规模、双方责任分担、利润分配及亏损分担等问题,表明各方达成的意向。一般来说,主体部分还应写明未尽事宜的解决方式,即还有哪些问题需要进一步洽谈,洽谈日程的大致安排,预计达成最终协议的时间等。在主体部分最后应写明意向书的文本数量及保存者,如系中外合资项目,还应交代

清楚意向书所使用的文字。

3. 落款。

落款主要包括签订意向书各方当事人的法定名称、谈判代表人的签字、签署意向书的日期等。

五、商务合作意向书的注意事项

写作时应注意语言要相对比较平和,意向书内容不像经济合同、协议书那样带有鲜明的规定性和强制性,而是具有相互协商的性质。因此,行文中多用商量的语气,一般不要随便使用"必须""应""否则"等。同时,因为意向书不具备按协约履行的法律约束力,所以,在主体部分里不写违反约定应该承担什么责任的条款,也不规定有效期限。

第六节　商务谈判合同书

 参考范文

【范例1】商务合作合同

商 务 合 作 合 同

甲方:中国×××石化公司

乙方:××国×××公司

甲乙双方本着平等互利、优势互补的原则,就结成长期、全面的化工材料领域战略伙伴关系,实现资源共享、共同发展,并为以后在其他项目上的合作建立一个坚实的基础,经友好协商达成以下共识。

一、权利与义务

1. 甲乙双方皆承认对方为自己的战略合作伙伴,并在彼此互联网站的显著位置标识合作方的旗帜徽标链接或文字链接。

2. 甲乙双方授权合作方在其互联网站上转载对方网站上的相关信息,该信息将由双方协商同意后方可引用(具体合作项目另签协议)。

3. 甲乙双方在彼此互联网站中转载引用合作方的信息时须注明该信息由×××(合作方网站)提供字样,并建立链接。

4. 甲乙双方必须尊重合作方网站信息的版权及所有权,未经合作方同意,另一方不得采编其站点上的任何信息,且不得在其网站以外媒体发布来自合作对方站点的信息,否则构成侵权。被侵害方有权单方面终止合作并视情节选择要求对方承担损害赔偿的方式。

二、相互宣传

1. 甲乙双方应在彼此站点追踪报道合作方的市场推广计划及相关营销活动。

2. 甲乙双方都认可的适当时间内,双方在彼此站点上开设专栏,撰写并宣传与合作方商业行为有关的话题(具体合作项目另签协议)。

3. 甲乙双方在有关化工材料专题研讨会和金融等行业的各种展览会上,互相帮助、扩大宣传,共同推进双方的品牌。

4. 双方还可就其他深度合作方式进行进一步探讨。

三、其他

1. 甲乙双方的合作方式没有排他性,双方在合作的同时,都可以和其他相应的合作伙伴进行合作。

2. 本协议有效期为××年,自20××年×月×日起到20××年×月×日为本协议商定合作方案的执行期限。

3. 甲乙任何一方如提前终止协议,需提前一个月通知另一方;如一方擅自终止协议,另一方将保留对违约方追究违约责任的权利。

4. 本协议一式两份,双方各执一份,具有同等法律效力。

5. 本协议为合作框架协议,合作项目中具体事宜需在正式合同中进一步予以明确。框架协议与正式合作合同构成不可分割的整体,作为甲乙双方合作的法律文件。

6. 本协议期满时,双方应优先考虑与对方续约合作。

7. 双方的合作关系是互利互惠的,所有内容与服务提供均为免费。

甲方:中国×××石化公司(章)   乙方:××国×××公司(章)
代表签字:×××   代表签字:×××
二○××年××月××日   二○××年××月××日

【范例2】商务采购合同

商 务 采 购 合 同

合同编号:××××××

签订日期:20××年×月×日

签订地点:××国×××公司

甲方(采购方):×××

乙方(供应方):×××

本合同在甲方和乙方之间订立。按照以下规定条件和条款,甲方同意购买且乙方同意售出下述商品。

一、商品名称、规格和数量

甲方根据技术标准购入所需产品,名称列入附件一。所附技术协议、质量保证协议及保密协议均为构成本合同不可分割的一部分。在甲方同意的情况下,乙方有责任采取一切与合同供货相关的必要措施,如投资及有效地利用其生产能力。

二、合同价格

价格和有效期列于附件一。

三、交货目的地

××国×××公司。

四、交货时间及数量将另作规定

五、包装

依据具体规定包装。

六、交付

(1)货物的交付在到达甲方指定的目的地,并经甲方验收合格后视为完成。

(2)如果预料到发生交货或提供服务的延迟,乙方应立即通知甲方。同时,乙方必须及时做出相应的补救措施并报告甲方。

(3)乙方应在对甲方不造成任何经济负担的条件下确保有一定成品的安全库存量。在附件一中甲方将对每种产品的数量做出明确的规定。甲方保留在任何时候检查库存的权利。

(4)如果乙方因不可抗力外的原因不能按时交货,甲方可在总金额不超过合同价格××%范围内,要求其按每延迟一周交货支付合同价格的×%作为罚金。

七、风险转移和发运

(1)货物的风险只在货物已到达第三条规定的甲方指定的交货地点并已办理收货手续后才转移给甲方。

(2)通常情况下装卸运输费用应由乙方负担,特殊情况另作协议。

(3)每批货物都应有装箱单或包裹附单以表明其内容和完整的订货参考。

八、发票

发票应表明订单序号或送货单的号码。如果发票内容或提供资料不完整,则发票不能支付。发票的复印件应注明副本。

九、付款

(1)合同支付的款项应自完成供货且甲方接收到发票之日起××天内支付。

(2)支付行为并不表示对供货符合合同要求的认可。

十、质量保证

乙方必须与甲方签订《质量保证协议》,并严格执行之。

十一、技术

乙方必须与甲方签订《技术协议》,并严格执行之。

十二、保密

乙方必须与甲方签订《保密协议》,并严格执行之。

十三、分包给第三方

未经甲方书面同意不得分包给第三方,否则甲方有权全部或部分退出合同并提出损害索赔。

十四、条款的终止

本合同经双方签字后立即生效,本合同提前×个月通知后可以终止。如果有特殊原因,甲方有权提前终止合同,特殊原因如下:

(1)乙方破产或影响资产的组织调整。

(2)违反本合同第十条中的质量保证条款。

(3)违反本合同第十一条中的技术条款。

(4)违反本合同第十二条中的保密条款。

十五、附加规定

(1)本合同的任何变更应以书面形式并由双方代表签字方为有效。

（2）本合同及其附件构成合作双方关于此项事宜的专用合同。因此，所有关于此项事宜的原有协议作废。

（3）如本合同中的个别条款失效，将不影响其他条款。合作双方将友好协商达成具有同等经济效果的条款以取代失效的条款。

十六、仲裁

凡由执行本合同所发生的或与本合同有关的一切争执，应通过友好协商解决，如协商无效，则应申请由仲裁委员会进行仲裁。该仲裁裁决为终局裁决，对双方均有约束力。仲裁费用由败诉一方负担。

兹证明，本合同由双方签署正本两份。

甲方名称：××国×××公司　　　乙方名称：中国×××公司
单位地址：××国×××市　　　　单位地址：中国×××市
法定代表人：×××　　　　　　　法定代表人：×××
委托代表人：×××　　　　　　　委托代表人：×××

【范例3】商务长期合作合同

商务长期合作合同

甲方：××国×××公司

乙方：中国×××公司

为了推动双方长期合作，促进合作双方的企业发展，甲乙双方本着平等互利，合作共赢，优势互补的原则，甲方版权所属网站与乙方版权所属网站，经友好协商，在合作意向上达成一致，结为合作伙伴，甲方以协议规定的方式，向乙方免费提供销售渠道，乙方提供价格优惠质量优良的化工产品，充分保证双方的权益。现就双方合作的具体事宜及双方的权利与义务达成如下协议。

第一条　甲方的职责

1. 为乙方提供销售渠道、人才职业相关的信息内容，上述文章版权归甲方所有，乙方仅可在本协议规定范畴内使用。

2. 按协议附录规定的方式为乙方提供上述文章，并根据化工产品用户以及乙方的反馈积极开发为化工产品用户所欢迎的需求信息。

3. 在其网站为乙方频道设置文件配置表，配置内容包括但不限于以下内容:乙方频道 logo 或文字及 URL 网址链接;乙方网站主页的网络路径;以上内容由乙方根据协议附件规定提供,乙方拥有上述内容的版权与修改权,甲方应当为乙方提供网上修改上述内容的管理权限。

4. 甲方在首页"合作伙伴"中加入乙方"××"的文字链接。

5. 提供甲方的旗帜(××国×××公司)广告,大小为××乘以××像素的图像文件,具体发布事宜由双方商定,按协议附件规定执行。

6. 上述所有图形 logo 均由乙方自行设计,版权归乙方所有。

7. 在所有由甲方提供内容的页面下方标注版权说明,版权归属单位为甲乙双方。

第二条 乙方的职责

1. 在乙方网站"××"频道中为甲方"×国×××公司"创建独立目录,存放所有由甲方提供的文章与信息。

2. 在所有由甲方提供内容的页面下方标注版权说明,版权归属单位为甲乙双方。

第三条 商业秘密

1. 甲乙双方应对其通过工作接触和通过其他渠道得知的有关对方的商业秘密严格保密,未经对方事先书面同意,不得向其他人披露。

2. 除本协议规定之工作所需外未经对方事先同意,不得擅自使用、复制对方的商标、标志、商业信息、技术及其他资料。

第四条 声明

1. 甲乙双方之间结为战略合作伙伴关系。

2. 甲乙双方信息资源互享,各自保证其网站内信息来源的真实性、准确性与时效性。

3. 甲乙双方在网站或频道的推广和宣传过程中同行共勉、紧密合作。

4. 甲乙双方就各自的经营和提供的服务内容承担责任,享有收益和版权。

5. 如果由于网站版面更新或改动,原来的链接位置不再存在,双方必须将新的链接摆放位置调整至保证与原本效果相当的位置。

6. 本协议期限届满后,双方优先考虑与对方续约合作。

7. 双方的合作关系是互利互惠的,所有内容与服务提供均为相互免费。

第五条 协议执行期限

本协议书有效期为××年,自20××年×月×日至20××年×月×日为本协议商定合作方案的执行期限。

第六条　协议的终止

本协议因以下任何原因而终止：

1. 本协议期限届满。

2. 双方协商同意终止本合同。如有任何一方欲终止此合同，需提前一个月通知对方。

第七条　争议的解决

如甲乙双方在本协议的条款范围内发生纠纷，应尽量协商解决，协商不能达成一致意见时，提请××市仲裁委员会仲裁解决。

第八条　不可抗力

因地震、火灾等自然灾害、战争、罢工、停电、政府行为等造成双方不能履行本协议义务，双方通过书面形式通知对方，本协议即告中止。

第九条　其他

本协议一式二份，双方各执一份，经双方签字盖章有效。本协议及其相关附件具有同等法律效力。

甲方：××国×××公司(章)　　乙方：中国×××公司(章)

代表签字：×××　　　　　　　代表签字：×××

二○××年×月×日　　　　　　二○××年×月×日

写作要领

商务谈判合同是缔约双方当事人为实现一定的经济目的，在自愿、互利的基础上，经过协商一致，确定双方权利和义务关系的一种协议。

商务谈判合同具有以下几个特征：

1. 合同是双方或多方的法律行为。

2. 合同是当事人基于平等地位达成的意思表示一致的法律行为。

3. 合同是当事人确定、变更、终止权利义务关系的协议。

4. 合同是具有法律约束力的行为，合同一经(依法)成立(签订)即具有法律约束力。

第七章 人事管理类文书写作

第一节　人力招聘计划文案

参考范文

【范例1】招聘工作计划

××公司20××年度员工招聘工作计划

为了适应公司扩大业务的需要,根据公司员工招聘工作规程,特制订本计划。

一、招聘目标(人员要求,见下表)

表7-1　招聘目标计划

职务名称	人员数量(人)	其他要求
软件工程师	8	本科以上学历,35岁以下
销售代表	10	大专以上学历,相关工作经验3年以上
行政文员	3	专科以上学历,女性,30岁以下

二、招聘小组成员名单

组长:×××(人力资源部经理)对招聘活动全面负责。

成员:×××(人力资源招聘专员)具体负责招聘信息发布、面试、笔试安排。

×××(人力资源薪酬专员)具体负责应聘人员接待,应聘资料整理等工作。

三、信息发布时间和渠道

1.《××日报》,×月×日。

2.××招聘网站,×月×日。

四、选拔方案及时间安排

1.软件工程师。

资料筛选,开发部经理,截至×月×日。

初试(面试),开发部经理,×月×日。

复试(笔试),开发部命题小组,×月×日。

2. 销售代表。

资料筛选,销售部经理,截至×月×日。

初试(面试),销售部经理,×月×日。

复试(笔试),销售副总经理,×月×日。

3. 行政文员。

资料筛选,行政部经理,截至×月×日。

面试,行政部经理,×月×日。

五、新员工的上岗时间

新员工的上岗时间,预计在×月×日左右。

六、招聘费用预算

《××日报》广告刊登费用4000元;××招聘网站信息刊登费用800元;合计:4800元。

七、招聘工作时间表

×月×日:撰写招聘广告。

×月×日~×日:招聘广告版面设计。

×月×日:与报社和网站进行联系。

×月×日:在目标报社和网站刊登广告。

×月×~×日:接待应聘者,整理应聘资料,对资料进行筛选。

×月×日:通知应聘者面试。

×月×日:进行面试。

×月×日:进行软件工程师笔试(复试),销售代表面试(复试)。

×月×日:向通过复试的人员发录用通知。

×月×日:新员工上岗。

本计划已经列入20××年度公司工作计划,公司已责成人力资源部组织、督导实施;公司各部门要密切协同、配合,确保本计划的圆满实现。

×××公司

二〇××年×月×日

【范例2】招聘工作规程

××公司员工招聘工作规程

第一条 为使公司的员工招聘工作规范、有序、高效地进行,依据"××公司人力资源管理工作规定"有关精神,特制定本规程。

第二条 本公司聘任各级员工,应以思想、品德、知识、能力、经验、体格适合于所任职务为基本原则。

第三条 新进员工的聘任,依据业务需要,由人力资源部统筹、审查、呈报、核准。

第四条 本公司招聘各级员工,如具备下列各项资格之一者予以聘任。

1. 正管理师、正工程师。
(1)具有博士学位者。
(2)具有硕士学位,并有实际工作经验2年以上,经试用合格者。
(3)国内外大学本科毕业,具有实际工作经验8年以上,经试用合格者。
(4)任本公司管理师(工程师)3年,考核均为优秀者。

2. 管理师、工程师。
(1)具有硕士学位,并具有实际工作经验2年以上,经试用合格者。
(2)国内外大学本科毕业,并具有实际工作经验6年以上,经试用合格者。
(3)任本公司副管理师(副工程师)3年,考核均为优秀者。

3. 副管理师、副工程师。
(1)具有硕士学位者。
(2)国内外大学本科毕业,并具有实际工作经验2年以上,经试用合格者。
(3)国内外大专院校毕业,并具有实际工作经验5年以上,经试用合格者。
(4)任本公司助理管理师、助理工程师3年,考核均为优秀者。

4. 一级办事员、业务代表、一级技术员。
(1)国内外大专院校毕业,经试用合格者。
(2)高中(高职)毕业,并具有实际工作经验3年以上,经试用合格者。
(3)任本公司办事员、业务员、技术员2年,考核均为优秀者。

5. 办事员、业务员、技术员。
(1)高中(高职)毕业或初中毕业并在企业团体或生产部门服务5年以

上,经试用合格者。

(2) 曾任本公司作业员、服务员3年,年度考核均为优秀者。

第五条　本公司各级职位如有空缺时,应从低一级员工中选拔符合第四条规定的工作成绩优异者,或经考核并由员工考核审议委员会审核通过者,优先升任。

第六条　助理管理师、助理工程师以上各级人员的聘用资格优秀者,不受上述第四条资格的限制。

第七条　本公司招聘的特勤人员(司机、保卫、打字员、电话总机值班员)须年满18周岁以上,具有下列资格并经考核或甄选合格者,准予雇用:

1. 司机:持有汽车驾驶执照,并具有实际经验2年以上者。

2. 保卫:具有上岗证书或有实际经验者。

3. 打字员:擅长中英文打字,有相当工作经验者。

4. 电话总机值班员:具有电话接线知识,有实际工作经验者。

第八条　凡有下列情况之一者不得聘用为本公司员工:

1. 有违法犯罪记录并屡教不改者。

2. 曾犯刑事、被判拘役以上罪行者。

3. 通缉在案者。

4. 不能遵守公司规章制度被辞退者。

5. 吸食毒品者。

6. 身体衰弱或有传染性疾病者。

第九条　本公司员工被录用时,应由安全主管部门进行审查,确定没有不符合本规程条件者才可予以录用。

第十条　新录用人员应经试用期满考核合格者才能予以正式聘用。试用期定为60天。期满成绩合格方可成为正式员工。

第十一条　本公司新进员工试用成绩优良者,由所在部门按其工作能力与成绩表现填报试用期考核报表,会同人力资源部出勤资料呈请批准正式任用,发给任用书。其服务年资统一从正式任用之日起算。

第十二条　本规程经董事会讨论通过并经总经理批准后颁布实施。实施中的问题由人力资源部负责解释。

××公司

二○××年×月×日

【范例3】招聘广告文案

××公司招聘广告

××国际集团是全球享有盛誉的国际工伤保险及金融机构,其公司成员遍布全球130多个国家和地区,承保财产险、意外责任险、水险、寿险、金融服务险,并从事一系列金融业务。其股票在纽约、伦敦、东京、巴黎及瑞士等地的股票市场上市。

××保险有限公司(以下简称××保险)是××国际集团的全资子公司,亦是东南亚首屈一指的人寿保险公司。××保险的前身自19××年在××始创以来,已为东南亚的客户提供人寿保险服务达60余年。××保险被国际著名评级机构标准普尔授予"AAA"最高公司及财务实力评级,更能证明其财务实力之雄厚。

一、为配合南中国区业务的蓬勃发展,吸引和培养新生力量,现推出英才储备计划

如果您具有本科或以上学历,有良好的英文水平,三年以上工作经验,良好的沟通能力及人际关系,具有独立工作能力——我们将盛情邀请您加入这一精英团队,您将接受为期一年的全面集中培训,包括行业知识、业务培训、实习集训,奠定良好的业务基础,在以后的工作中施展才华,实现和提升自我价值,踏上保险事业的辉煌旅程。

英才储备计划主要侧重于两个方面:

1. 协助营销员开展营销工作:营业培训部管理储备人才。
2. 致力于公司内部运作的内勤工作:营运部管理储备人才。

二、伴随着××分公司业务的不断发展,现有以下空缺诚邀您的加盟

1. 人力资源部高级专员。

资历要求:硕士以上学历,具有两年以上的人事工作经验,善于沟通,具有高度的组织协调能力及团队合作精神;熟练运用Microsoft软件,有良好的英文水平。

预期入职时间:20××年×月。

工作职责:了解公司人员需求,制订招聘计划,执行招聘方案,负责选拔人

才,对应聘者进行面试,完成招聘任务,提供与日常人力资源管理相关的服务。

2. 市场部专员。

资历要求:本科以上学历,金融或保险相关专业;两年以上市场调研工作经验;良好的人际沟通及表达能力,有一定的市场营销开拓发展能力和潜力,熟练运用 Microsoft 软件,有良好的英文水平。

工作职责:负责市场调查研究;开发开拓性的市场;推广公司产品。

3. 寿险营业发展部专员。

资历要求:本科以上学历,具有两年以上寿险营销和经营管理经验;良好的人际沟通及表达能力;熟练运用 Microsoft 软件,有良好的英文水平。

工作职责:协助所属寿险营销员管理处的增员工作;辅导及激励所属营业区域寿险营销员;正确转达公司信息,有效地组织营销员的训练活动并解答有关问题。

4. 健康及意外险部专员。

资历要求:本科以上学历,具有两年以上工作经验;良好的人际沟通及表达能力,有销售训练的兴趣和潜力;熟练运用 Microsoft 软件,良好的英文水平。

预期入职时间:20××年×月。

工作职责:协助处理本部门日常事务,辅导及激励寿险营销员;寿险市场调查研究。

5. 营业培训部专员。

资历要求:大学本科以上学历,两年以上培训工作经验,掌握一定的保险知识和训练技巧;愿意热心帮助他人成功;良好的沟通及表达能力;英文流利,能够熟练运用 Word、Excel 等办公软件。

工作职责:制定寿险营销人员的培训规划,指导寿险营销员学习,传授经验,参与课程的教学,评估课程效果。

6. 物业助理。

资历要求:本科以上学历,工业与民用建筑或相关专业两年以上工作经验,良好的管理及沟通能力,熟练运用 Microsoft 及 AutoCAD 软件,良好的英文水平,具备建筑设计、物业管理经验者优先考虑。

工作职责：负责租赁物业的平面设计、公司固定资产的管理、办公设备的采购管理等。

7. 理赔部专员。

资历要求：硕士研究生以上学历，医学专业，两年以上相关工作经验；良好的人际沟通技巧和分析判断能力，中英文书写流利；工作认真，富有责任感，具有专业职业精神。

工作职责：负责医院、公安局等机构做理赔调查工作；与医疗中心协调有关事故伤亡理赔保险服务；协调有关理赔的查询及客户来访查询工作。

以上岗位，有意者请将中英文简历（包括应聘职位、近照、薪金要求）寄：××市××路××号××大厦××保险有限公司人力资源部收（邮编：×××××）或 E-mail：HR_zhaopin@sina.com（请勿用附件形式！）或 Fax：×× ×××××。

 写作要领

招聘文案是企业为招收聘用所需人才而撰写的文书，完整而详细的招聘工作计划有利于企业顺利地开展招聘工作。

一、招聘文案的写作格式

1. 标题。一般有两种写法：一种是只写"招聘启事"四个字；另一种是写出招聘对象，如《招聘销售员启事》。

2. 正文。一般包括以下几部分：招聘目标对象（包括业务类型、工种类别等）、应聘条件（如年龄、性别、学历、工作经历等）、聘用待遇、应聘方法（包括招聘的起止时间、联系地址、联系方式、联系人、联系电话等）。

3. 落款。在正文右下方写明启事单位名称、具体时间。

二、编写招聘文案时的注意事项

1. 要有简单的公司介绍，但不宜太长。

2. 各个职位及其资格要求应清楚写明，并切实符合人才市场的要求。

3. 联系方式方法应明确。

4. 要注意宣传和突出公司的形象。

5. 对招聘条件、薪金水平等要充分考虑本公司的实际情况。

三、编写招聘规章制度的注意事项

制定员工招聘工作的规章制度是为了规范员工招聘工作,使员工招聘工作有章可依,有序、顺利、有效地进行招聘工作。

1. 内容要精练,根据实际情况进行调整。

员工招聘工作制度应包含的内容比较多,主要包括招聘名额和任职条件的确定、招聘方式、招聘信息发布、甄选方法和甄选标准、试用内容、期限和考核、正式录用等部分,而每一部分还有很多具体内容,这些内容要随着实际情况的变化做出相应的调整。因此,在制定员工招聘工作制度时,应该对上述部分做一些原则性规定。

2. 编写制定规章制度应与其他文件协调一致。

真正执行招聘工作时,不仅要记住这个制度的条文和精神实质,还要查看其他的文件,如"招聘信息发布办法""招聘人员甄选办法""录用人员试用办法""受聘人员管理办法"等规章,尽量不要发生矛盾。尽量不要把招聘工作的所有规章制度都编撰在一个文书中,就连工作步骤和流程也编在一个文书中。

由于员工招聘规章是公司招聘工作的指导性文件,在编写过程中须注意以下几点:

(1)明确公司招聘工作的基本思想与要求。

(2)对各类人员的要求符合本公司实际工作需要。

(3)阐明招聘、甄选、录用、报到的基本程序。

第二节　人力招聘面试及笔试文案

 参考范文

【范例1】员工招聘面试工作的规程

××公司人力资源部关于员工招聘面试工作的规程

一、总则

1. 为适应日益激烈的国际人才竞争,广纳贤才,依据本公司的人员招聘制度,特制定本招聘面试工作规程。

2. 有关应聘员工面试事项,均依本规程处理。

二、面试考核人员的组成

1. 本公司面试考官主要由人力资源部工作人员组成,并可根据实际工作需要和涉及部门,聘请公司有关领导、部门经理参加。

2. 面试考官必须坚持客观公正原则,唯才是举,不徇私情,克己奉公,以公司大局为重,具有良好修养,能够很好地与应聘者交流,理智作出判断,不因个人喜好影响对应聘者的客观评价。

3. 无论应聘者的出身、背景之高低,面试考官都必须尊重应聘者的人格。

4. 面试考官对整个公司的组织概况、部门功能、人事政策、薪资制度、员工福利政策等有深入的了解,以从容应对应聘者随时可能提出的问题。

5. 面试考官必须彻底了解该应聘职位的工作职责及必须具备的学历、经历、人格条件与才能。

三、应聘者的品德能力与知识结构

1. 应聘者的品德:有无违法乱纪行为和违法记录,有无不良嗜好,有无团队合作意识等。

2. 应聘者的知识结构:应聘者所学专业是否符合工作目标专业要求,知识结构是否合理,是否具有胜任岗位要求的知识储备等。

3. 应聘者的职业操守:应聘者能否做到干一行爱一行,是否有精益求精的精神,是否见异思迁,经常随意调换工作。

4. 应聘者的工作能力:应聘者以往的工作成就,有过哪些特殊工作经验与优异的成绩。有无应付困难的能力,有无创新意识和发展潜力,有无开拓精神等。

5. 应聘者对企业或事业的忠诚度:应聘者对过去的公司、业务主管、部门同事以及从事的行业的评价中,可以判断出应聘者对事业的忠诚度。

6. 应聘者的团队意识与合作精神:能否与同事和谐相处,是否存在不时抱怨过去的同事、朋友、公司以及其他情形。

7. 应聘者对未来工作的设想:让应聘者谈谈对未来工作的设想,可以了解其对公司工作的建议和希望,并能预料其未来的发展前景,判断其是否有培养潜力。

四、面试的种类

根据本公司状况,人力资源部收到应聘者的申请书后,对于符合招聘条件者,发出初试通知书;对于初试合格者,可以发出面试通知书。

1. 初试:初试通常在人力资源部进行,初试的作用在于淘汰那些学历、经历和资格条件不符合职位要求的应聘人员。初试合格者发出面试通知书。

2. 面试(或复试):经过初试,如果发现应聘者适合岗位目标要求,由部门主管或高级主管最后谈话面试。这种面试通常为自由发挥式的面谈,没有一定的题目,由一个问题延伸到另一个问题,让应聘者有充分发挥的机会,合格者发出聘用或试用通知书。

五、面试地点及环境

1. 面试场所的选择与环境控制。

(1)面试环境应保持安静肃穆。

(2)面试考官的位置应尽量拉近与应聘者的距离。

(3)应试者应尽量避免被审问的感觉。

(4)面试过程中人员不能随意走动。

(5)面试过程不要被随意打断。

2. 面试的时候,最好把目标应聘者的谈话重点内容记录下来,以备最后决定时参考。

六、面试的技巧

1. 提问的技巧。面试考官必须善于提问,问题必须恰当合理。

2. 倾听的艺术。面试考官要想办法从应聘者的谈话里找出所需要的资料,因此,面试考官一定要掌握倾听的艺术。

3. 学会沉默。当面试考官问完一个问题时,应学会沉默,看应聘者的反应,最好不要在应聘者没有开口作答时或感觉到应聘者不了解问题时,马上又解释一遍问题。这时面试考官若保持沉默,就可以观察到应聘者对这个问题的反应能力,因为应聘者通常会补充几句,而那几句话通常是最重要的,也是最想说的几句。

七、面试的内容

1. 个人的特性。应聘者的特性包括应聘者的体格外貌、言谈举止、健康状况、衣着。应聘者是否积极主动、是否为人随和,以及性格内向或外向,这些信息的获得都要依靠面试人员对应聘者的观察。

2. 家庭背景。家庭背景资料包括应聘者小时候的家庭教育情况,父母的职业、父母对他的期望以及家庭中发生的重大事件等。

3. 学校教育。应聘者就读的学校、专业、成绩、参加的活动、与老师的关系、在校获得的奖励、参加的运动等。

4. 工作经验。除了关注应聘者的工作经验,更应该从所提问题中观察应聘者的责任心,有无创新意识和创新精神,有无合作精神与团队意识等。从应聘者的工作经验里,我们可以判断出应聘者的责任心、主动自主精神、思考力、理智状况等。

5. 个人的抱负。个人的抱负包括应聘者的世界观、人生的目标及发展的潜力、可塑性等。

6. 与个人相处的特性。从应聘者的社交来了解其与人相处的情况,包括了解应聘者的兴趣爱好,喜欢的运动,参加的社团以及所结交的朋友。

八、附则

1. 本规程经人力资源部颁布施行。

2. 本规程实施中的问题由人力资源部负责解释。

××公司人力资源部
二〇××年×月×日

【范例2】员工招聘工作中笔试办法

××公司关于员工招聘工作中笔试办法

第一条 为了规范本公司在员工招聘中的笔试工作,根据公司人力资源管理有关招聘工作规定精神,特制定本实施办法。

第二条 招聘中进行笔试的目的,是以最低的招聘成本,把大量应聘者中最可能符合应聘岗位聘用资格的、最优秀的应聘者选拔出来,以降低后续甄选工作成本。

第三条 只有初选合格的应聘者才有资格参加应聘笔试环节。

第四条 每次招聘工作进行笔试前,都应由人力资源部负责设立笔试委员会,并负责办理下列事项:

1. 确定笔试时间、地点。

2. 确定命题、主考、监考及评卷人员及工作分配。

3. 确定命题标准及参考答案。

4. 确定考试成绩评分标准及评审程序。

5. 确定各应聘岗位应甄选出的最终人数,以及按比例3倍于该人数的应聘者参加笔试。

6. 其他笔试有关事项的处理。

第五条 笔试时间为两小时。

第六条 笔试内容。因各部门岗位职责不同,笔试内容应有所侧重。一般分为以下七个方面考查。

1. 应聘职位所需的专业知识。

2. 应聘职位所需的具体工作能力。

3. 应聘职位所需的科学认知能力。

4. 与应聘职位相关的分析问题、解决问题的能力及应变能力。

5. 管理能力与协调能力。

6. 职业素质和职业精神。

7. 文字表达能力与思维方式。

第七条 人力资源部会同各用人部门,对第四条第五项工作中的应聘者的分数和试卷及应聘人员登记表的个人基本信息进行分析,提出参加面试的应聘者的建议名单,连同资料一起呈总经理批准。

第八条 人力资源部根据总经理批准的参加面试的名单,向名单中的应聘者发送参加面试通知单。

第九条 本实施办法执行中的问题由人力资源部负责解释。

第十条 本办法经总经理审核颁布施行。

××公司
二〇××年×月×日

 写作要领

一、员工招聘笔试和面试文案概述

员工招聘的笔试和面试文案是指公司对应聘者进行笔试和面试工作的规章制度。由于各个公司的具体情况不同,特别是公司对招聘成本的认识不同,在对待笔试和面试考查工作的差别很大,因此具体规章制度差别也很大。

二、招聘笔试文案命题概述

一些公司在招聘程序中规定了进行笔试的环节,而另一些公司却没有。这主要由公司规模、实力及成本要求而决定,还在于所招聘岗位的需要,如在招聘文秘人员时,要考察其文字水平,所以要进行笔试,而招聘其他类型职位时则免笔试。而有些招聘如公务员招聘工作中,笔试则是最重要的一项。笔试的命题范围可宽可窄,而且命题都是根据工作要求,经过深思熟虑,仔细斟酌,甚至成立专家命题组,利用集体智慧,集思广益,反复推敲制作出来的。因此,不仅问题严谨,而且获得的信息量大且深刻、真实。

使用笔试虽然命题时要花费很多精力和成本,但阅卷时有标准答案可作参考,不仅易于统一衡量标准,做到公平、公正、公开,而且可以利用计算机自动评卷,降低评卷成本,加快评卷速度。因此,笔试这种方法往往被用于有大量应聘者应聘的情况,因为花较低的成本(相对于面试方法)就可以把绝大多数不符合应聘资格的应聘者淘汰,或把数量几乎和计划招聘数量相近的最优秀的应聘者选拔出来,从而降低后续的甄选成本。

第三节　人力招聘正式书面通知文案

参考范文

【范例1】面试通知书

××公司面试通知书

××先生/小姐：

　　谢谢您应聘本公司的××职位,您的学识、经历给我们留下了良好的印象,为了彼此进一步了解,请您于×月×日××时××分前来本公司参加面试(初试、复试)、专业笔试。

　　您能否参加面试,请务必与我方联系,以便做好工作安排。谢谢您的合作！

　　特此通知。

　　联系人:××先生(小姐)。

　　地址:××××××

　　联系电话:××××××××

××公司人力资源部
二○××年×月×日

【范例2】录用通知书

录用报到通知书

××先生/小姐：

　　对于您应聘本公司××一职,经公司研究决定,决定录用您为本公司员工,请于20××年×月×日(星期×)上午×时×分携带下列文件,到本公司人事部报到：

1. 居民身份证。
2. 个人资料(包括毕业证书、学历证书、获奖证书等)。
3. 体检表。
4. 保证书及服务志愿书。

根据本公司规定，新进员工必须试用三个月，试用期间暂支月薪×××元。

公司欢迎您的到来，会在愉快的气氛中为您做职前介绍，让您了解公司的基本概况。

预祝您在本公司工作期间满意、愉快！如您有何疑虑或困难，请与人事部联络。

特此通知。

××公司人事部

二〇××年×月×日

【范例3】企业聘任书

企业聘任书

兹聘请××先生(女士)为本公司××部××顾问，聘任时间自20××年×月×日起至20××年×月×日。

特　聘。

总经理×××

二〇××年×月×日

写作要领

一、面试通知书概述

面试通知书是通知求职者前来面试的一种书面文书。面试通知书的撰写和一般通知书基本相同，在通知书正文的后边加上注意事项，提醒求职者注意。

二、录用通知书概述

录用通知书是通知求职者已被录用、前来报到的一种通知。录用通知书的写法和一般通知书基本相同,在通知书正文的后边加上报到须知,提醒求职者注意。

三、聘任书概述

聘任书或聘请书是用于聘请某些有专业特长及权威名望的人,为完成某项任务或担任某种职务时的聘用文书。聘任书的写作一般由以下几部分组成。

1. 标题:一般是印制好的,在封面上印有"聘任书"字样,制作美观、大方,有的套红、烫金。书写的聘任书在聘书的上方正中间书写有"聘任书"或"聘请书"字样。
2. 正文:第一行顶格写,写聘请人姓名,称呼如"××先生""××同志"等。也可第一行空两格写,"兹聘请×××先生",接着写聘请他担任什么职务,或做什么工作,期限多久等。
3. 结尾:有的结尾另起一行,用"此聘",有的不写。
4. 署名:一般在正文后边,署上聘请单位名称,并加盖公章。
5. 日期:×年×月×日。

第四节　员工培训管理方案

参考范文

【范例1】集团营销培训策划案

××集团营销培训策划案

我国加入世界贸易组织以来,"以人为本"的竞争理念逐渐确立,国际大型企业面临的挑战不仅是跨国公司雄厚的资本实力，高精尖的现代科学技术，行销全球的知名品牌，更是具有良好教育背景和丰富市场运作经验的职业化人才。我国大型企业要参与国际市场竞争，必须从培养职业化、实战型专家经理人才入手，方可在未来的竞争中立于不败之地，并保持持续发展，这是我国大型国有企业企业家的责任，也是专业职业培训机构义不容辞的责任！

兹受×××集团人才培训中心和×××培训部委托，策划"高级营销专家研讨班"项目方案，本着量身定做、全程服务、科学培训的宗旨，整合国内顶尖实战型营销专家群体、行业相关跨国公司老总、英国BELL英语专修学院资源，全力协助×××集团培养适合企业未来发展和×××集团公司上市需要的实战型营销专家，为该集团参与国际竞争，适应开放型市场经济环境，造就胜任现代国际市场营销运作的专业人才。

一、培训目标

1. 总体目标。

适应×××集团参与国际化竞争培养核心竞争力；适应×××集团上市后现代市场营销管理体系建设；适应×××集团产品及服务品牌建设和提高市场占有率的需要。

2. 培训目标。

培训具有与业界国际化发展水平同步的职业营销实战专家，为×××集团参与国际竞争奠定基础；培养具有组织能力、领导决策能力和具备战略眼光的营销管理人才，为×××集团建设高质量的市场营销团队储备力量；培训具有职业经理人职业素养、系统专业理论知识和实战技能的营销管理人才，为持续稳定提高×××集团产品及服务市场占有率奠定基础。

3. 绩效目标。

确立专业的职业素养；掌握市场营销专业系统理论知识和实战经验；掌握国际、国内市场营销的专业技能，提高市场研究、营销策划、营销决策、营销管理（分析、计划、执行、控制）实战技能水平；掌握国际、国内行业先进经验，并用于实际工作的改进；了解国际、国内市场营销实际情况，给企业把脉，制定切实可行的改革方案；强化英语语言应用能力。

4. 规模目标。

每年培养××名符合标准的营销实战型专家；×年内计划培养共××

×名专业人才。

二、市场背景分析

1. 企业特点分析。

×××集团公司为×××的国有企业集团之一,作为国家重点扶持产业的××企业集团,长期在计划经济体制下运营,与市场脱节,对于市场竞争和顾客服务缺乏实际体验,危机意识不强,品牌意识欠缺,更缺少科学化市场运作的实践经验。这将是我们培养实战型营销专家需要突破的难题。

2. 培训对象分析。

集团管理人员缺乏基本的营销管理知识和管理理念;由于项目培养目标比较分散,不利于采用抽样调查方法来进行培训需求调查,故采用定向培养的培训需求调查方法,评估学员的实际水平和未来的发展需要。

3. 培训资源分析。

××培训机构与跨国公司(包括××行业)、国内知名企业家、国内实战型营销专家和海内外(含英国××英语专修学院)高等学府之间的长期合作,奠定了其具有培养实战型营销专家培训项目工程的资源优势。

三、培训策略设计

1. 需求确定策略。

结合企业实际和培训目标设计培训需求调查问卷,进行客观的培训需求调查,统计分析调查结果,同时进行针对性电话访问(若条件允许进行现场调查),并收集相关绩效评估考核资料和反映企业经营发展状况的资料进行分析,最后综合确定培训需求。

2. 资源配置策略。

整合×××集团公司自有资源和××培训机构与国内成功企业家、实战型营销专家、跨国公司老总和英国××英语专修学院之间的合作资源,确保培训的系统性、实用性和行业针对性。

3. 形式运用策略。

为真正实现"实战型"培训目标,采用理论指导与实际应用相结合、课堂讲授与工作实践相结合的(集中授课—分散实习—集中交流)半脱产形式进行培训。

4. 课程组合策略。

整个培训采用理论课与实践课相结合的方式进行,课程归类组合具体见实施步骤部分。

5. 培训组织策略。

借助该公司的现有条件，国内培训过程的组织工作主要由公司人力资源部组织，规范管理，严格纪律。国际培训与海外英语强化训练及国际市场、跨国公司参观考察主要由该公司国际部负责组织与管理。

6. 授课方法策略。

结合学员实际需要，采用互动式、研讨式教学，合理运用案例教学，提高培训的参与性、实战性，加强实践培训的强度，使学员通过听、看、干、练来提高教学的实际效果。

7. 全程控制策略。

在学员面授和实习培训的过程中，进行全程跟进，增进交流沟通，不断纠偏，不断总结，摸索出一套成功的培训模式，以备在今后的企业人才培训中应用。

8. 评估考核策略。

每一培训阶段结束后，进行阶段性考试、考核评估；培训项目全部完成后进行总体考试、考核评估，以检验培训效果和人才培养目标是否达到培训要求。评估采用调查问卷、领导考察、论文答辩、口试笔试、实际操作等方式进行。

四、培训实施步骤（略）

五、具体课程安排（略）

附培训过程研讨思考题：

1. 我国××企业市场营销工作如何由计划经济向市场经济转化？
2. ××企业市场营销理念如何？改进的重点是什么？如何改进？
3. 我国政府在××企业走向国际市场参与国际竞争方面应该放开哪些政策？
4. 加入WTO后，××企业面临的最严峻挑战是什么？如何迎接这些挑战？
5. ××企业参与国际市场竞争最大的困难是什么？如何规避不足发挥优势参与国际市场竞争？
6. 企业高级营销人才应具备哪些素质？
7. 在市场营销工作中最棘手的工作是什么？您认为应该如何解决？

8. 我国市场营销理论发展的方向是什么？如何运用理论来指导实践？

9. 我国××产品的价格与国际接轨后,我国企业需要解决的问题有哪些？

10. 我国××企业的管理应该如何进行改革？

六、项目预算(略)

七、实施预测

1. 风险预测。

(1)培训时间跨度较长,跟进工作脱节会导致衔接问题甚至失去全程控制。

(2)国际培训与海外专业英语强化培训,应加强纪律教育和严格管理,防止出现擅自离队和脱团现象,并预交抵押金。

(3)学员重视程度不够,将会影响培训目标的实现。

2. 效果预测。

(1)如果培训理论化内容过多,将造成培训实效性不强。

(2)组织过程控制不力,会影响培训最终效果。

(3)培训需求界定不准确,会导致培训目标偏差。

(4)讲师授课质量高低会影响培训效果,除基础知识外,学院所派讲师要优中选优,确定授课讲师要严格把关。

(5)培训资料制作要讲究实用性与可操作性,不能只强调理论性。

【范例2】公司的人才培养与发展策略

××航空运输公司的人才培养与发展策略

××航空公司作为一个航空运输服务性组织,在对待顾客服务上,其价值和事业的成功,取决于本公司成员有效地履行自己的服务职责和职能。

公司的性质决定了公司的职能与职责,也决定了公司的未来发展方向与发展策略。现代企业的竞争,不仅是实力和技术的竞争,更是人才的竞争。因此要树立以人为本的组织理念,使公司同时成为一个不断进行人力开发的组织。各级管理部门必须明确,把时间和资本不断地投入和运用于人力资源的开发,是公司发展策略最关键的一部分。

公司的每一位员工都应为自己的发展负责,应该不断提高自己的管理和服务水平,成为公司员工队伍中更有活力的一部分。各个职能部门都有责任为其下属成员的发展创造氛围、提供条件和指出方向目标。每一位管理人员都有责任不断地创造条件和提供机会,以发展员工的技能、知识和改善他们的服务态度。

公司的员工必须树立服务为本的职业理念,不断增强职业素养和服务技能,提高服务质量。这种使命取决于不断有效地培训和训练员工的服务水平和服务能力。因此,公司的发展策略和战略目标,将重点聘用一批行业专家,很好地制订、开展和组织人才培训计划,加大公司人才培养力度和资金投入力度,进行科学的规划和预算,制定人才发展战略,为公司的长期发展和可持续发展提供源源不断的人才支持。

为此公司决定建立以下发展策略:一种能够被整个公司都理解和接受的人才培养政策,能够明确了解人才培养需求,最终能够达到实际培养目标的培养方式;一种能为各级理解的程序,这种程序应能就人才培养的所有费用做出预算、解释和报告;一种科学系统的人才培养方法,此种方法应具有能够提高工作能力、改进工作方式的有效性;一种组织气氛和协作精神,应能鼓励、承认、奖励各部门在执行人才培养计划中的创新成果;一个专业的人才管理部门,负责定期考查审核员工的素质、技术、方法、成绩和贡献,使公司的人才管理现代化。

建立一种有效的人才培养组织结构和程序,此种组织结构和程序应能保证各部门间的合作,充分发挥机构培养的潜力。一种具有激励作用的薪酬制度,能够吸引有能力的人才从事创新服务工作,并能激发他们的工作潜力,为公司的持续发展做出应有的贡献!

【范例3】员工教育培训实施办法

××公司员工教育培训实施办法

一、总则

1. 教育培训实施办法的宗旨与目的。

(1)加强人力资源管理,通过教育培训以提高员工的素质,培养具有丰富的知识与技能、品德高尚、管理科学、具有创新意识和创新精神的从业人员。

（2）使员工深切认同本公司对社会所负有的使命,并激发其求知欲、创造性,使其能充实自己并不断努力向上。

2. 本公司员工的教育培训,分不定期培训与定期培训两种。

3. 本公司所属员工均应接受和认可本办法所规定的教育培训目的,积极参与培训。

二、不定期培训

1. 本公司员工的不定期教育培训,由各部门主管对所属员工负责实施。

2. 各部门主管应拟订教育培训计划,并按计划进行培训。

3. 各部门主管应经常督导所属员工以增进其业务能力,充实其管理业务所需的知识,必要时组织员工学习和阅读与业务有关的专门书籍和资料。

4. 各单位主管应经常利用会议,以专题传授或个别教育等方式实施教育培训。

三、定期培训

1. 本公司员工按规定定期接受教育培训,每年两次,分为上半年(4月或5月中)及下半年(10月或11月中),视实际情况分别进行。

2. 各部门由主管拟订教育计划,会同总部合理安排日程,邀请相关专业人员授课,也可聘请专家进行讲授,以期达到预想效果。

3. 定期教育培训依其性质、内容分为普通班(一般员工)和高级班(管理人员)。但视实际情况也可合并举办。

4. 管理人员的教育培训分为专修班和研修班,如董事长认为必要,随时开班培训,其教育培训的课程和进度另定。

5. 普通班的教育内容包括:公务概况、公司各种规章、各部门职责、业务管理流程等、公司经营理念、新进人员的基本教育等。

6. 普通技术班的教育内容除应包括一般实务外,还要重视技术管理、电子计算机使用等各种知识。

7. 高级班的教育内容为业务计划、经营管理、领导艺术、执行能力等有关主管必修的知识与技能。

8. 高级技术班的教育内容为通晓法律、了解设计、严格督导、切实配合工作进度、控制资材、节省用料、提高技术水准等,并视实际需要制定研修课题。

9. 各级教育培训的课程进度另定。

10. 各部门主管实施教育培训的成果列入平时考绩考核记录,并作为年终考绩的依据。成绩优秀的员工,可呈请选派赴国外实习或考察。

11. 凡接受培训的人员,在接到培训通知后,除因病或重大原因经部门主管出具证明可申请免予培训外,应在指定时间内到教育培训主管部门报到。

12. 教育培训除另有规定外一般在公司内进行。

13. 凡接受公司培训期间,除由公司提供食宿费用外不给其他津贴。

14. 本办法经董事会通过批准后实施。

【范例4】员工培训制度的编制

公司员工在职培训制度

第一条 目 的

制定本制度的目的在于提高本公司从业人员职业素质,充实其业务知识与技能,以增进工作质量及绩效。

第二条 适用范围

凡本公司所属从业人员在职培训及有关业务培训,均依照本规定处理。

第三条 培训工作权责划分

1. 教育培训部的主要工作。

(1) 全公司员工共同参加的培训课程班的举办。

(2) 全公司年度、季度、月度培训计划和培训内容的规划与拟订、呈报。

(3) 制定及修改培训制度。

(4) 全公司在职员工教育培训实施成果及改进工作。

(5) 共同性培训教材的编撰与修改。

(6) 培训计划的审议。

(7) 培训实施情况的督导与考核。

(8) 每季度举办一次由外聘专家对公司全体员工进行的教育培训。

(9) 全公司外派培训人员的选拔、审核与管理。

(10) 外派培训人员培训方式方法、培训目标的考核与管理。

(11) 其他有关人才发展方案的拟订与执行。

(12) 各项培训计划费用预算的拟定。

2. 其他部门的主要工作。

(1) 全年度本部门培训计划拟订与申报。

(2) 专业培训规范制定及修改,讲师或助教人选的推荐。

(3) 内部专业培训课程的举办及成果汇报。

(4) 专业培训教材的编撰与修改。

(5) 受训员工培训结束后的监督与追踪考核,以确保培训质量与效果。

第四条 培训规定的拟定

1. 教育培训部应召集各有关部门,共同制定"从业人员在职教育培训规划",提供培训实施的依据,其内容包括:

(1) 各部门的工作业务分类。

(2) 各种具体业务的培训课程及所需时间。

(3) 各培训课程教材的大纲。

2. 各部门在业务职能发生变动,或引进新技术生产线等生产技术条件发生变化时,应积极组织员工培训,教育培训部应配合实际需要修改培训规范。

第五条 拟订培训计划

1. 根据培训规范及实际需要,各部门拟订在职培训计划,送教育培训部审核,作为培训实施之依据。

2. 教育培训部将各部门所提出的培训计划汇编成年度培训计划汇总表单,呈报人力资源部审核批准。

3. 各项培训课程主办单位应于一定时期内,填写在职培训计划表单,呈报教育培训部核准后,通知该课程有关部门及人员。

4. 临时性的培训项目,亦须填报在职培训实施计划表单,呈教育培训部核准后实施。

第六条 实施培训

1. 根据在职培训实施计划表单,培训主办部门按期实施并负责该项培训的全部事宜,如培训场地安排、教材分发、仪器使用、讲师聘用及受训单位等。

2. 如有补充教材,讲师应于开课前一周将原稿送教育培训部统一印刷,以便上课时发给学员。

3. 各项培训结束后,应举行考核、测试,由主办部门或讲师负责监考,测试题目分若干种,由讲师于开课前送交主办部门。

4. 各项在职训练实施时,参加受训学员实行签到制,教育培训部应确实掌握上课、出勤率。

5. 受训人员应准时出席,特殊情况不能参加者应办理请假手续。

6. 教育培训部应定期召开检查会议,评估各项培训课程实施成果,并将记录送交各有关单位参考予以改进。

7. 各项培训测试不合格者,准予补考;补考不合格者,需重新参加培训,否则不予上岗处理。

8. 培训测试成绩及成果报告,作为考核及晋升之参考。

第七条　培训成果呈报

1. 每项培训结束后一周内,讲师应将学员成绩评定公布,将培训记录与在职培训测试成绩表单连同试卷送人力资源部,以建立完善的员工培训档案。

2. 主办单位应于每项(期)培训结束一周内,填报在职培训结果报告表单及讲师费用申请表单,连同成绩表单及学员意见调查表单,送交教育培训部,凭此支付各项费用及归档。

3. 如需支付教材编撰费用,主管部门应填写"在职培训教材编撰费用申请表单",送相关部门核签后予以支付。

4. 各部门对所属员工应设立从业人员在职训练规划表单。

5. 每季度,各部门应填写在职培训实施结果报告单呈教育培训部,以了解该部门最近在职培训实施情况。

第八条　培训评估

1. 每项(期)培训结束时,主办部门应视实际需要分发在职培训学员意见调查表单,供学员填写后与测试卷一并收回,并汇总学员意见,送讲师转人力资源部会签,作为以后举办类似培训的参考。

2. 教育培训部应评估各部门教育培训的成效,定期分发培训成效调查表单,供各部门主管填写后汇总意见,并配合生产及销售绩效,比较分析评估培训的成效,形成书面报告,并呈报核准后,分送各部门及有关人员作为以后举办培训的参考。

第九条　外派培训

1. 因工作或晋升就任新职务需要,各部门应推荐有关人员送教育培训部审议,呈总经理核准后外派受训,并依据人力资源管理规章办理出差手续。

2. 外派受训人员返回后,应将受训的书籍、教材及资格证书等有关资料报送教育培训部归档保管,其受训成绩亦应记录在案,作为以后晋级的参考。

3. 如有工作需要,外派受训人员应将受训所获知识技能,在公司内举办讲习会,传授给有关本公司员工。

4. 差旅费报销单据应送教育培训部审核,按规定送财务部门予以报销。

5. 本条款适用于参加公司以外的培训,对因升迁、晋级需要,在任职前可集中委托外部机构办理培训,但每年以三次为限。

第十条 附 则

1. 各类培训项目的举办,应以尽量不影响工作为原则,合理安排培训时间,主办部门负责申报提供学员食宿费用,学员不得另行支付加班费。

2. 从业人员之受训成绩及资历可提供给人力资源部作为年度考核、晋级参考。

3. 本制度呈总经理批准后颁布实施。

 写作要领

一、员工培训策划方案概述

员工培训策划方案是企业人力资源部门制定的用于企业发展规划的有关员工培训的具有创意的策划书。

二、培训策划方案格式内容

1. 培训需求目标与计划的制订。
2. 培训的实施。
(1)员工教育培训具体方案。
(2)培训教育计划的具体组织实施部门,参加教育培训的人员,授课专家,课程安排,授课时间地点安排等。
(3)经费来源:教育培训是一种长期投资,公司应每年编制预算,支持各种培训。

（4）培训目标：确定培训的目标，是为谋求公司的发展、员工个人要求，以配合新业务新工作的开展，包括长期目标和短期目标，并让受训者充分了解。

（5）培训时期：定期培训（新进人员培训、主管定期进修等）；不定期训练（新管理制度实施、新技术新产品推出等）；营业淡季是培训的好时期。

（6）培训方式。传统授课方式、讨论方式（个案讨论、分组辩论）、角色扮演方式。以上三种方式适用于集体培训，个人培训可参加企业外的讲习会。

（7）课程设计。依满足培训需要并达成培训目标而设计；须事先与讲师充分沟通；课程应注重实务，避免纸上谈兵，不切实际。

（8）聘请讲师。从公司优秀干部中挑选或外聘；须让讲师充分了解受训对象与培训目标；教材应统一编写，并具有可操作性。

（9）培训场地的选择。

（10）培训成果的考核与评估。

（11）奖励制度。

三、员工教育培训实施办法的编写要点

员工教育培训实施办法一般包括以下几项内容：

1. 标题。一般写"××公司员工培训办法"。

2. 正文。包括总则（讲明培训的宗旨和作用），正文（讲明培训的管理、培训计划及实施、培训时间和内容安排等）。

3. 签署。

四、制定培训制度的注意事项

1. 培训制度应制定得科学合理，便于管理实施，落到实处。

2. 培训的原则。

（1）战略原则。企业的培训规划有短期效益和长期效益之分，企业不应只顾眼前利益，而应立足于企业长远发展战略，舍得对培训进行投资，以利于企业长远发展。

（2）受益原则。企业人员培训的产出要大于投入。

（3）培训要支持组织目标。评估培训效果时，评价的主要标准或根本的评价指标是培训对组织目标实现所产生的影响作用。

（4）培训应以企业经营中的实际需要为依据，紧密联系企业实际情况，解决企业发展中的实际问题。培训讲求学以致用，切忌学而不用。

（5）系统性原则。培训计划应适用于不同岗位、不同层次的员工；培训内容要与时俱进，不断修订、完善；培训计划要兼顾培训内容和培训活动的系统性，培训活动应该是持续的、系统的、渐进的。

（6）主动参与原则。企业应提倡和鼓励员工积极参与培训工作，实行"自我申报"制度，也应根据企业发展规划，有计划地选拔员工参加。

（7）全员培训和重点提高的原则。应重点培训那些有潜力的管理人员、专业技术人员等企业紧缺、急需的人才。

第五节　公司薪酬管理计划书

参考范文

【范例1】公司薪酬管理制度

××公司薪酬管理制度

第一章　总　则

第一条　根据《中华人民共和国劳动法》相关法规，特制定本公司员工工资及各种薪酬的管理制度。

第二条　员工的各项报酬除在本公司管理制度中另有规定外，均应依照本制度办理。

第三条　标准依据：社会同行业薪酬管理水平。

第二章　薪酬的构成及发放原则

第四条　薪酬的构成：本公司员工（指正式员工）的薪酬由基本工资、津贴、奖金和福利四部分组成。

第五条　薪酬的发放原则

1. 员工薪酬是工资、津贴、奖金、福利累加的总和。

2. 绩效考核与工资调整相联系。

3. 代扣项目,合理缴纳应交纳的代扣代缴税金。

4. 员工停职期间,停发一切工资,复职时不得要求补发。

第三章 工资的确定

工资由基本工资和年金工资两部分组成。

第六条 基本工资的确定

在考虑学历能力与绩效的基础上确定基本工资。表7-2为学历级别工资。

表7-2 企业的学历级别工资

级别	内容	金额
一	中专或大专毕业生见习期间	
二	大本毕业生见习期间或中专大专毕业生见习期满一年后	
三	大本毕业生见习期满一年后	
四	硕士学位获得者试用期满后	
五	博士学位获得者试用期满后	
六	博士后	

说明:

1. 试用期只发放基本生活费,相当于相应学历工资的80%。

2. 学历的认证按国家有关规定执行。

3. 员工学历等级和上述表中的等级不一致时,按相当于表中等级计算,且采取"就高不就低"的原则。

4. 基本工资的调整按照员工年度考核情况,每年3月调整一次,4月1日起执行。

第七条 年金的确定

年金工资是对职工在本公司工作年限的肯定。

本公司职工的年金工资自进入本公司起按年度开始计算,年金工资以第一年100元作为基数,第一年至第三年每年增加100元;第四年至第六年每年增加120元;第七年至第九年每年增加150元;第十年至第十五年每年增加200元;第十五年以上每年增加300元。年金工资自离开公司之日起停止发放。

第四章　津贴的确定

第八条　职位(岗位)津贴与岗位等级确定发放。

职位津贴与岗位等级配置按表7-3执行。

表7-3　津贴与岗位职阶配置

职　阶	名　称	津　贴
一	总　裁	
二	副总裁	
三	部门经理	
四	职　员	

注:每位职工按照所处岗位职务领取相应的津贴。

第九条　其他补贴

1. 误餐补贴:每人每天××元。

2. 交通补贴(班车费):每人每月×××元。

3. 差旅补贴:按财务管理制度执行。

4. 特殊行业补贴:司机补贴按照有关规定办理。

5. 其他补贴:凡是不属于基本工资、前述各项津贴补助之外的津贴补贴均包括在内。其发放由部门主管提出申请、由总裁批准。

第五章　奖金的确定

第十条　绩效奖金

1. 绩效奖金于每年春节前发放,其金额核定是根据上一年公司营业额及盈利水平,以及员工业绩,由总裁及各部门主管参照考核绩效核定,人力资源部根据规定制表,财务部发放。

2. 企业盈利水平计算方法:盈利水平=上一年度营利/上一年度投资额。

3. 由总裁根据上一年的盈利水平,确定上一年度营利的百分比,作为本年度的绩效奖金的额度。

4. 当盈利水平>无风险收益+5%时,可发放奖金。当盈利水平≤无风险收益+5%时,不发放奖金。在短期投资(指证券投资)中,当盈利水平>年度证券市场平均收益率时,可发放奖金。当盈利水平≤年度证券市场平均收益率时,不发放奖金。

5. 第一年不发放绩效奖金,第二年开始以第一年的盈利水平作为核定第二年绩效奖金的依据。

6. 依照各职位的不同,按表7-4规定的系数按比例发放奖金。

表7-4 企业职位的绩效奖金系数

职 阶	名 称	系 数
一	总 裁	3
二	副总裁	2.5
三	部门经理	2
四	职 员	1.5

第十一条 病假累计超过3天减发20%,超过5天不足9天减发40%,超过9天(含9天)不足12天减发60%,超过12天(含12天)免发;事假(不含有薪事假)月累计超过3天减发30%,超过5天不足9天减发50%,超过9天(含9天)免发。正常休假、婚假、探亲假、丧假不影响奖金。产假、因公受伤的,按国家有关规定处理。

第十二条 《员工绩效考核制度》的考核结果在(年度)基本奖金中表现出来(增加或扣除)。

第十三条 特别贡献奖:凡对公司做出重大贡献者,经由总裁上报、董事会批准,给予一次性奖励。

第十四条 其他包括因特殊贡献而发给的个人奖金、集体奖金。

第十五条 奖金发放只适用于公司正式员工。试用期职员、见习期职员和临时工不在范围之内。年资未满一年的员工其年终奖金酌量发给。

第六章 福利的确定

第十六条 社会保险:员工的社会保险(医疗保险、养老保险、失业保险)按《××社会保险规定》执行。

第十七条 住房公积金:员工的住房公积金按《××住房公积金管理条例》执行。

第十八条 其他福利

1. 制装费第一年每人×××元,以后每人每年××元,于每年12月发放。每三年发放一次制装费。制装费要用于制装,并按办公室管理制度要求着装。

2. 每人每月劳保福利标准为××元(包括洗理费等),每季度第二个月发放。

3. 员工的托儿费按国家规定标准报销。

4. 防暑降温费于每年随国家有关办法执行。

5. 为确保公司正式职工的身体健康,由公司负担并安排职工每两年体检一次。

第十九条　员工的其他劳保福利标准参照国家有关企业单位劳保福利标准执行。

第七章　薪酬计算与支付

第二十条　薪酬计算时间为上月26日至本月25日,每月26日至月底根据考勤和其他变动情况,制作薪酬表,于次月6日发放。当发薪日为节假日时,则在离节假日最近的工作日发放。

第八章　其他

第二十一条　本制度执行过程中出现的问题由人力资源部负责解释。

第二十二条　本制度经公司总裁批准颁行。

××公司

二〇××年××月××日

【范例2】营销人员薪酬管理

营销人员薪酬管理方案

一、营销人员素质要求

公司聘用具有市场营销工作经验,诚实敬业的化学、生物、医药、物理、机械、电子、建筑工程、企业管理、财会、国际贸易等相关专业的大中专毕业生和有实践经验的专业人士作为公司的市场营销人员。

二、营销公司员工岗位

1. 营销公司总经理。

2. 营销公司区域经理。

3. 特级营销工程师。

4. 高级营销工程师。

5. 中级营销工程师。

6. 营销员(根据不同区域和考核区分级别)。

营销人员编制:营销公司在20××年×月×日前核定营销人员编制为

30人。

三、营销人员销售指标

根据营销总公司未来发展战略要求和实际状况,要求营销人员每月人均保质保量销售实验室基础设备合同价10万~20万元人民币的产品。

四、营销公司员工薪酬组成

基本工资+职务工资+技术津贴+考核工资+年终考核奖励。

五、营销人员福利组成

1. 保险金:每人每月200元人民币作为公司应该代缴的保险金部分与工资同时发放。

2. 年假:在公司服务满一年者可享受两天带薪年假,年假不累计。

3. 食宿:公司提供集体宿舍和工作餐,驻外员工可享受500元/月的补助(以实际出勤为准),所有在外租房者不再享受补贴。

4. 培训:公司进行定期的免费业务培训。

六、外聘人员工资按聘用协议执行

七、说明

考核工资组成:销售业绩考核工资+订单下浮点考核奖励+合同的签订提成金额—所报销金额。

1. 销售业绩考核:以销售合同回款(包括首期款)到账额为销售实际业绩考核营销人员(如所签合同无回款,不计销售业绩考核工资)。

2. 下浮点考核奖励:所签合同如果有上、下浮点,则以此合同标准标价的50%考核上、下浮点,其下浮点超过50%的无下浮点考核奖励,所签合同有特别费用的,计入下浮点。在核算上、下浮点奖励时应该减去质量保证金和特别费用后予以计算。即有销售业绩(指有回款)时,所提取的费用才予以兑付,如无销售业绩时,其销售费用登记在个人名下,三个月后必须清账。

3. 业绩考核奖励。

(1)营销公司总经理的考核以全公司业绩为基数,按月考核,年终完成公司全年任务的100%,将给予奖励。

(2)公司区域经理的考核以实际完成任务百分比提取考核工资,连续6个月完成任务50%以下的,进行岗位重新确认;全年完成公司任务100%以上的,将给予奖励。

4. 考核制度。

（1）营销人员均实行试用期考核制度，其试用期为三个月，对于不适合岗位的人员将进行重新定位或者辞退。

（2）对于营销公司总经理、区域经理的考核均实行考核团队业绩的形式进行。

（3）每月进行一次考评，其考评结果作为核算工资的依据。

5. 本月工资的考核。

基本工资考核包括：考勤考核、合同签署质量考核、员工纪律考核。参照公司《薪酬管理及保险福利制度》《员工守则》和营销公司相关规定执行。

【范例3】员工工资调整调查

××公司员工工资调整问卷

工资调整之前，必须弄清楚本公司的员工对现行工资的意见，真正使工资调整做到有的放矢，最大限度地调动员工工作积极性，提高公司业绩。

据此可先进行全公司员工的薪酬满意度的问卷调查，然后分析调查结果，并根据公司的薪酬制度做出适当调整计划，进行工资调整。

一、编写薪酬满意度的问卷调查

为了配合公司的薪酬改革，了解公司目前薪酬管理中存在的不足，特组织本次薪酬调查。为了解员工在薪酬方面的真实想法和建议，本次薪酬调查采取不记名填写。调查表在进行分类统计取得调查结果后立即销毁。因此，希望所有员工积极参加，本着认真负责和客观公正的态度完成本问卷，于×月×日前交人力资源部。

所在部门：（可以不填）

年龄：（必填）

性别：（必填）

职位：（必填）

职称：（必填）

1. 您对自己目前的薪酬水平（　　　）。

A. 非常满意　　　　　B. 比较满意　　　　　C. 一般

D. 不满意　　　　　　E. 非常不满意

2. 您认为现有的薪酬制度公平吗？(　　)
   A. 非常公平　　　　B. 比较公平　　　　C. 一般
   D. 不公平　　　　　E. 非常不公平
   如果选择 D,E 项,请具体说明原因。

3. 请在本公司下列职务类别中选出三个您认为薪酬过高的(按顺序)(　　)。
   A. 车间　　　　　　B. 实验室　　　　　C. 销售部
   D. 财务部　　　　　E. 人力资源部　　　F. 保安
   G. 机修　　　　　　H. 电修　　　　　　I. 清洁工
   J. 车队

4. 您认为与同行业其他公司相比,本公司的薪酬(　　)。
   A. 很高　　　　　　B. 比较高　　　　　C. 一般
   D. 不满意　　　　　E. 非常不满意

5. 您对公司目前的福利状况(　　)。
   A. 非常满意　　　　B. 比较满意　　　　C. 一般
   D. 不满意　　　　　E. 非常不满意
   如果选择 E 项,请简要说明理由。

6. 与本部门相同资历的员工相比,您对自己的薪酬水平(　　)。
   A. 相当满意　　　　B. 比较满意　　　　C. 差不多
   D. 比较不满意　　　E. 非常不满意

7. 与其他部门的相同资历的员工相比,您对自己的薪酬水平(　　)。
   A. 相当满意　　　　B. 比较满意　　　　C. 差不多
   D. 比较不满意　　　E. 非常不满意

8. 与其他公司相比,您认为目前本公司主管级人员的薪酬相比普通员工来说(　　)。
   A. 太高　　　　　　B. 偏高　　　　　　C. 合理
   D. 偏低　　　　　　E. 太低

9. 与其他公司相比,您认为目前本公司经理级人员的薪酬相比普通员工来说(　　)。
   A. 太高　　　　　　B. 偏高　　　　　　C. 合理

D. 偏低　　　　　　　　E. 太低

10. 您能明确地知道自己的月收入是由哪些部分组成的吗？（　　）

　　A. 很清楚　　　　　　B. 部分项目不清楚　　　C. 完全不清楚

11. 您知道您身边同事的收入水平吗？（　　）

　　A. 非常清楚　　　　　B. 比较清楚　　　　　　C. 不太清楚

　　D. 完全不知道

12. 您认为薪酬保密好还是透明好？（　　）

　　A. 保密　　　　　　　B. 无所谓　　　　　　　C. 透明

13. 您觉得公司的大部分员工辞职的原因是（　　）。

　　A. 由薪酬直接导致　　B. 和薪酬有一定的关系　C. 不明确

　　D. 与薪酬关系不大　　E. 绝对与薪酬无关

14. 您认为本公司的薪酬结构中最不合理的部分是（　　）。

　　A. 基本工资　　　　　B. 绩效工资　　　　　　C. 涨幅工资

　　D. 年资　　　　　　　E. 福利　　　　　　　　F. 津贴

　　G. 加班工资

　　请简要说明理由（　　）。

15. 如果公司有6000元要发给您，您认为哪种发放方式对您的吸引力最大？（　　）

　　A. 一次发放　　　　　B. 按月平均，每月500元

16. 如果公司要制定一个新的薪酬制度，您对新的薪酬制度的建议是（　　）。

17. 您认为目前的薪酬制度对员工的激励（　　）。

　　A. 很好　　　　　　　B. 较好　　　　　　　　C. 一般

　　D. 较差　　　　　　　E. 非常差

18. 您认为多长时间调整一次薪酬比较合理？（　　）

　　A. 3个月　　　　　　 B. 半年　　　　　　　　C. 1年

　　D. 2年　　　　　　　 E. 2年以上

19. 如果要降低您的薪酬，您觉得多少比例是您可以忍受的极限？（　　）

　　A. 5%　　　　　　　　B. 10%　　　　　　　　 C. 15%

　　D. 20%　　　　　　　 E. 25%

20. 在过去的工作中,您感觉自己的努力在薪酬方面有明显的回报吗? ( )

    A. 有   B. 没有   C. 有,但不明显

21. 您认为决定工资最重要的因素是:(请按顺序列出前五位)( )。

    A. 个人业绩   B. 个人能力   C. 学历

    D. 职称   E. 职位高低   F. 资历

    G. 专业   H. 工作复杂程度

22. 您认为薪酬收入中浮动部分(涨幅工资)占总收入的比例应改为( )。

    A. 5%   B. 10%   C. 15%

    D. 20%   E. 25%   F. 30%

    G. 35% 或以上

写作要领

    企业薪酬策略是企业人力资源策略的重要组成部分,而企业人力资源策略是企业人力资源战略的具体实施,进一步说是基本经营战略、发展战略和文化战略的落实。因此,制定企业的薪酬原则和策略要在企业的总体战略指导下进行,要集中反映总体战略的诉求。薪酬策略作为薪酬设计的纲领性文件要对以下内容做出明确规定:对员工本身要求的认识、对员工总体价值的认识、对管理骨干即高级管理人才、专业技术人才和营销人才的价值估计等核心价值观了解;企业基本工资制度和分配原则;企业工资分配政策与策略。例如,工资适当拉开差距的分寸标准,工资、奖金、福利的分配依据及比例标准等。

一、薪酬策略设计思想

    薪酬策略设计思想的依据主要是人才市场状况、企业经营效益、职位等级制度和职工工作表现四个方面。这说明了薪酬策略制定所需要着重考虑的四个方面的情况及它们所包含的内容,我们可以看出薪酬制度与人力资源管理各方面都存在密切的联系,也可以说人力资源管理其他方面的完善是设计出有效的薪酬制度的基础,有效的薪酬制度是人力资源管理在其他

方面得以顺利实施的关键。

二、制定薪酬管理制度

1. 制定薪酬制度的内容主要包含工资的构成及其主要元素的确定,如基本工资、津贴、奖金、福利,薪酬的计算与支付方法。

2. 表7-2制定的薪酬制度适用于规模较大的经营管理完善企业,包含内容比较全面,读者可根据本企业实际情况进行适当调整。

3. 表中奖金职阶的划分还应更细致、更科学,还应考虑职系、职组等。

第六节　员工激励计划书

 参考范文

【范例】公司员工激励策划书

20××年××公司员工激励策划书

为了全面贯彻执行总公司及分公司20××年的经营方针,在追求公司利益最大化的基础上实现个人价值,充分调动团队及其内部每一位成员的积极性,层层落实责任,确保分公司完成总公司下达的各项经营指标,特制定本方案。

一、实收保费进度优胜奖

为促进业务的均衡发展,分公司将对各销售团队的实收保费进度按月度和半年进行考核。在完成自报保费收入计划的前提下,分月度和半年对销售团体给予奖励。

1. 月度奖:考核的办法是按百分制计算,以各团队当月及累计实收保费分别与本团队自报保费收入计划,按月度及累计进度、月均计划保费和平均累计进度进行计算得分。具体办法是:

(1) 月度自报计划得分 = 当月实收保费/当月自报计划×30

(2) 累计自报计划得分 = 累计实收保费/累计自报计划保费×30

(3) 月度平均计划得分＝当月实收保费/月均计划保费×20

(4) 累计平均计划得分＝累计实收保费/累计平均计划保费×20

上述四项得分累计最高的团队为当月的第一名,荣获流动红旗,分公司奖励该团队费用2000元。

2. 半年奖:以各团队上、下两个半年的累计实收保费分别与本团队同期的自报计划及同期平均累计进度进行计算得分(上半年计划不得低于全年计划的45%)。具体方法是:

(1) 半年自报计划得分＝半年实收保费/半年自报计划×30

(2) 累计自报计划得分＝累计实收保费/累计自报计划×30

(3) 半年平均计划得分＝半年实收保费/半年平均计划×20

(4) 累计平均计划得分＝累计实收保费/累计平均计划×200

按得分的高低排序,奖励第一名6000元;第二名4000元;第三名3000元。

二、员工个人旅游奖励

1. 业务员:实收保费的1~3名(250万元以上)标准10000元;4~6名(200万元以上)标准7000元;7~10名(150万元以上)标准4000元;10~20名(120万元以上)标准1500元。如果各名次员工的实收保费与规定的保费标准有出入,则按对应标准享受。

2. 团队主管:完成全年实收保费计划,享受业务员第一档标准。

3. 内勤人员:年度综合考核的前两名标准3500元。

三、处罚

1. 未完成分公司下达的全年保费收入计划的团队,取消全年评优资格。

2. 业务员全年实收保费低于100万元者退为试用。半年考核未达成进度者,按有关规定给予处理。

 写作要领

员工激励策划书是企业根据具体情况对员工进行激励的一种规划。员工激励形式通常为增加工资和奖金。员工激励策划的目的是调动员工认真学习、努力工作的积极性,以此提高全员整体素质和能力。现代企业激励机制也涉及管理层持股、员工持股、认股权等多种形式。

员工激励策划书应根据企业实际情况撰写,切忌照搬他人的激励方法。

第七节 员工考勤管理制度

 参考范文

【范例】职工考勤实施细则

职 工 考 勤 实 施 细 则

第一章 本企业作息时间

第一条 本企业全体职工,每日工作时间一律以×小时为原则。

第二条 两班工作时间为:第一班×小时,第二班×小时。

第三条 三班工作时间为:第一班×小时,第二班×小时,第三班×小时。

第四条 上班时间为上午×点,下班时间为下午×点;午休×小时。

第二章 考勤办法

第五条 职工入门时必须打卡。

第六条 违反劳动纪律现象。

1. 迟到:上班时间××分钟后至××分钟以内打卡的到工者为迟到。

2. 早退:下班时间××分钟以内提前下班者为早退。

3. 旷工:上班时间××分钟后打卡的到工者均以旷工半日论处;下班时间××分钟前下班者均以旷工半日论处。当月内每迟到或早退×次,作为旷工半日论处;未经请假或假满未续假不到工者以旷工论处;代人打卡或伪造出勤记录者,经查明双方均按旷工论处。

第三章 休息与休假

第七条 按照国家规定年休假为××天,企业每周休×天,此期间工资照付。

第八条 职工因故请假规定如下。

1. 病假。

(1)(病假的日期计算)连续休假者,公休、节假日均计算在病休假内。

(2)(病假证明)病假必须以医生开具的证明为准。

(3)(待遇)病休连续或累计××天以上按工龄扣发工资,×个月以上者按劳保待遇处理。

2. 事假。

(1)(手续)职工因故请假须事先申请并经单位和主管部门批准,紧急事情可以后补手续。

(2)(日期计算)公休、节假日均不包括在事假内。

(3)(待遇)事假期间按小时扣发工资及津贴。

3. 工伤假。

(1)职工因公受伤需要休息必须有医生证明。

(2)(待遇)工伤假期间工资及津贴照发。

4. 婚假。

(1)(时间)依照国家有关规定及本企业情况特规定职工婚假为××天;晚婚假为××天。

(2)(待遇)婚假期间工资及津贴照付。

5. 丧假。

(1)(时间)依照国家有关规定及本企业情况特规定职工丧假为××天,需要赴外地者依据路程的远近另给路程假。

(2)(待遇)丧假期间工资及津贴照付。

6. 探亲假。

依照国家有关规定执行办理。

7. 生育假。

(1)(日期)符合生育规定女职工产假除国家规定天数之外,另给假××天;怀孕流产者给假××天。

(2)(待遇)以上规定日期内工资及津贴照发。

(3)晚育者可申请连续休假×月,此期间工资及津贴照发;超过×月按

×%发放工资及津贴。

8. 哺乳假。

女工有周岁以下婴儿每天给予×小时的哺乳时间,不扣工资及津贴。

第九条　特别休假。

1. 年休假。

(1)凡是符合享受年休假的职工每年可安排休假两次,由所在单位根据工作情况有计划地安排并报人事部门备案。

(2)职工休假期间工资及津贴照发。

2. 干部季度假。

凡是本企业的职工和干部原则上每季度享受××天假,此期间工资及津贴照发。

第四章　加班加点

第十条　职工在节假日或法定工作时间以外加班,必须事先填报有关表格,经生产管理部门同意,方可加班。

第十一条　有关待遇按财务有关规定办理。

第五章　对违纪现象的处理

第十二条　(原则)批评教育结合经济处罚。

第十三条　(处罚程度)对迟到、早退者扣发××元奖金一次,对旷工者按日扣发工资,连续旷工×天以上者予以除名。

第十四条　对上班干私活、怠工、不服从工作分配,经批评教育仍不悔改者责令其停职检查,停职期间扣发工资。

第十五条　对违法乱纪受到公安机关制裁者,停发工资。

第六章　附　则

1. 本细则主要从考勤角度对各种情况作出规定,各种情况的详细内容按有关专门的法令规章解释办理。

2. 此细则应防止与其他专门规章重复。

3. 凡是国家法令政策有规定的,企业规定不能同其违背。

 **写作要领**

一、考勤制度概述

考勤制度是企业为了加强企业内部管理和提高职工的组织纪律性而制定的措施。建立严格的考勤制度对企业的发展、生产效率的提高都起着很重要的作用。

二、考勤制度的格式与内容

考勤制度的标题可写为"××公司考勤制度",其正文主要包括以下几方面的内容:

1. 企业的作息时间。

2. 企业的休假规则(年休假和周休假要以国家法规为标准)。

3. 加班加点属于制度工作时间之外,应对需要加班加点的工作范围应用制度加以严格限制。

4. 违纪现象的处理措施。

三、考勤制度的写作注意事项

1. 企业制定考勤制度要以国家法令规定为准则,不能违背或范围小于国家法律规定。

2. 制定制度要严明,对迟到、早退等应严格要求。

3. 执行制度要严格,要对当天考勤进行记录,而不应事后写"回忆录"。

4. 企业每人每天的考勤要用文字记录下来。

5. 企业职工的年终考核要以全年考勤资料为依据。

第八节 员工奖惩规定

参考范文

【范例】职工奖惩条例

企业职工奖惩条例

第一章 总 则

第一条 根据中华人民共和国宪法的有关规定,为增强企业职工的国家主人翁责任感,鼓励其积极性和创造性,维护正常的生产秩序和工作秩序,提高劳动生产率和工作效率,特制定本条例。

第二条 企业职工必须遵守国家的政策、法律、法令,遵守劳动纪律,遵守企业的各项规章制度,爱护公共财产,学习和掌握本职工作所需要的文化技术、业务知识和技能,团结协作,完成生产任务和工作任务。

第三条 企业实行奖惩制度,必须把思想政治工作同经济手段结合起来,在奖励上,要坚持精神鼓励和物质鼓励相结合,以精神鼓励为主的原则;对违反纪律的职工,要坚持以思想教育为主、惩罚为辅的原则。

第四条 对企业中由国家行政机关任命的工作人员给予奖励或惩罚,其批准权限和审批程序按照《国务院关于国家行政机关工作人员的奖惩暂行规定》办理。

第二章 奖 励

第五条 对于有下列表现之一的职工,应当给予奖励:

1. 在完成生产任务或者工作任务、提高产品质量或者服务质量、节约国家资财和能源等方面,做出显著成绩的。

2. 在生产、科学研究、工艺设计、产品设计、改善劳动条件等方面,有发明、技术改进或者提出合理化建议,取得重大成果或者显著成绩的。

3. 在改进企业经营管理,提高经济效益方面做出显著成绩,对国家贡献较大的。

4. 保护公共财产,防止或者排除事故有功,使国家和人民利益免受重大损失的。

5. 同坏人、坏事做斗争,对维持正常的生产秩序和工作秩序、维持社会治安,有显著功绩的。

6. 维护财经纪律,抵制歪风邪气,事迹突出的。

7. 一贯忠于职守,积极负责,廉洁奉公,舍己为人,事迹突出的。

8. 其他应当给予奖励的。

第六条 对职工的奖励分为:记功,记大功,晋级,通令嘉奖,授予先进生产(工作)者、劳动模范等荣誉称号。在给予上述奖励时,可以发给一次性奖金。

第七条 记功,记大功,发给奖金,授予先进生产(工作)者的荣誉称号,由工会提出建议,企业或者企业的上级主管部门决定。发放奖金一般一年进行一次,在企业劳动竞赛奖的奖金总额内列支。

第八条 对职工给予奖励,需经所在单位群众讨论或评选,并按照第七条规定的权限办理。职工获得奖励,由企业记入本人档案。

第九条 对职工中有发明、技术改进或合理化建议,符合第五条第2项规定的,按照《发明奖励条例》《合理化建议和技术改进奖励条例》给予奖励,不再重复发给奖金。

第十条 经常性的生产奖、节约奖的发放原则、奖金来源、提奖办法,按照国家有关规定办理。

第三章 处 分

第十一条 对于有下列行为之一的职工,经批评教育不改的,应当分别根据不同情况给予行政处分或者经济处罚:

1. 违反劳动纪律,经常迟到、早退,旷工,消极怠工,没有完成生产任务或者工作任务的。

2. 无正当理由不服从工作分配和调动、指挥,或者无理取闹,聚众闹事,打架斗殴,影响生产秩序、工作秩序和社会秩序的。

3. 玩忽职守,违反技术操作规程和安全规程,或者违章指挥,造成事故,使人民生命、财产遭受损失的。

4. 工作不负责任,经常产生废品,损坏设备工具,浪费原材料、能源,造成经济损失的。

5. 滥用职权,违反政策法令,违反财经纪律,偷税漏税,截留上缴利润,滥发奖金,挥霍浪费国家资财,损公肥私,使国家和企业在经济上遭受损失的。

6. 有贪污盗窃、行贿受贿、敲诈勒索以及其他违法乱纪行为的。

7. 犯有其他严重错误的。

职工有上述行为,且情节严重,触犯刑律的,交由执法机关依法惩处。

第十二条 对职工的行政处分分为:警告,记过,记大过,降级,撤职,留用察看,开除。在给予上述行政处分的同时,可以给予一次性罚款。

第十三条 对职工给予开除处分,须经厂长(经理)提出,由职工代表大会或职工大会讨论决定,并报告企业主管部门和企业所在地的劳动或者人事部门备案。

第十四条 对职工给予留用察看处分,察看期限为1~2年。留用察看期间停发工资,发给生活费。生活费标准应低于本人原工资,由企业根据情况确定。留用察看期满以后,表现好的,恢复为正式职工,重新评定工资;表现不好的,予以开除。

第十五条 对于受到撤职处分的职工,必要的时候,可以同时降低其工资级别。

给予职工降级的处分,降级的幅度一般为一级,最多不超过两级。

第十六条 对职工罚款的金额由企业决定,一般不超过本人月标准工资的20%。

第十七条 对于有第十一条第3项和第4项行为的职工,应责令其赔偿经济损失。赔偿经济损失的金额,由企业根据具体情况确定,从职工本人的工资中扣除,但每月扣除的金额一般不超过本人月标准工资的20%。如果能够迅速改正错误,表现良好的,赔偿金额可以酌情减少。

第十八条 职工无正当理由经常旷工,经批评教育无效,连续旷工时间超过15天,或者一年以内累计旷工时间超过30天的,企业有权予以除名。

第十九条 给予职工行政处分和经济处罚,必须弄清事实,取得证据,经过一定会议讨论,征求工会意见,允许受处分者本人进行申辩,慎重决定。

第二十条 审批职工处分的时间,从证实职工犯错误之日起,开除处分不得超过5个月,其他处分不得超过3个月。

职工受到行政处分、经济处罚或者被除名，企业应当书面通知本人，并记入本人档案。

第二十一条　在批准职工的处分以后，如果受处分者不服，可以在公布处分以后10日内，向上级领导机关提出书面申诉。但在上级领导机关未做出改变原处分的决定以前，仍然按照原处分决定执行。

第二十二条　职工被开除或者除名以后，一般在企业所在地落户。

如果本人要求迁回原籍，应当按照从大城市迁到中小城市、从沿海地区迁到内地或者边疆、从城镇迁到农村的原则办理。

符合本条规定的，企业主管部门应当事先同迁入地的公安部门联系。迁入地公安部门应当凭企业主管部门的证明，办理落户手续。迁回农村的，生产队应当准予落户。

第二十三条　受到警告、记过、记大过处分的职工在受处分满半年以后，受到撤职处分的职工在满一年以后，受到留用察看处分的职工在被批准恢复为正式职工以后，在评奖、提级等方面，应当按照规定的条件，与其他职工同样对待。

第二十四条　对于弄虚作假、骗取奖励的职工，应当按照情节轻重，给予必要的处分。

第二十五条　对于滥用职权，利用处分职工进行打击报复或者对应受处分的职工进行包庇的人员，应当从严予以处分，直至追究其刑事责任。

第四章　附　则

第二十六条　（略）。

第二十七条　（略）。

第二十八条　本条例自发布之日起施行。

写作要领

一、企业奖惩规定概述

企业奖惩规定是用于鼓励与肯定企业职工的积极因素，消除与否定职工内部的消极因素和不良因素，从而使企业职工队伍内部具有积极向上的进取精神，并且督促企业职工尽职尽责，达到维护企业的生产秩序和工作秩序，提高企业的经济效益方面的文书。

二、写作的格式与要求

1. 格式。奖惩规定分标题、正文两大部分。正文由以下格式构成:

(1) 奖惩要制度化、规范化。

(2) 要以考核为依据。

(3) 奖惩要一视同仁、奖罚分明。

(4) 奖励要把物质与精神鼓励相结合;惩罚要注意以理服人。

(5) 奖惩要做到及时。

2. 写作要求。奖惩规定应采取一定的方式:

(1) 奖励采取口头表扬、定期奖励和正式嘉奖。

(2) 惩罚采取批评、行政处分、经济处罚或开除。

第九节　员工测评与考核策划方案

 参考范文

【范例】公司员工测评和考核实施方案

××股份公司员工测评和考核实施方案

一、目标

1. 了解员工队伍的工作态度、个性、能力状况、工作绩效等基本状况。

2. 为公司的人员选择、晋升、考核、调动、任免工作提供决策依据。

3. 为管理后备队伍的建设提供依据。

4. 为员工的职业生涯规划、晋职配置、培训、奖惩等提供参考依据。

5. 为公司的人员招聘提供系统科学的现代工具。

6. 为公司目前组建上市股份公司在用人筛选上提供参考资料。

7. 初步形成××公司人员考评系统。

二、测评指标结构体系

从大的方面看,传统的人员考评分为德、能、勤、绩四个方面,根据××公司的企业性质,测评内容侧重从工作态度(敬业精神)、人员素质测评和绩效考评三个方面进行,将主观评价和客观测评技术相结合,主观评价中将上级评价、同级评价、下级评价和客户评价相结合,客观技术评价中将笔试、面试、工作模拟和评价中心等技术相结合,做到全方位评价一个职员。

1. 工作态度评价指标。

对××的认同感、对在××发展前景的信心、工作积极性、对同事工作的促进、团队的协作努力程度,以上项目由直接上级经理、同事、下级和客户分别用相关的评议表格进行主观评定。这一工作结合绩效考评中的季度或年度考核评议进行,也可以结合"员工满意度调查"活动进行。

2. 素质测评结构体系。

(1) 依据××公司各岗位工作分析的职位要求来作为测评的基本内容,同时加入人格特征、管理风格等内容。

(2) 智力:图形推理测验、简易智力测验。

(3) 知识:专业资历、专业经验、知识结构。

(4) 一般职业能力:言语能力、数理能力、机械推理、空间关系、知觉速度和准确性、运动协调性、手的速度和灵活性。

(5) 胜任能力:决策能力、驾驭能力(影响力)、技术能力、公关能力、组织能力、发展他人、权限意识、团队协作、自信、信息调研能力、团队领导力、主动性。

(6) 职业人格:主要指性格特征,这里指适应性与焦虑性、内外向、情感型与理智型、怯懦与果断。

(7) 职业定向:人、程序与系统、交际与艺术、科学与工程。

(8) 管理风格:这里主要指管理者的动机模式,分为成就型、权力型、亲和型三种。

3. 绩效考评结构体系。

(1) 每月工作完成率:根据各部门各职位的工作分析,编制各部门相应的月度工作任务书表格,逐月及时了解每一个员工的工作任务计划、工作量、难度及当月完成情况,累计统计作为年终全年考评的依据。对于不易于确定工作分析和工作任务的,可以设法采用其他简易方式来定量评价,尽量做到大部分工作岗位都有月度任务目标管理。

(2) 季度、年度评议:对员工各方面的主观评议,可以沿用上一年评议中反映较好的项目,并针对不同部门、不同岗位适当增加或减少评议项目。以上项目由直接上级经理、同事、下级和客户分别用相关的评议表格进行主观评定。

(3) 特别业绩与贡献:根据其部门或公司认定的属于对公司有重大或特殊贡献的业绩或事迹,相应地在评议上进行加分。

三、方法

基于各种测评方式的有效性和成本,结合公司目前情况,建议采用已经过实践证明有效的方法,包括人事测评量表(纸笔方式)和测评模式(结构化面试、行为事件访谈法、评价中心等)。

1. 评价中心:通过多种方式如结构化面试、公文处理、工作情景模拟、管理游戏等来全面考察干部候选人的综合管理能力。

2. 行为事件访谈:通过专业的谈话内容分析技术,定量评价管理干部的各个胜任特征。

3. 结构化面试:通过精心设计的问题,即时考察测评对象的语言表达、人际沟通、思维反应能力。

4. 人格问卷:通过设计问卷来了解各级员工的职业兴趣、职业人格、管理风格等心理素质。

5. 综合知识测验:设计纸笔形式的测验来考察基层干部、普通员工和新招聘人员的科技知识、人文知识、外语及生活常识等方面的知识面。

6. 一般职业能力测试:选用和设计纸笔形式、操作形式的测验,来考察基层干部、普通员工和新招聘人员的基本认知能力和动手能力。

7. 民主评议:根据各部门各岗位工作分析,设计各种评价指标体系表格,由上级、同事、下级、客户对被评议人工作是否称职、是否优秀等进行打分评议。

8. 讨论推荐:由各部门组织总结讨论部门内每个员工的工作态度、工作完成率、称职与否等,按一定比例评比出先进个人。

四、工具

国内关于企业人员测评现成的可以实用的测评工具还不多,因此,本方案所涉及的工作大部分需要从头研究、试用、修订,并在实践中完善。

五、工作步骤及进度安排

第一阶段:中层管理干部素质测评。

1. 设计中层管理干部素质测评方案(已完成,见附件一,略)。

2. 设计、制作《GDT 职业倾向问卷》:适用全体人员(已完成,见附件二,略)。

3. 设计确定"行为事件访谈提纲":适用中层以上管理人员(见附件三,略)。

4. 编制《GDT 职业倾向问卷》计算机辅助统计报表打印软件。

5. 选择部分人员实施《GDT 职业倾向问卷》预试,为修订完善做准备工作。建议在 10 月中旬进行。

6. 实施全体人员(包括中层以上领导)《GDT 职业倾向问卷》正式测评。建议在 10 月下旬或 11 月上旬进行。

7. 进行中层管理人员行为事件访谈。与问卷正式施测同步进行。

8. 汇总统计测评数据并提交第一阶段测评报告。

第二阶段:上市公司用人,普通员工与新招聘人员基本素质测评。

第三阶段:季度、年度考核。

1. 设计工作态度调查方案。

2. 设计各部门每月任务完成率考评方案。

3. 设计各部门年度绩效考评指标体系。

4. 确定《GDT 民主评议指标体系》:包含工作态度评议的指标和年度考核的指标,配合年终考核进行,时间上需要提前一个月左右进行(11~12月)。

5. 实施年度民主评议。

6. 统计分析民主评议数据,修订完善《GDT 民主评议指标体系》,总结报告。

第四阶段:中高级领导测评(略)。

写作要领

企业员工测评与考核是人力资源开发和管理的一项实用技术,是用一定的方法对员工的能力、素质进行科学的测评,以便企业对其进行考核和评估。员工测评技术被许多大公司作为人事管理的重要工具。

第八章 商务往来类文书写作

第一节 询价函

 参考范文

【范例1】机动车采购询价函

××机动车政府采购询价函

(×采询 20××)

　　××市政府机关事务管理局政府采购办公室受采购人的委托,拟依法公开组织询价采购下列公务用机动车辆,欢迎具有供货能力的各厂(供应)商参加报价。报价包括以下几点内容:

1. 报价方式:报价函(盖上密封章)密封好后来人送达。

2. 报价时间:20××年×月×日上午9:00~12:00。

3. 报价单后须附以下证明:

(1)营业执照正本复印件(加盖公章);

(2)法人或委托代理人(持有法人委托授权书)的身份证明复印件;

(3)产品及服务授权及认证。

联系电话:××××××××

传真:×××××××

联系人:陈××、张××

联系地址:××市政府采购办公室

邮编:×××××

××市政府采购办公室
二○××年×月×日

【范例2】茶叶采购询价函

茶叶采购询价函

×××先生:

我公司对贵单位生产的黄山毛峰茶叶感觉质量上乘,品味浓郁,需订购若干。

品质:一级。

规格:每包500克。

望贵厂能就下列条件报价:

1. 单位价格。
2. 交货日期。
3. 结算方式。

如果贵方报价合理,且能给予优惠折扣,我公司将考虑大批量订货。

希速见复。

××市副食品公司
二〇××年×月×日

写作要领

一、询价函概述

询价函是指交易一方预购买或出售某种商品,向对方发出的探询买卖该商品及有关交易条件的一种信函。

询价函是联系客户的一种方法,也是了解市场行情的一种手段。现代社会商务往来越来越多,询价函的使用也越来越频繁。它通常由买方发出,询价只表示一个意愿,没有必须购买的义务;卖方也没有必须回答的义务,但出于礼节,卖方应尽快答复。询价函的目的是请对方报价,因此,询价函对交易双方都没有法律上的约束力。

二、询价函的主要分类

1. 客户对商品有兴趣而就某项商品交易的条件向卖方询问商品的价格

及咨询信息。

2. 卖方有目的地征询客户和收信人对某产品意见的一份问卷。

3. 卖方发出广告主动邀请客户回复询问信以索取样品、产品目录或资料。

三、询价函的写作格式

1. 称谓、问候语（根据实际情况而定）。

2. 正文。

开头：感谢对方公司所提供的产品目录，说明本公司对哪几项产品有兴趣，应明确说出品名及货号。但若双方公司是第一次接触，则应说明由何处获知对方公司的信息。

主体：具体明确写明询问的事项。

（1）将本公司有意购买的商品的货号、数量、规格等明确列分，请对方公司报价，将出货时间、付款条件、保险、包装、折扣等详细列出。

（2）应介绍本公司的经营项目及范围，并说明本公司的经营状况、优点及经验，也可说明本地市场的供需情况。

结尾：说明与对方公司贸易往来的诚意，并诚恳期望对方回复。

（1）联系方式及联系人。

（2）祝颂语。"顺致（颂）商安（商祺）"。

（3）签署（落款）。发函单位名称或个人名称，另起一行书写年、月、日。

第二节　回复询购函

 参考范文

【范例】回复询购函

回复询购函

××先生（女士）：

×月×日的信函收讫，感谢您对我方产品的信赖与诚意。随函附寄一份贵方索要的产品说明书和价目单,您将会了解有关我们营业折扣的详细说明。

我们欢迎您来函征询我方产品种类及价格,并欢迎您有机会来我厂参观指导,在这里您可以亲眼见到高质材料和精湛手艺是怎样融合进我们的产品制作之中的。同时您还能熟悉各种高档的××制品,还可了解更多感兴趣的有用信息。

希望我们能进一步加强合作,也希望有机会能给您提供新的服务,若贵方愿意采用我方产品,我们将尽可能满足您的需求。

顺祝生意兴隆,事业发达!

×××公司
二〇××年×月×日

 写作要领

回复商业询购函是指收到询问(询价、询购)函后回复对方的商业信函。一般来说,回复商业询购函由以下3部分构成:

1. 首部。

(1)标题:直接写"回复商业询购函"即可。

(2)顶格书写受函公司名称或个人姓名。

2. 正文。

(1)说明收到对方信函的日期,然后对咨询的内容给予答复。

(2)提出希望以后进一步加强合作的愿望,并以礼节性的问候语言作为结尾。

3. 落款。

编制信函的公司名称及日期。

第三节　报价函

参考范文

【范例1】常用报价函

报价函

×××商场：

贵方×月×日询价函收悉,感谢贵方的信赖与合作诚意。兹就贵方要求,报价详述如下:

1. 商品:五指山苦丁茶。
2. 规格:一级。
3. 容量:每包500克。
4. 单价:每包×××元(含包装费)。
5. 包装:标准纸箱,每箱100包。
6. 结算方式:商业汇票。
7. 交货方式:自提或货车送达。
8. 交货日期:收到订单10日内发货。

我方所报价格极具竞争力,如果贵方订货量在1000包以上,我方可按95%的折扣收款。如贵方认为我们的报价符合贵公司的要求,请早日定购。

恭候佳音。

××茶叶公司
二○××年×月×日

【范例2】主动报价函

主动报价函

尊敬的××先生:

  我方从贵国在中国××市××贸易代理处取得贵公司的联络地址,同时了解到贵公司有兴趣进口电子游戏机。我公司生产的电子游戏机行销世界30多个国家和地区,在国际市场同类产品中市场占有率达到15%。

  我方希望能在贵国开拓市场,进一步推广我方的各类电子游戏机产品。随函附上我方的公司简介、产品目录及价格表以供参考,并希望进一步加强合作,互利共赢。

  如对方有合作意愿,希望早日收到贵公司的回复。

中国××电子有限公司(章)

总经理:×××

二○××年×月×日

【范例3】要价报价函

要价报价函

尊敬的××经理:

  您好!

  我方从××贸易发展促进会得知贵公司是××生产商,产品质量高信誉好。

  我公司是一家大型纺织品经销商,希望与贵公司加强合作,经销你方有关产品,如果贵公司的××类产品价格合理,本地将会是一个很好的市场。

  特请贵公司能够提供该类产品的有关资料,包括重量、尺码、颜色及价格,并提供样品,如有产品目录,亦请一并惠寄我方。并请告知付款方式,定期购买数量不少于 15 万件的折扣优惠价,连同运费及保单等。

敬希贵公司能尽快回复。

顺祝商祺!

×××股份有限公司

二○××年×月×日

 写作要领

一、报价函概述

报价函是指卖方向买方提供商品的有关交易条件的信函。报价函起通知买方价格的作用,对卖方没有约束力,可根据实际需要进行更改。

二、报价函的写作内容与格式

报价函一般与买方的询价函相对应,其格式也类似,但主要内容应包括产品的价格、结算方式、发货期、产品规格、可供数量、产品包装、运输方式等。报价不同于国际贸易中的报盘。报价起通知买方价格的作用,对卖方没有约束力,可适当更改。

报价函的写作格式一般包括:

1. 称谓、问候语(根据需要)。

2. 开头:说明接到对方来信,感谢对方的询问。

3. 主体:针对询问的事项,具体周到地答复。通常来说,报价函中应该明确以下条款:

(1)产品的名称、数量和质量。

(2)产品规格、标号。

(3)产品单价、总价和优惠情况。

(4)产品的包装。

(5)货物的运输。

(6)产品的交货时间、结算方式等。

4. 结尾:礼节性问候并希望进一步加强合作。

5. 祝颂语:顺致(颂)商安(商祺)。

6. 签署(落款)：发函单位名称或个人名称，另起一行书写年、月、日。

第四节　回复报价函

 参考范文

【范例】回复报价函

回复报价函

尊敬的×××先生：

贵公司×月×日的查询函收悉。我方已按贵公司要求,随函附上几款适合贵公司生产需要的梭织布料。

布料价格如下：

报价编码：

A1：全棉布43,每码××美元。

A2：亚麻布47,每码××美元。

A3：人造丝50,每码××美元。

所有价格均包括货价、保险及装运至××码头的运费。

包装：卷筒、胶袋包封,外包装木箱。

以上报价有效期至20××年×月×日。

期望尽快收到贵公司的订单,随函附上我方产品的详细目录。如有任何查询,请随时与我方联络。

顺祝商祺！

××公司业务部
经理：×××
二○××年×月×日

写作要领

一、回复函的写作格式与方法

1. 主题:关于××询问函的回复。

2. 说明:按照客户要求,回复或附上所要的报价单、目录、样品或规格资料;也可顺便再自我推销,介绍强调自己或产品的优势特色;附带提供一些额外的相关资料。

3. 结论:希望尽快收到对方的意见或订单,并进一步加强合作。

二、报价单或价目表的基本内容

1. 编号。
2. 品名规格。
3. 单价。
4. 交货日期。
5. 最低订购量。
6. 有效期。
7. 包装方式。
8. 付款条件。

第五节 还价函

 参考范文

【范例1】还价函一

还价函

××先生(女士):

贵方×月×日报价函获悉。经研究,我方不能接受贵方的报价,深表遗憾。

贵厂的一级××品质优良,但贵方的价格我方实在难以接受,我方认为贵方在现价基础上降低15%比较合理。

盼复。

××副食品公司
二○××年×月×日

【范例2】还价函二

还价函

尊敬的××先生:

根据贵方20××年×月×日还价函获悉,贵方未能接受我方报价,多有遗憾。

我公司生产的××节能灯管品质优良,使用寿命长,价格合理,贵方的还价我们不能接受,我方最多只能将原报价降低5%。

××股份有限公司
二○××年×月×日

写作要领

一、还价函概述

还价函是指接受报价的一方认为对方的报价中有些条款不能接受,提出己方对价格的不同意见,与对方进行酌商的一种信函类的文书。

二、格式与内容

1. 开首。

(1)标题通常是还价原因加报价函。

(2)顶格书写对方公司名称或个人姓名。

2. 正文。
(1)通常提出不同意对方报价的原因,明确表明己方能够接受的价格。
(2)相关产品信息及理由。
(3)留有余地,表达继续合作的意愿。
3. 落款。编制信函的公司名称及日期。

第六节 确认订购函

 参考范文

【范例1】确认订购函一

确 认 订 购 函

×××女士:

  非常高兴收到贵方×月×日第××号×××台××空调订单。我方将速予办理,货物将在贵方要求日期内运抵指定地点。
  根据商业汇票规定,我方通过××银行开出以贵方为付款人的银行承兑汇票、面额×××万元,承兑期限为3个月。希望贵方尽快办理承兑业务。
  贵方对此还有何要求,请即函告。
  感谢贵方的惠顾,希望加强合作,继续保持经常的贸易联系。

××股份有限公司
二〇××年×月×日

【范例2】确认订购函二

确 认 订 购 函

×××先生/女士:

  非常高兴收到贵方×月×日第×号订单。我方尽快予以办理,货物将在贵方要求日期内运抵指定地点。

根据商业汇票规定,我方通过××银行开出以贵方为付款人的银行承兑汇票,面额×××万元,承兑期限为3个月。希望接函后尽快办理承兑业务。

贵方还有何要求,请即函告。

感谢贵方的惠顾,希望精诚合作,互利互惠,保持长久的贸易联系。

××副食品公司
二○××年×月×日

 写作要领

一、确认订购函概述

确认订购函是卖方在收到客户的订购函后,予以回函确认,并同时告知客户货物办理程序及货款支付等事宜,询问客户是否还有其他要求的信函。

二、确认订购函的写作内容与格式

1. 标题:写明"确认订购函"。
2. 称谓:顶格写收函人(公司)名称。
3. 正文:写明收到对方订购函的时间,告知对方货物即将发出,希望对方查收,同时告知对方货款的支付方式。礼节性地询问客户是否还有其他要求。
4. 结尾:署名发函公司和具体日期。

三、确认订购函的写作注意事项

写作时要详细说明货物办理情况和货款支付情况,以便对方及时收货和付款。结尾一般要向对方致谢,表达继续合作的意愿。

第七节　成交函

参考范文

【范例】成交函

对××公司订购商品的答复函

××公司：

　　你处×月×日来函收悉。感谢你方在××交易上订购我公司××产品，对贵公司与我方真诚合作表示衷心的感谢。

　　诚如贵公司所知，××品牌是我公司畅销商品，每年销量很大，并有一定数量的产品出口到十多个国家，在国际上享有盛誉。

　　请提出贵公司所需数量、规格、交货期、交货地点等，以便尽快办理各种交接手续。

　　此复函为订购确认函，如无特殊情况和不可抗力不得变更。（同文本等附后）

　　盼复！

××股份有限公司（盖章）
二○××年×月×日

写作要领

一、成交函概述

　　成交函是商品交易过程中，双方经过协商甚至讨价还价，最终达成和确定交易成功的一种公函，具有标题、文号、格式要求，并加盖公章的一个确认文书。

商业企业在营销活动中,经常使用公函来商洽、询问、答复、请求等进行贸易活动。无论是哪一种类型的函,其格式都大体相同。一般商品的成交,大多要经过建立联系、介绍经营范围、说明意图、询价、发价、还价、接受或确认、签订合同、履行合同等诸多环节,最后达到成交的目的。由于交易双方距离较远或者其他原因,不可能随时派人前来接洽,就以书信的形式来进行交流,经过反复磋商,最终达成交易。所以,这种用书信的形式来反复协商达成交易的公函就叫成交函。

二、成交函的写作结构

根据商业达成交易活动的需要,撰写成交函件,既要发给成交对象予以确认,企业也要留底存档,以便备用查阅。留底备查的成交函件,由事由或标题、编号、受函者、正文、附件、落款 5 部分组成;发给对方的函件,只需主送、正文、附件、签署即可。

1. 事由或标题。

标题为事由加文种组成。例如:"××公司对××商店认购商品的答复函"。

2. 受函者。

要求写明认购者的企业或个人名称,必要时还要写明负责人姓名及职务。

3. 正文。正文一般要求写清以下几个方面的内容:

(1)发函的缘起,例如,确认认购商品,答复交易结果,建立贸易往来等。

(2)成交商品的基本情况。这主要涉及商品名称、数量、质量、价格、包装、装运、支付、佣金等的具体意见。

(3)继续合作的礼节性问候等。

4. 附件。

除正文之外,还需要附上与正文有关的商品交易材料,如商品样品、商品价目表、有关单据、合同书等,均可作为函件的附件。如果不需要附加材料,可不要附件一项。

5. 落款。签署发函企业名称及时间,并加盖公章。

第八节　催款函

参考范文

【范例1】索取逾期账款

索取逾期账款

尊敬的×××先生：

　　您好！长期以来，您我双方精诚合作，互利互惠，诚信为本，信守承诺，形成了长期的合作关系，双方都真诚希望这种合作关系能继续保持下去。

　　自从上次交易成功已三个多月，但至今仍未收到贵方货款，因我方流动资金紧张，希望能尽快结清所欠账款，以不影响公司正常经营活动。

　　按照合约，鉴于贵方总是及时结清账目，此次逾期一个多月仍未收到贵方货款，我们想知道是否有何种特殊原因。

　　贵方如未能及时收到我们此前于×月×日发出的账目清单，现补寄一份，并希望贵方及时处理，以不影响双方长期建立的良好的合作关系！（附账目清单）

　　盼复！

　　专此布达，尚希见谅！

×××公司
财务经理：×××
二〇××年×月×日

【范例2】逾期借款催收函

××市信托投资有限公司逾期借款催收通知书

×投司〔××〕××号

　　借款单位：××钢铁公司（地址：××市××区××路××号；开户行：

工商银行××市支行××分理处;账号:×××××××××;经办人:×××;联系电话:×××××××)

你单位20××年×月×日向我公司借款×百万元,根据贷款合同规定,借款期限为一年,于20××年×月×日到期。现已逾期××天,你单位尚欠逾期本金×百万元,利息×万元。望贵公司接到本通知后,请于20××年×月×日前来我公司办结还款手续。如逾期不还,我公司将从贵公司保证金账户中扣除,并对逾期借款按规定加收利息,依照合同约定及法律规定处理担保(抵押)物,收回贷款本息或由担保人偿还贷款本息。

请贵公司本着信守承诺的原则,积极筹措资金,按期予以归还。否则,我公司保留依据法律手段,按照《经济合同法》和《借款合同条例》及有关规定进行处理的权利。

特此通知。

催款单位:×××信托投资有限公司(公章)

地址:××区××路×号

开户行:×××银行××支行

账号:×××××××

经办人:×××

律师代理:×××

二○××年×月×日

写作要领

一、催款函概述

催款函是指商务活动中交易一方有拖欠货(借)款时,借出方(债权人)发出的请求对方支付或归还款项的信(公)函。

催款函不是断交信,是卖方或债权人在规定期限内未收到货(借)款,提醒或催促对方付(还)款的函件,旨在提醒对方付款结账,同时还要用信函方式继续保持双方的友好关系。催款函既有商务性质,又有法律内涵。

二、催款函的作用

1. 查询:催款函可以及时了解对方单位拖欠款项的原因,沟通信息,以便采取相应的对策和措施,协调双方的关系。

2. 催收:债权方为了加速资金流动及合理周转,扩大再生产,会对债务方有意或无意拖欠付款的行为采取催款措施。通过催款可以及时追回拖欠款,避免或减少经济损失。

3. 凭证:如果由于拖欠付款给债权方造成了实际经济损失,催款函又可以起到记载凭证作用,即当催款单位在向有关方面提起追诉对方的经济责任时,催款函可以作为一种有力的凭证。

三、催款函的形式与写法

1. 催款函的形式。

(1)便函式:以信函的形式写作。

(2)表格式:人们在长期实践的基础上约定俗成的固定表格,使用时直接填写即可。

2. 催款函的写法。

(1)标题和编号。

如果催收的是紧急款项,可在标题前写上"紧急"二字。标题一般要注明编号,以便于查询和联系,并且一旦发生了经济纠纷而走上法庭时,它也是一份有力的凭证。私人函件也可不编号。

(2)催款和欠款单位的名称和账号。

催款函要清楚、准确地标明双方单位的全称和账号。必要时,要写明催款单位的地址、电话及经办人的姓名,若是银行代办催款的,还必须写明双方开户银行的名称、双方账号名称及账号。

(3)催收内容。

这是催款函的主体部分,应清楚、准确、简明地写出双方发生往来的原因、日期、发票号码、欠款的金额及拖欠的情况,以便使受文单位明确情况,及时地交款。

(4)处理意见。

催款方在催款函上提出处理办法和意见。这种意见一般都是从以下三个方面予以说明:

①要求欠款户说明拖欠的原因。

②重新确定一个付款的期限,希望对方按时如数交付欠款。

③再次逾期不归还欠款将采取的罚金或其他措施。

(5)落款。写明催款单位的全称,并加盖公章,然后注明发文日期。

第九节 投诉处理函

 参考范文

【范例1】投诉处理函一

投诉处理函

××用户:

　　我公司于本月×日收到您给我公司寄来的投诉信函,感谢您对我公司工作的批评和建议。您在信中提到家中新购的××家具出现脱胶、接缝不牢等现象,我们认为可能是由于您家中湿度过大的原因。

　　针对这一情况,我公司已经责成公司驻××市办事处的工作人员去您家中做实际检查并作出处理意见。我公司将严格遵守《产品质量法》和我公司的销售承诺,妥善解决好您的问题,尽量做到您满意。

　　特此函复。

××省××家具有限公司
二○××年×月×日

【范例2】投诉处理函二

投诉处理函

尊敬的××先生:

　　得知您对我公司的××产品不尽满意,我们对此相当重视和关切。

　　您提到××问题(重复客户指称的问题),这(是,可能是)因为××原因

(提供解释)。我们已通知并责成(质检主任/出货总监/区域经理)对事情进行了解,如果有需要,他(她)们会与您取得联系,并进一步解决您的问题。

谢谢您本着互助精神告知我们这个状况,请接受随信附上的(调整补偿)以及我们的歉意。我们会积极努力,让您在购买和使用我公司产品时完全满意。

顺致诚挚问候!

随函附件:(调整补偿)

×××公司售后服务部

二○××年×月×日

【范例3】投诉处理函三

投诉处理函

×××先生:

×月×日来函收到,感谢您在信中指出我们工作的失误。由于我们工作的疏忽,未及时发货。对由此给您工作带来的不便,表示深深的歉意。

贵单位需要的货物现已以加急方式发往贵处,我们保证今后不会再出现类似情况,望能继续加强合作。

特此函复。

×××电器厂

二○××年×月×日

写作要领

一、投诉处理函概念

投诉处理函是与客户沟通的重要手段之一,是为客户服务的一种形式。投诉处理函就是回复客户的投诉,并提出处理意见的信函。

二、投诉处理函的写作内容及格式

1. 开头。
(1)标题直接写"投诉回复函"即可。
(2)顶格书写受函公司名称或个人姓名。
2. 正文。
投诉处理函的正文应包括以下内容:
(1)引述投诉函要点。
(2)表明己方态度。
(3)提出处理意见。
3. 落款。编制信函的公司名称及日期。

三、写作时的注意事项

在撰写投诉处理函时,要注意言语用词,态度必须认真坦诚,本着"顾客是上帝"的原则,无论对方的投诉理由是否充足,都应对其投诉表示接受,感谢对方对己方的工作提出意见。语言要礼貌得体,用词要冷静平和。信的结尾应有单位领导的签名。

第十节 索赔书

参考范文

【范例1】质量不符索赔函

关于镀锌铁皮质量索赔书

编号:20××年×字第×号
×国××公司:
　　××型镀锌铁皮由"××号"货轮装运,于20××年×月×日到达××港,共计××吨。经我公司商品检验处从中随机抽取20%件数,进行检查验收,发现每张镀锌铁皮板的底面,顺着轧制方向,有贯通整张板面的划痕 10~20 条,断续划痕 50~60 条,深度 2~6 微米。有的还有穿孔、露铁、破边和锌块黏结(见照片)现象。

根据检验结果,该批镀锌铁皮存在严重缺陷,均系生产因素造成(发货前造成)的,其品质与合同规定的标准不符。按照合同要求并经合理估价应赔偿货物总价的 15%,合计××万美元,商检费×万美元,共计应赔偿××万美元。

随函寄上商检证书正、副本各一份。

希冀贵公司接函后,能够按照合同要求尽快处理并函复我方。

特此函告,尚希鉴复。

附件:商检证书正副本各一份。

中国××进出口总公司
二〇××年×月×日

【范例2】品质不符索赔函

关于××啤酒品质不符的索赔函

××啤酒股份有限公司:

我公司于20××年×月×日从贵公司购买 200 箱 6000 罐××牌纯生啤酒,等级为一级品。但到货后,我方质检人员发现该批货中大约有 6 箱啤酒的品质明显低于贵公司提供的样品标准。经××省××市××质量检验局抽样检验,这 6 箱啤酒中含有明显的沉淀物,且部分抽检样品口味变异,属于不合格产品(随函寄上质监局出具的质检报告)。

按照合同要求,贵公司 6 箱啤酒不符合质量标准,根据《食品卫生法》的有关规定,拟进行销毁处理,同时贵公司需对我公司造成的经济损失作全部赔偿。

特此函告,尚希鉴复。

附件:××市××质量检验局质量检验报告

××市××商贸有限公司
二〇××年×月×日

 写作要领

一、索赔函概述

索赔函(书)是商贸活动中买卖双方因其中一方未能履行合同,或者其行为违背合同某些条款造成经济损失,另一方提出经济赔偿所使用的信函或专用文书。

二、索赔函的写作格式

索赔函一般由标题、编号、受函者、正文、附件、签署六部分组成。

1. 标题。

标题的形式比较灵活,既可以根据实际情况,采取标明包括索赔事由加文种的标题形式,如《关于×××的索赔函》;也可以开门见山不标明索赔事由,只写文种的简单标题形式,如《索赔函》。

2. 编号。编号是为了联系与备查用。一般由代字、年号、顺序号组成。

3. 受函者。接收受理索赔函一方的全称。

4. 正文。

(1)缘起。提出引起争议的原因。

(2)索赔理由。具体指出合同项下的违约事实及根据,进而陈述因对方违约给自己带来的经济损失。

(3)索赔要求和意见。根据合同要求及有关国家的法规、惯例,向违约方提出经济赔偿的意见、数量及其他权利。

5. 附件。为解决争议,可附上有关的证明材料、合同、来往函电作为附件。

6. 签署。要写明索赔者所在地和全称及致函的日期。

三、索赔函的写作要点

1. 反映事实要客观、真实,分清是非责任。

2. 收集足够的书面文件和证明材料,可作为信函的附件。

3. 清楚说明索赔项目,具体地提出索赔的理由。

4. 合理提出索赔要求,不漫天要价,要求应以合同条款或有关惯例为准则。

5. 措辞和语气要有分寸,促使事态朝有利于赔偿的方向发展。

第十一节　理赔书

参考范文

【范例1】质量不符理赔函一

质量不符理赔函

编号:20××年×字第×号

××贸易有限公司:

　　你公司×月×日来函收悉。所提合同××号项下红木家具部分接口有破裂一事,已引起我方关注,经向有关生产单位了解,出厂家具完全符合合同要求,并经检验合格,至于部分接口破裂,是由于我方在出库时搬运不慎造成的,对于造成你方的损失,我们深表歉意。

　　请贵公司提供家具受损的具体数字,以及公证人检验证明书,我方将按合同条款和实际造成的经济损失给予赔偿。

　　此复。

××××公司(公章)
二○××年×月×日

【范例2】质量不符理赔函二

质量不符理赔函

××市××商贸有限公司:

　　贵公司×月×日来函收悉。来函提到的6箱不合格啤酒问题,我公司立即进行了深入调查,发现是由于装箱时,工作人员误将过期处理品当作合格品,从而造成这一事件的发生。对于我公司工作的失误,我们深表歉意。

我公司对于贵公司在来函中提出的有关要求和处理意见完全接受。对于因此造成的经济损失,我公司将负责赔偿,并尽快责成当地办事处有关人员协助办理此事。

此事给我公司的管理工作敲响了警钟。我公司将在今后的生产管理中进一步强化责任意识,杜绝此类事件的再次发生。并希望双方精诚合作,互利共赢!

特此函复。

××啤酒股份有限公司
二○××年×月×日

写作要领

一、理赔函概念及特征

1. 理赔函概念。

在贸易活动中,当合同一方就另一方违约向其提出索赔时,违约方接受违约事实,并就索赔方提出的索赔要求予以经济赔偿的专用复函,即为理赔函(书)。理赔函对于交易双方达成谅解和继续发展贸易关系,具有积极的意义。

2. 理赔函的特征。

(1)坚持实事求是的原则。

理赔书写作要求本着实事求是的原则,一切从实际出发。处理贸易纠纷应尊重事实,属于我方责任应勇于承担,并积极提出解决办法,不宜采取轻率或回避的态度,以免影响日后贸易合作与发展。

(2)以合同和法律为依据。

无论是索赔方向违约方提出赔偿要求,还是理赔方受理对方的赔偿要求,都要依据合同所规定的条款、责任和义务而定。要认真研究合同项下的有关细则,或援引有关国际贸易惯例、规则及有关法规定作为证据。双方在交易过程中的有关往来电函,必要时也可作为重要证据。

二、理赔函的写作格式

1. 标题。

包括标题、编号、收文单位。标题由事由和文种名称组成,如"质量不符理赔函"。

2. 正文。

正文是信函的主体,由开头、主体、结尾、落款组成。

(1)开头:转述对方来函内容。

(2)主体:对索赔的理由与索赔的要求进行答复。或者同意对方意见要求,进行赔偿;或者不同意对方意见要求,以事实和法律为依据,阐述己方的理由,驳斥对方的意见,拒绝对方的要求。

(3)结尾:以回复性的语言作结尾语,如"特此回复";或者对己方的违约表示歉意。

(4)落款:署名、签章、日期、附件。

第十二节　道歉函

参考范文

【范例1】商业道歉函

道歉函

尊敬的×××女士:

　　×月×日来函指出因本店店员态度不佳而引发不愉快之事,在此深表歉意。

　　本店一贯秉持"诚信经营,信誉第一,礼貌待客,童叟无欺"的经商理念。要求店员在接待和服务顾客时务必做到顾客至上,服务到家,亲切和蔼、举止得体,细致周到,彬彬有礼。

　　由于上次与您发生不愉快之事的店员是新上岗职工,对本店要求没能完全做到,服务态度不太友好,经批评教育,本人已认识到自己的服务态度不好并愿意改正错误,鉴于其年轻且刚参加工作,希望得到您的谅解,给其一次改正错误的机会。

我店在以后的工作中会不断改进工作作风,提高服务水平。也希望您能继续惠顾本店,监督我店服务工作,共同营造一种和谐温馨的营商环境!

专此回复,并再次致歉。

×××商场

业务经理:×××

二○××年×月×日

【范例2】难以供货道歉函

道歉函

尊敬的×××先生:

非常感谢您×月×日的××号订单。我们很抱歉通知您,您所求购的××-12型号的产品已不再生产。但是,我们特向您推荐××-36型号的同类产品,并可立即供货。

新型号××-36产品与旧型号的××-12产品属于同一系列,在技术上有所改进,功能更加齐全,性能优良。价格为每件×××英镑。由于您是老客户,加之为了推出新产品,我们愿意以优惠的价格,以每件×××英镑出售给您。随信附上××-36的图片和详细资料,供您参考。

如您有意订购××-36新型号产品,请将订单于×月×日前发出并通知我们,我方会尽快做好发货准备。

祝合作愉快!

中国×××有限公司

业务经理:×××

二○××年×月×日

【范例3】延期供货道歉函

道 歉 函

尊敬的×××先生：

　　由于特殊原因，我公司特此致函告知，对于贵公司×月×日第××批号订单所购货物延期×日发送一事，深表歉意。

　　我公司在进口××国××产品的零部件时遇到了一些质量问题，目前正转向本国的优秀供应商，产品质量会有所提高。并预计会在两周内发送您订购的货物。对给您造成的不便及损失，我方会进行合理的补偿，并再次向您表示深深的歉意。

　　献上最美好的祝愿。

中国×××有限公司
业务经理：×××
二〇××年×月×日

【范例4】误发货物道歉函

道 歉 函

尊敬的×××先生：

　　感谢您×月×日的来信。非常抱歉，我公司向贵方误发了××件××产品，而非贵公司所订购的××件××产品。由于我们的疏忽给您造成的麻烦和带来的不便，恳请谅解。

　　我方已按照您所订购的××型号产品数量，于周三（×月×日）发货给您，估计×月×日到货，请查收。同时请退回误发的××产品，由此产生的费用由我方承担。

　　再次为这次的错误向您致歉。我方已采取措施，保证今后不再出现此类事件。

　　祝事业发达，合作愉快！

中国×××有限公司
业务经理：×××
二〇××年×月×日

 **写作要领**

一、商务道歉函的概念

商务道歉函,是指在商务活动中,在商业贸易及业务往来中就己方出现的失误、瑕疵、欠缺等问题向对方表示歉意的信函,其目的是协调商务关系,达成相互谅解,进一步加强合作,实现互利共赢。

二、商务道歉函的写作格式

写作格式主要包括以下方面:

1. 开头。以尊敬的称谓标明对方名称及身份。

2. 正文。表明歉意,说明事情经过与原因,以求达成谅解,为以后继续合作处理好关系。

3. 结尾。表明以后会杜绝此类事件的再次发生。

三、商务道歉函的注意事项

1. 态度要真诚,争取得到对方的谅解。

2. 如果确实是己方造成的失误,应敢于承担责任与由此造成的后果。

3. 语言要诚恳委婉,这是取得对方谅解的关键。

第九章 涉外商务类文书写作

第一节　中外合资企业项目建议书

参考范文

【范例1】筹建合资企业项目建议书

××市××皮革制品公司
关于在××筹建皮革及其制品合资企业项目建议书

××市经贸委：

现将有关中外合资企业项目事项报告如下。

一、主办单位

中方：××市××公司。该公司拥有国内皮革行业中较先进的制革技术及一批具有较高专业知识水平的工作人员，从事皮革及其制品的开发工作，同时具有小规模的生产能力。

法人代表：×××

职务：×××

主管单位：××市×××局

外方合资企业：××公司

法定地址：德国×××

注册国家：德国

法人代表：××总经理

国籍：德国

二、合资目的

引进国外的先进技术及生产管理经验，提高皮革及其制品的工艺水平，提高产品档次，增强在国际市场的竞争能力。

三、生产产品及合资规模

合资初期主要生产汽车用皮革及其制品，以后逐步扩大生产其他产品。

该合资公司的产品××%以上外销,年销售额×××万美元,厂房约需×千平方米,职工×××名。

四、投资估算及资金来源

投资总额×百万美元,注册资本×百万美元。其中,中方以厂房、设备、现金投入,折合××万美元,占×%;外方以现金和技术投入,共××万美元,占×%。流动资金××万美元,由合资公司在××××银行贷款。

五、生产技术和主要设备

公司现有生产设备较为完善,合资后外方能引进先进的生产工艺和技术,初期需增添部分先进研发设备和仪器,并引进一定的技术研发人员和工程师,即可满足产品生产的要求。

六、主要原材料

合资初期,汽车用皮革及其制品的原材料多数在中国境内采购,部分原材料需要进口。为扩大国外市场,以后需逐步增加其他新产品,特殊原材料视具体情况酌情从国外进口。鉴于国际市场原材料价格比中国国内市场昂贵,可考虑由外方负责在国际市场采购。

七、环境保护

生产过程中没有环境污染问题。

八、合资期限

合资期限为30年。合作期满如双方愿意继续合作,经协商可继续签订合约。

九、初步经济效益分析

以合资初期的汽车用皮革及其制品为例,年销售额为×××万美元,利润率约为××%,每年获利××万美元。则×百万美元的投资资金,××年就能全部收回。

呈报单位:××市××皮革制品公司

呈报时间:20××年×月×日

附件说明:(略)

件数:××

【范例2】中外合资大蒜深加工项目建议书

中外合资大蒜深加工项目建议书

一、项目简介

大蒜又名胡蒜,为百合科葱属植物茎的磷茎,是香料蔬菜之一。中国是大蒜的主要生产和消费国,种植面积大,品种多,质量好,产量占世界总量的42%。

大蒜素的提取与分离工作一直备受广大科技界的关注。最古老的提取方法是蒸馏法,也称高温法,在提取过程中大蒜素和大蒜辣素基本上分解。最新研究技术是超临界萃取法,但萃取法由于设备原因无法工业化生产。有机溶剂萃取法最大的缺点是需要使用大量的有机溶剂,成本高,投资大。

经过近几年的不断努力,我公司发明了一种低温选择性吸附法提取大蒜素,利用其废液回收大蒜多糖,最后剩余的蒜渣干燥后可用于食品饲料的添加剂。

二、市场分析

中国是一个年产500万吨大蒜的"蒜王国",每年出口原蒜100万吨以上,但蒜深加工率很低,长期以来处于出口大蒜原料状态。目前,中国国内在大蒜深加工的开发上尚处于起步阶段:一是规模不大;二是品种较少;三是应用范围不广,远远不能满足市场需求。大蒜这个天然的"广谱抗菌素"及其他可被深加工的有效资源远未开发出来,大蒜的经济价值远未被充分利用。

因此,对大蒜进行系列化的深加工,可以最大限度地利用大蒜资源,以满足食品、饲料、医药、保健、化工等多领域的广泛需求,市场前景十分看好。

三、投资规模

总投资150万美元。

四、出资方式

外方以现汇投入,并负责购买设备,占股49%。

中方以厂房、场地等基础设施及部分资金入股占51%。

五、中方条件

生产厂房1400平方米,仓库约500平方米,场地3000平方米,用电量120kWh,用水60立方米/日,需一吨汽锅炉。

六、生产规模

年产大蒜素(油)8吨,大蒜多糖10吨,干蒜渣20吨。需鲜蒜200吨左右。

七、产品销售

产品40%外销,60%国内销售。

八、效益分析

年产值8000万元人民币,年利润1000万元人民币。

九、合资年限

项目合资年限30年。

 写作要领

中外合资企业项目建议书是中方合资者向国内主管部门呈报,准备同国外合营兴办合资经营企业的建议性文件。

中外合资企业项目建议书的写作内容,主要包括以下3个部分:

1. 首部。

(1)标题由合资企业名称加项目名称加"建议书"组成。

(2)中方与合资方单位简介。

2. 正文。

(1)合营项目及简介。

(2)项目申请理由,主要从市场需求和经济效益等方面进行阐述。

(3)投资估算及投资方式。

3. 尾部。

(1)呈报单位及时间。

(2)附件说明:意向书、国内外市场需求调研、预测报告等。

(3)申报单位签章。

(4)申报日期。

第二节 中外合资协议书

参考范文

【范例】中外合资企业协议书

中外合资企业协议书

甲方：中国××有限公司

地址：××省××市

法人代表：×××

乙方：英国××有限公司

地址：英国××××市

法人代表：×××

双方于20××年×月×日至×日在××市,经过友好协商,在平等互利的原则下,就合资创办出租汽车公司事宜,达成如下协议：

一、合营企业定名为××出租汽车公司。经营大、小车100辆。其中"奔驰"轿车为7辆(为二手车,行车不超过1.7万公里),"丰田"车83辆(其中:50辆含里程、金额记数表、空调、步话机等),大轿车10辆。

二、合营企业为有限公司。双方投资比例为7∶3,即甲方占70%,乙方占30%,总投资为180万美元,其中甲方126万美元(含库房等公用设施),乙方54万美元。合作期限定为10年。

三、公司设董事会,人数为5人,甲方3人,乙方2人,其中董事长1人由甲方担任,副董事长1人由乙方担任。

正、副总经理由甲、乙双方分别担任。

四、合营企业所得毛利润,按国家税法照章纳税,并扣除各项基金和职工福利等,净利润根据双方投资比例进行分配。

五、乙方所得利润可以人民币计收。合同期内,乙方纯利润所得达到乙方投资总额(包括本息)后,企业资产即归甲方所有。

六、双方共同遵守我国政府制定的外汇、税收、合资经营以及劳动等法规。

七、双方商定,在适当的时间选择适当的地点,就有关事项进一步洽商,提出具体实施方案并签订合同。

甲方:中国××有限公司(公章)　　乙方:英国××有限公司(公章)
代表人:×××　　　　　　　　　　　代表人:×××

二○××年×月×日
签订于中国××市

写作要领

一、中外合资协议书概述

中外合资协议书,是中外合资经营双方就设立中外合资企业的基本内容,在谈判中通过友好协商达成一致意见后而草签的初步书面文件。

二、中外合资协议书的签订条件及效力

中外合资协议书必须在项目建议书和可行性研究报告得到企业主管部门审查同意,并转报审批机构批准后才能签订。中外合资协议书一经签订,便标志着商洽阶段结束,合资企业正式成立。签约各方都要受到法律约束,并承担法律责任。合资企业的各项筹建工作,必须在协议书规定的目标、基本要点和基本原则的指导下进行。

中外合资协议书是合资者各方签订合同的基础,因为这种协议书对各有关问题的界定只是初步的、粗线条的,因此今后还要在此协议书的基础上再签订较为具体的合同。如果这种协议与今后签订的合同相抵触,则应以合同为准。

三、中外合资企业协议书的格式与内容

中外合资企业协议书主要包含下列几项内容:

1. 合资各方的名称。
2. 合资项目的名称。

3. 合资企业的经营产品、经营范围和生产规划。

4. 合资企业投资总额、注册资本、各方出资比例、出资方式和利润分配。

5. 合资企业的组织机构、双方席位的分配。

6. 产品销售方式、内外销比例、原材料来源。

7. 合资企业采用的设备和技术。

8. 合资期限。

9. 经双方协商的其他条款。

第三节　中外合资企业章程

 参考范文

【范例】合营有限责任公司章程

××××有限责任公司章程

（20××年×月×日,公司第×次董事会会议通过）

第一章　总　则

第一条　根据《中华人民共和国中外合资经营企业法》的精神,×国×××公司(以下简称甲方)与中国北京市×××公司(以下简称乙方)于20××年×月×日,在中国北京签订建立合资经营皮革制品有限责任公司(以下简称合营公司),根据公司宗旨目标,特制定本公司章程。

第二条　合营公司名称为:

××××有限责任公司

外文名称为:××××

合营公司的法定地址为:××国×××市

第三条　甲、乙方的名称、法定地址为:

甲方:×国×××公司

法定地址:×国××市××路××号

乙方：中国××市×××公司

法定地址：××市××区××路××号

第四条　合营公司为有限责任公司。

第五条　合营公司为中国法人，受中国法律的管辖和保护。其一切活动必须遵守中国的法律、法令和有关条例规定。

第二章　宗旨、经营范围

第六条　合营公司宗旨。使用先进技术，生产和销售与汽车相关的皮革产品、纺织制品和羊剪绒等，并在质量、价格等方面具有国际市场上的竞争能力，提高经济效益，使投资各方获得满意的经济利益。

第七条　合营公司经营范围。设计、制造和销售皮革制品及与汽车相关的包件和纺织坐垫、毛皮制品等产品。

第八条　合营公司生产规模。

1. 合营公司投产后的第一年生产能力为皮革××万张，汽车用纺织面料靠垫××万套，各类包件××万个和少量的羊剪绒制品。

2. 随着生产经营的发展，生产规模可增加×%以上。产品品种将发展成为汽车配套的皮革、纺织制品和羊剪绒制品整个系列。

第九条　合营公司向国内外市场销售其产品，外销部分大于×%。

第三章　投资总额和注册资本

第十条　合营公司的投资总额为×百万美元。合营公司注册资本为×百万美元，所需资金与实际投资之间的差额××万美元由合营公司向银行贷款。

第十一条　甲、乙各方出资如下：

甲方：认缴出资额为×百万元，占注册资本×%。其中，现金××万美元；工业产权××万元。

乙方：认缴出资额为×百万元，占注册资本×%。其中，现金×××万元人民币（折算××万美元）；机械设备××万美元；厂房使用权××万美元。

第十二条　甲、乙双方应按合同的期限缴清各自出资额（人民币与美元汇率按缴资当日国家外汇管理局公布的外汇牌价折算）。

第十三条　甲、乙双方缴清出资额后，经合营公司聘请在中国注册的会计师验资，出具验资报告后，由合营公司据此发给出资证明书。出资证明书主要内容包括:合营公司名称、成立日期、合营者名称及出资额、出资日期、发给出资证明书日期等。

第十四条 合营期内,合营公司不得减少注册资本数额。

第十五条 任何一方转让其出资额,不论全部或部分,都须经另一方同意。一方转让时,另一方有优先购买权。

第十六条 合营公司注册资本的增加、转让,应由董事会一致通过后,并报原审批机构批准,向原登记机构办理变更登记手续。

第四章 董事会

第十七条 合营公司设董事会。董事会是合营公司的最高权力机构。

第十八条 董事会决定合营公司的一切重大事宜,其职权主要如下:

任免聘用总经理、总工程师、总会计师、审计师等高级职员;

批准总经理提出的重要报告(如生产规划、年度营业报告、资金、借款等);

批准年度财务报表、收支预算、年度利润分配方案;

通过公司的重要规章制度;

决定设立分支机构;

修改公司章程;

讨论决定合营公司停产、终止或与另一个经济组织合并;

负责合营公司终止预期满时的清算工作;

其他应由董事会决定的重大事宜。

第十九条 董事会由九名董事组成,其中甲方五名,乙方四名。董事任期四年,可以连任。

第二十条 董事会董事长由甲方委派,副董事长一名由乙方委派。

第二十一条 甲、乙方在委派和更换董事人选时,应书面通知董事会。

第二十二条 董事会例会每年召开一次。经三分之一以上的董事提议,可以召开董事会临时会议。

第二十三条 董事会会议原则上在公司所在地举行。

第二十四条 董事会会议由董事长召集并主持,董事长缺席时由副董事长召集并主持。

第二十五条 董事长应在董事会开会前三十天书面通知各董事,写明会议内容、时间和地点。

第二十六条　董事长因故不能出席董事会会议,可以书面委托代理人出席董事会。如届时未出席也未委托他人出席,则视为弃权。

第二十七条　出席董事会会议的法定人员为全体董事的三分之二。不够三分之二人数时,其通过的决议无效。

下列事项须董事会一致通过:

1. 合同章程的修改。
2. 合营企业的中止、解散。
3. 合营企业注册资本的增加、转让。
4. 合营企业与其他经济组织的合并。

下列事项须经董事会三分之二以上董事或过半数董事通过:

1. 决定和批准总经理提出的重要报告(如生产规划、年度营业报告、资金、借款等)。
2. 批准年度财务报表、收支预算、年度利润分配方案。
3. 通过公司的重要规章制度。
4. 决定设立分支机构。
5. 决定聘用总经理等高级职员。

第二十八条　董事会每次会议,须做详细的书面记录,并由全体出席董事签字。代理人出席时,由代理人签字。记录文字使用中文和英文。该记录由公司存档。

第五章　经营管理机构

第二十九条　合营公司设经营管理机构,下设生产、技术、销售、财务、行政等部门。

第三十条　合营公司设总经理一人,副总经理一人,正、副总经理由董事会聘任。首届总经理由甲方推荐,副总经理由乙方推荐。

第三十一条　总经理直接对董事会负责,执行董事会的各项决定,组织领导合营公司的日常生产、技术和经营管理工作。副总经理协助总经理工作,当总经理不在时,代其行使总经理的职责。

第三十二条　合营公司日常工作中重要问题的决定,应由总经理和副总经理联合签署方能生效。需要联合签署的事项,由董事会具体规定。

第三十三条　总经理、副总经理的任期为四年。经董事会聘任可以连任。

第三十四条 董事长或副董事长、董事经董事会聘请,可兼任合营公司总经理、副总经理及其他高级职务。

第三十五条 总经理、副总经理不得兼任其他经济组织的总经理或副总经理,不得参与其他经济组织对本合营公司的商业竞争行为。

第三十六条 合营公司设总工程师、总会计师和审计师各一人,由董事会聘任。

第三十七条 总工程师、总会计师、审计师由总经理领导。

总会计师负责领导合营公司的财务会计工作,组织合营公司开展全面经济核算,实行经济责任制。

审计师负责合营公司的财务审计工作,审查稽核合营公司的财务收支和会计账目,向总经理并向董事会提出报告。

第三十八条 总经理、副总经理、总工程师、总会计师、审计师和其他高级职员请求辞职时,应提前向董事会提出书面报告。

以上人员如有徇私舞弊或严重失职行为,经董事会决议,可随时解聘。如触犯刑律,要依法追究刑事责任。

第六章 财务会计

第三十九条 合营公司的财务会计按照中华人民共和国财政部制定的中外合资经营企业财务会计制度规定办理。

第四十条 合营公司会计年度采用日历年制,自×月×日起至×月×日止为一个会计年度。

第四十一条 合营公司的一切凭证、账簿、报表,用中文书写。

第四十二条 合营公司采用人民币为记账本位币,人民币或其他货币折算,按实际发生之日中华人民共和国国家外汇管理局公布的汇价计算。

第四十三条 合营公司在中国银行或中国银行同意的其他银行开立人民币及外币账户。

第四十四条 合营公司采用国际通用的权责发生制和借贷记账法记账。

第四十五条 合营公司财务会计账册上应记载以下内容:

1. 合营公司所有的现金收支数量。

2. 合营公司所有的物资出售及购入情况。

3. 合营公司注册资本及负债情况。

4. 合营公司注册资本的缴纳时间、增加及转让情况。

第四十六条 合营公司财务部门应在每一个会计年度头三个月编制上一个会计年度的资产负债和损益计算书,经审计师审核签字后,提交董事会会议通过。

第四十七条 合营各方有权自费聘请审计师查阅合营公司账簿。查阅时,合营公司应提供方便。

第四十八条 合营公司按照《中华人民共和国中外合资经营企业所得税法施行细则》和有关规定以及合营合同的规定,由董事会决定其固定资产的折旧年限。

第四十九条 合营公司的一切外汇事宜,按照《中华人民共和国外汇管理暂行条例》和有关规定以及合营合同的规定办理。

第七章 利润分配

第五十条 合营公司从缴纳所得税后的利润中提取储备基金、企业发展基金和职工奖励及福利基金。提取的比例由董事会确定。

第五十一条 合营公司依法缴纳所得税和提取各项基金后的利润,按照甲、乙双方在注册资本中的出资比例进行分配。

第五十二条 合营公司每年分配利润一次。每个会计年度后三个月内公布利润分配方案及各方应分的利润额。

第五十三条 合营公司上一个会计年度亏损未弥补前不得分配利润。上一个会计年度未分配的利润,应并入本会计年度利润分配。

第八章 职 工

第五十四条 合营公司职工的招收、招聘、辞退、工资、福利、劳动保险、劳动保护、劳动纪律等事宜,按照《中华人民共和国中外合资经营企业劳动管理规定》及其实施办法办理。

第五十五条 合营公司所需要的职工,可以由当地劳动部门推荐,或者经劳动部门同意后,由合营公司公开招收,须通过考试,择优录用。

第五十六条 合营公司有权对违反合营公司的规章制度和劳动纪律的职工,给予警告、记过、降薪的处分,情节严重的,可予以开除。开除职工须报当地劳动人事部门备案。

第五十七条 职工的工资待遇,参照中国有关规定,根据合营公司具体情况,由董事会确定,并在劳动合同中具体规定。

合营公司随着生产的发展,职工业务能力和技术水平的提高,应适当提高职工的工资。

第五十八条　职工的福利、奖金、劳动保护和劳动保险等事宜,合营公司将分别在各项制度中加以确定,确保职工在正常条件下从事生产和工作。

第九章　工会组织

第五十九条　合营公司职工有权按照《中华人民共和国工会法》的规定,建立工会组织,开展工会活动。

第六十条　合营公司工会是职工利益的代表,它的任务为:依法维护职工的民主权利和物质利益;协助合营公司安排和合理使用福利、奖励基金;组织职工学习政治、业务、科学技术知识,开展文艺、体育活动;教育职工遵守劳动纪律,努力完成合营公司的各项经济任务。

第六十一条　合营公司工会代表职工和合营公司签订劳动合同,并监督合同执行。

第六十二条　合营公司工会负责人有权列席有关讨论合营公司的发展规划、生产经营活动等问题的董事会会议,反映职工的意见和要求。

第六十三条　合营公司工会参加调解职工与合营公司之间发生的争议。

第六十四条　合营公司每月按合营公司职工实际工资总额的×%拨交工会经费。

第十章　期限、终止、清算

第六十五条　合营公司的合营期限为十年。自营业执照签发之日起计算。

第六十六条　甲、乙双方如一致同意延长合营期限,经董事会会议做出决议,应在合营期满前六个月向审批机构提交书面申请,经批准后方能延长,并向原登记机构办理变更登记手续。

第六十七条　甲、乙双方如一致认为终止合营符合各方最大利益时,可提前终止合营。合营公司提前终止合营,需董事会召开全体会议做出决定,并报原审批机构批准。

第六十八条　合营期满或终止合营时,董事会应提出清算程序、原则和清算委员会人选,组成清算委员会,对合营公司财产进行清算。

第六十九条　清算委员会的任务是对合营公司的财产、债权、债务进行全面清查,编制资产负债表和财产目录,制定清算方案,提请董事会通过后执行。

第七十条　清算期间,清算委员会代表公司起诉或应诉。

第七十一条　清算费用和清算委员会成员的酬劳应从合营公司现有财产中优先支付。

第七十二条　清算委员会的债务全部清偿后,其剩余的财产按甲、乙双方在注册资本中的出资比例进行分配。

第七十三条　清算结束后,合营公司应向审批机构提出报告,并向原登记机构办理注销登记手续,缴回营业执照,同时对外公告。

第七十四条　合营公司结业后,其各种账册,由甲方保存。

第十一章　规章制度

第七十五条　合营公司董事会制定的规章制度有:

1. 经营管理制度,包括所属各个管理部门的职权与工作程序。

2. 职工守则。

3. 劳动工资制度。

4. 职工考勤、升级与奖惩制度。

5. 职工福利制度。

6. 财务制度。

7. 公司解散时的清算程序。

8. 其他必要的规章制度。

第十二章　附　则

第七十六条　本章程的修改,必须经董事会会议一致通过决议,并报原审批机构批准。

第七十七条　本章程用中文和英文书写,两种文本具有同等效力。上述两种文本如有不符,以中文文本为准。

第七十八条　本章程须经中华人民共和国对外贸易经济合作部(或其委托的审批机构)批准才能生效。

第七十九条　本章程于20××年×月×日,由甲、乙双方授权代表在中国北京签字。

德国×××公司代表(签章)　　　　　　中国×××公司代表(签章)

 **写作要领**

一、中外合资企业章程的概念

中外合资企业章程是依照我国的有关法律、法规、条例和中外合资企业合同所签订的条款,规定合资企业宗旨、机构设置、组织原则及经营管理方法等事项,并取得中外合资各方一致赞同的法规性文件。

二、中外合资企业章程的特点

中外合资企业章程有三个特点。

1. 法规性。

中外合资企业章程是依照我国的有关法律、法规、条例和中外合资企业合同所签订的条款,规定了合资企业宗旨、组织原则及经营管理方法等事项,是合资企业的行为规范,是合资企业的根本法。

2. 规范性。

合资企业的章程是按照合营企业合同规定的原则,经合营各方一致同意规定合营企业的宗旨、组织原则和经营管理方法等事项的文件,合资企业章程必须遵守我国的有关法律规定,特别是《中外合资经营企业法》和《中外合资经营企业法实施条例》,必须遵守合同的各项约定,必须以合同为准,其有关内容可以和合同有重复,但不能与合同有矛盾。

3. 约束性。

中外合资企业章程是合资企业的根本法,它不仅要求组织内所有成员都必须按章行事,按照条文规范自己的行为,而且要求其各级组织必须严格按照章程规定的宗旨、原则、生产经营活动范围及其工作职责去运作。

三、中外合资企业章程的写作内容及格式

中外合资企业章程由标题、通过时间和会议名称标注、正文、尾部四部分组成。

1. 标题。

中外合资企业章程的标题应该是全称式的,由章程制定单位的全称和

文书种类组成,如"×××合资企业章程"。

2. 通过时间和会议名称标注。

标题下用括号标注"××××年×月×日×××会议通过"字样。

3. 正文。

章程的正文一般是条款式。大型合资企业可采用总则分章式,而中小型合资企业采用分列条目较适宜。正文应包括的内容必须按照《中外合资经营企业法实施条例》中的明确规定来分条排列,主要包括:

合资企业名称及所在地;公司宗旨、经营范围和期限;合资各方名称、注册国家、法定地址和法定代表人姓名、国籍、职务;公司投资总额、注册资本额、各方出资比例、股份转让规定;利润和亏损的分派比例和规定;董事会的组成、议事程序、董事任期、董事长及董事的委派;管理机构的设置和职责、办事规则、总经理及高级人员的任免;会计制度的原则;公司的终止和清算;章程修改的程序。

正文结尾可列附则,写明章程修改权限、生效日期等。

4. 结尾。

包括署名和日期。

第四节　经济合作意向书

 参考范文

【范例1】合资新建工厂意向书

合资建厂合作意向书

中国××市××发展有限公司、××市××厂与日本××公司三方本着"友好、平等、互惠"的原则和"互利互惠,合作共赢,共同发展"的精神,先后于20××年×月×日至×月×日在××市××大厦,就××工厂××事宜进行了3次友好协商,在此基础上,××市××发展有限公司于20××年

×月×日派专员赴日本对此事进一步磋商,日方应我国对外友好协会的邀请,于20××年×月×日在我国对外友好服务中心的陪同下,对××市××发展有限公司进行了实地考察和商定,三方同意利用××市××厂现有厂房等设施合资新建一座××加工厂,现达成如下意向:

一、整体规划,分期投资

1. 中方以××市××厂现有厂区土地40亩,车间6栋,办公楼1栋,配电房1栋和其他生产和生活等设施,作为合资股份总额,分为两次投资入股。

2. 第一期以现有车间3栋,办公楼1栋和厂区土地20亩,配电房1栋等其他辅助设施,投入合资新建××加工厂。

3. 第二期项目的投入,根据需要与可能相结合的原则,在第一期合资兴建加工厂获中方正式批准之日起10个月内,双方签署第二期合资项目意向书。与此同时,再用2个月时间,提供项目的可行性报告、项目建议书、项目合同、章程等有关部门资料,以利于申报。超过上述期限,第二期项目的投入为自动放弃,中方可将剩余的车间3栋、土地20亩等,作自行安排。

二、合营期限与货币计算名称

1. 时间从20××年×月×日至20××年×月×日,计10年整,一方如需继续履行此合同,须经三方协商同意后,重新申请延期,并申报有关部门办理延期手续。

合同期满后,其固定资本残值归中方所有。

2. 货币计算方法。三方无论采取什么投资方式,一律以美元为计算单位进行核算。

三、工厂规模

合资工厂一期占地20亩,年生产能力为××××,职工总人数为100人。

四、投资金额比例

合资工厂日方投资额为×××万美元,占总投资额的48%,其中包括提供全套生产××的机器3套,辅助设备、生产和工作用车1辆,部门办公设备,现有工厂改造、配套及生产周转资金。中方投资×××万美元,占总投资额的52%。以车间3栋,办公楼1栋和厂区土地20亩,配电房1栋,高压供电输电专线,配电设备,柴油发电机组,饮用电机井等作为投资入股。

五、责任分担

中方责任：

1. 在××日内办理有关中外合作企业的申报、审批手续和工商行政管理登记注册手续。

2. 对厂区的整体规划,附属设施的配套完善及财产保险等工作。

日方责任：

1. 派遣技术人员3名,为中方培训技术人员,指导生产及设备安装。

2. 包销10年内所生产的全部产品(共计×××万美元),提供生产专用资金及工厂改造配套所需的资金。

六、利润分配及亏损分担

1. 三方按认可的投资比例分配利润及承担亏损责任,即中方获得全部利润的52%,日方获得全部利润的48%。

2. 亏损按利润分配比例计算。

七、说明

1. 合资新建工厂的未尽事宜,在正式签订协议时予以补充。

2. 此意向书用中、日两种文字书写。

3. 此意向书共制9份,三方各持3份。

4. 此意向书从签订之日起生效。

中国×市×发展有限公司(章)　　××市××厂(章)　　日本××公司(章)

代表:×××　　　　　　　　代表:×××　　　　　代表:×××

二○××年×月×日　　　　　二○××年×月×日　　　二○××年×月×日

【范例2】产品经济合作意向书

××产品经济合作意向书

20××年×月×日至×月×日,德国×××公司副经理××先生,同中国××省××市××厂厂长×××、副厂长×××就双方共同合作开发生产××(产品名称)等事宜,进行了多次的接触和洽谈。此前,双方曾在20××年×月×日至×月×日,已进行过初步的接触和洽谈,基本达成如下共识。

1. 由德国××公司提供适合××市××厂所需要的生产设备,以降低进口成本,提高××产品的质量。

2. 合资经营××生产,年产量初步匡定为××吨。

3. ××产品的生产技术、设备由德方提供,产品大部分返销出口,以求外汇平衡。

4. 双方投资比例初步定为:德国××公司为40%,××市××厂为60%,利润按投资比例分成。

5. 该合资生产项目,目标是20××年×月底正式投入生产。

6. 双方准备在20××年×月×日前准备好各自的可行性研究报告和有关资料。20××年×月由××市××厂编写项目建议书上报有关部门,一俟批准后,即刻通知德方。

7. 本意向书中、德文各一式两份,双方各执一份。在适当时候,双方将进一步商讨,以求可行性研究报告的正式完成。

甲方:中国××厂(签章)　　　乙方:德国×××公司(签章)

代表:×××　　　　　　　　　代表:×××

二○××年×月×日　　　　　　二○××年×月×日

【范例3】经济联营意向书

意 向 书

甲方:中国××公司××总厂

乙方:×××国际有限公司

日期:20××年×月×日

地点:中国××公司××总厂宾馆

双方为合资兴建建筑陶瓷产品事宜,签订本意向书。

一、基本构想

1. 适用法律及合资原则。

双方按照《中华人民共和国中外合资经营企业法》及中国政府的有关规定,在平等互利、友好协商的原则指导下,进行合资经营活动。

2. 合资形式及项目名称。

双方合资组建有限责任公司,公司名称为《×××陶瓷有限公司》(以下简称公司)。

3. 经营范围和生产规模。

建筑陶瓷的生产和经营,规模为墙地砖(品种待双方再定)(××cm)×(××cm)平方米/年。

4. 合资公司地址。

中国××省××市××区。

5. 合资期限。

从领取营业执照之日起计××年。

6. 资金及筹措。

投资总额约×××万美元,注册资本按《国家工商行政管理局关于中外合资经营企业注册资本与投资比例暂行规定》,初定为×××万美元。注册资本甲方投入约×%,乙方投入约×%,双方皆以现汇或现金投入,以美元计算(甲方固定资产投入或租赁双方再定)。注册资本之外的资金,公司向中国境内外贷款解决,双方各以投资比例承担债务。

7. 设备来源及资产。

保证质量、降低消耗、安全和长周期生产的必需设备由中国境外引进,配套及国内可满足要求的设备由国内供应。公司界区所有的设备、设施、建筑及界区外的排洪设施为公司所有;界区之外与之配套的工程和设施,包括职工生活服务由甲方提供有偿服务。

8. 技术。

生产设备采用国际上已工业化的先进技术,产品按CEN标准生产。

9. 生产用原材料供应。

中国国内能满足技术要求的原材料及辅料在国内采购;国内无法保证的材料向国外采购。公司生产所需的水、电由甲方按驻在地平均价供应,燃料由甲方按国际市场价当天汇率提供。

10. 产品销售方针。

公司产品一级品××%以上外销。

11. 优惠待遇。

公司享有国家法律规定之中外合资的优惠待遇,甲方有为之承担办理的责任,费用由合资公司支付。

二、合资工作实施

该意向书签字生效后,双方即开始下列实质性工作:

1. 可行性研究报告、环境影响报告。

环境影响报告甲方已经完成评估,乙方认可。可行性研究报告甲方已委托××建筑设计院完成草拟工作,双方进一步协商后,作为正式报告施行并组织评估。

如项目可行,以上工作的费用由合资企业支付。

2. 筹建工作。

待可行性研究报告评估之后,若双方同意合资,即签订合资协议,协商成立董事会,具体安排合资公司的筹建工作。

三、其他

1. 有效期。

从签字生效起××年内有效。

2. 终止本意向书的条件。

须符合以下条件之一:

(1) 双方缔结了进一步的条约。

(2) 超过有效期限。

(3) 双方表示不再进行合资办厂。

3. 份数。

中文文本4份,双方各执2份。

甲方:中国××公司××总厂(章)　　乙方:××国际有限公司(章)

代表:×××　　　　　　　　　　　代表:×××

二〇××年×月×日　　　　　　　　二〇××年×月×日

写作要领

一、经济合作意向书概述

经济合作意向书是经济合作双方表达意图和目的的契约文书。

经济合作意向书,是国际经济合作双方就合作项目的具体事宜达成一致意见的意向性协议。经济合作意向书是编制项目建议书和可行性研究报告的依据,也能为日后签订经济合同打好必要的基础,但不具备法律效力。

二、经济合作意向书的特点

1. 基本倾向一致。

当事人各方对项目合作基本上有倾向一致的表示,不存在原则性的分歧。这种一致性并不涉及具体的条款,在进一步商谈的时候,双方之间尚留有一定的谈判空间。

2. 无法律效力。

意向书是一个初步的、原则的打算,在内容上只反映当事人各方的初步设想,是双方共同意愿的记录,也是编制项目建议书和签订合同的基础,虽具有一定的约束力,但不具有法律效力。

3. 行文自由灵活。

意向书的行文不像合同那样要求统一规范,意思的表达、语言的运用、条款的设置等,往往都具有一定的灵活性。

三、经济合作意向书的写作格式

经济合作意向书一般由标题、导语、正文和结尾四部分组成。

1. 标题。

使用意向书的标题一般由使用项目名称和立项文书的文种名称两部分构成,如《合资经营×××公司意向书》;也可由合资企业名称、项目名称和文种三部分构成,如《××国××公司与中国×××公司经济合作意向书》;有时也可直接用"意向书"来代替标题。

2. 导语。

导语也称引言,即意向书的开头,一般用一段文字简明扼要地写清意向书当事人双方或多方的单位名称,明确该意向书的指导思想和法律依据,并写明磋商的简单情况和订立此意向书的总目标,其末尾常用"达成意向如下"或"现达成如下意向"等惯用语过渡到正文主体部分。

3. 正文。

经济合作意向书的正文一般应包含序言、事项、未尽事宜三部分内容。

(1) 序言,即合作双方名称,磋商洽谈时间、地点、商谈原则等。有时还写明双方负责人、总机构所在地、营业批准机关名称及批准时间、营业执照编号或副本。

(2) 事项,即合作双方达成的具体意向。如合作项目计划规模、投资方式、合资比例、预计经济效益等。

(3) 未尽事宜,即双方还有哪些问题需要进一步洽谈。包括进一步洽谈的工作日程安排,预计达成最终协议的时间等。

4. 结尾。

应标明各方谈判代表的签字、签订时间和抄印份数,报送单位。

第五节 国际商情调研报告

 参考范文

【范例1】瑞士钟表市场调研报告

瑞士钟表市场调研报告

一、市场概况

瑞士钟表产品市场规模约达165.9亿瑞士法郎,由于面临亚洲各地产品的激烈竞争,目前市场呈现出摇摆不定的局面。据统计,20××年瑞士钟表产品的销售额为165.9亿瑞士法郎,比20××年增长8%。近年来营业额达

200万瑞士法郎以上的商店有不断增加的趋势。

瑞士钟表市场的销售情况如下(略)。

二、销售时间及状况

1. 销售时间：据调查，95%的瑞士钟表店表示，每年销售情况最好的时间是12月，销售额约占全年销售额的25%，其余的销售旺季依次为4月、5月、6月、7月及9月。有60%的商店表示，2月销售状况最差，其余依次为1月、3月、8月、10月、11月。瑞士钟表店多在8月休假两星期，每月亦有部分商店休假一星期。休假期间，60%的商店暂时停业。

2. 销售对象：旅游购买者居多，占69%。按年龄段区分，以35~45岁的购买者居多，45岁以上的购买者较少。

3. 消费人数：一般而言，钟表店每天约有22位顾客，1/3在上午光顾，2/3在下午购买。每天有15位顾客的商店比例不到15%，有20位顾客的占28%，有25位顾客的占20%，30位的占20%，35位的占3%，50位的占2%。

4. 购买诱因：一般消费者多选择有售后服务的商店购买钟表产品，价格因素、产品声誉及商店有免费停车服务或停车方便等，均是主要购买诱因。

三、出口概况

瑞士钟表产品有85%供外销。据瑞士海关统计，20××年瑞士钟表出口总额为996.8544亿瑞士法郎，比20××年增长34%。20××年瑞士钟表销往欧洲国家及其各大城市，总额达50.0895亿瑞士法郎，占出口总额的19.9%。其多数出口至美洲与亚洲等地区。

四、进口概况

据瑞士海关统计，20××年钟表产品进口额为118.2616亿瑞士法郎，比20××年略减1.2%。20××年自欧洲国家进口的金额占进口总额的37%。

五、零售价格

据统计，瑞士市场销售的钟表产品中，价格不超过1000瑞士法郎的约占总销售量的61%，占销售总额的21%。

主要零售价格如下(略)。

瑞士有半数商店采取没有第二种价格的政策，但有半数商店视情况给予折扣，如对老主顾(约占顾客的22%)酌量给予折扣；对大客户(约占25%)给予折扣；对一些企业委员会成员或长期合作者均给予一定的优惠折扣。

六、销售渠道

瑞士全国共有×××家专营商店销售钟表产品。绝大多数钟表产品在钟表专营店销售,比重高达83%,其余17%在其他混业经营商店销售,其中有4%在超级市场销售。

【范例2】连锁经营市场调研报告

美国连锁商业市场调研报告

发展连锁经营是我国改革流通体制和实现流通现代化的一项重要举措。20××年8~9月,中国××商贸有限公司组织部分业务经理,赴美进行了一个月的连锁商业培训和考察。美国作为最发达的国家,其连锁经营的发展现状、成功经验、发展趋势以及对推动美国贸易经济发展的重要作用等,对我国开展连锁经营推动流通现代化具有重要的参考价值。

一、美国连锁经营发展概况

1. 美国连锁商业的迅速发展。

连锁经营方式首创于美国,至今已有130多年的历史。

(1)从××××年在纽约出现世界上第一家连锁店到"二战"前,连锁商业处于萌芽与成长阶段。这是连锁经营的探索阶段。其主要特征是统一商店、商标名称,但在管理体制上统一性较小。在这一时期美国的连锁商业发展并不快,××××年全美连锁公司仅有645家,营业额10亿美元,占全社会销售额的比重不到4%。20世纪××年代以后,伴随着美国经济的繁荣发展,连锁商业也进入了调整发展阶段。

(2)20世纪××年代,美国连锁商业从内容到形式日臻完善,进入现代连锁商业时代,连锁经营作为一种成熟的经营方式被广泛应用于商业零售、餐饮、旅店等许多服务行业。据美国商务部统计,全美19个较大的行业中大多都已连锁化。××××年美国零售业销售额23000亿元,占GDP的32%,其中零售业销售额的50%是由连锁经营商业创造的。

2. 连锁商业在美国迅速发展的主要原因。

(1)"二战"后美国经济繁荣,市场供应与需求扩大,对连锁商业的发展提出客观要求。战后美国人口大量增加,城市规模迅速扩大,居民收入和消费水平大幅度提高,国内制造业提供的商品更加丰富,这一切都有力地刺激了连锁商业的发展壮大。

(2)交通运输业特别是高速公路的迅速发展,为货畅其流创造了便利条件。美国的高速公路贯通全国,总长达7万公里,占当时世界高速公路的2/3,使商品在全国范围内的配送非常及时便捷。

(3)现代科技的发展和计算机的普及,为连锁经营提供了现代化管理手段。20世纪××年代后,新技术革命的成果在流通业广泛应用,目前美国90%的连锁经营基本实现了计算机网络化管理,普遍采用了商品条形码、电子扫描、电子出纳设备等先进技术,通信设施、商品检验、物流配送等都是世界一流水平,为连锁经营的高效管理提供了有力的技术支持。

(4)连锁企业的规模优势和组织化程度高,增强了企业的抗风险能力。据统计,美国5年内开业的商业企业倒闭率为50%,而连锁企业的倒闭率只有5%。

(5)形成了一大批高素质的管理人才,新的经营理念对现代连锁经营管理的发展运用,为连锁企业更好地参与市场竞争提供了智力与人才支持。

二、美国连锁商业的主要经营形态

连锁经营的基本含义是:经营同类商品、使用统一商号的若干企业,在同一总部的管理下,按统一经营方针进行共同的经营活动,以共享规模效益。一般来说,连锁企业至少要由10个以上分店组成,必须做到统一采购配送商品,统一经营,采购同销售相分离。从组织管理角度分,美国有以下三种连锁形式:

1. 正规连锁(又称直营连锁、公司连锁)。该形式有两个特点:一是所有权统一,全部成员归属同一所有者;二是高度统一管理,总部掌握着全公司的经营管理权和人事权,统一负责采购、计划、配送和广告宣传等,所属各分店实行标准化管理。在美国正规连锁所占比重很大,零售业主要采取这种连锁方式。如著名的沃尔玛公司和科斯科仓储式商店即属于这种类型。

2. 特许连锁(又称合同连锁、契约连锁、加盟连锁)。其特点一是以特许权的转让为核心,特许权批发商把注册商标和经营模式卖给特许权经营商。总部为转让方,加盟店为受让方。二是所有权分散在加盟店,经营权集中在总部。总部提供技术专利和商号信息,加盟店按总部统一指令经营。美国目前有 40% 的零售企业采取特许连锁的形式,餐饮业、旅店业等也广泛采用,如麦当劳、肯德基快餐店和柯达胶卷总印店即为典型。特许权批发商约 3000 家,特许权经营商约 60 万家,年销售额 8000 亿美元,提供 800 万个就业机会,20××年以来特许连锁销售额年均增长 10% 以上。

3. 自由连锁(又称自愿连锁、共同连锁)。其特点一是所有权、经营权、财务核算都是独立的。二是在协商自愿条件下共同合作,统一进货,分散销售,成员店的灵活性强,自主性大。通常由一家较大的批发商作为龙头企业,众多的零售商参与,形成一个半松散的连锁集团。洛杉矶的金证国际超市集团公司就属于这类形式。这个公司是一家合作制的批发公司,成员多为零售商。公司已成立 75 年,19××年销售额达 30 亿美元,20 世纪末达到 50 亿美元。自由连锁在便利店中比较普遍。

美国习惯于从比较直观且便于统计的角度分类。零售业连锁中主要有以下几种经营形态:

超级市场。主要经营杂货和食品两大类商品,以品种齐全、价格低廉、自我服务为特色,每个店平均面积为 3.5 万~4 万平方英尺。超级市场已全部实行连锁经营。

折扣商店。主要经营食品以外的一般性商品,有的店也经营少量食品。商品大众化,大多降价出售,适合工薪阶层购买。每个店平均面积 9 万平方英尺,比超级市场大一两倍。最大的是沃尔玛公司,其次是凯马特公司。××××~××××年,折扣店销售额占零售业销售额的比重由 35% 上升到 47%。

仓储式商店(又称平价俱乐部)。这种形式是近十年来连锁商业的后起之秀,经营范围包括了食品和非食品类商品。其特色是实行会员制,设施简单,以库为店,内部不装修;实行少品种大批量销售;商品价格低,同样商品的价格要比普通商店低 20%~50%。平价俱乐部的目标顾客是小企业主。但由于商品售价比超级市场和折扣商品更低,因此也吸引了不少个人会员。美国人日常消费最多的大宗商品中,相当大的比重来自平价商店。比较著名的店有科斯科公司,其次是山姆公司。

超级购物中心。这是 20 世纪 80 年代后期在美国零售商业中出现的最新的连锁类型。其特点是许多连锁店集中在一个商城内,规模大、品种全。一般每个购物中心的面积达 15 万~17 万平方英尺,商品品种达十几万个。

有的购物中心面向高收入者。

便利店。经营日常用品和食品,每个店100~200平方英尺,××年代遭到冷落,××年代东山再起。预计今后5年便利店销售额的实际增长幅度将超过一般的超级市场。此外,还有专卖店、无店铺售货(如通过互联网进行销售)等经营形态,其中网上销售发展势头看好。

三、连锁店基本运作方式及其管理(略)

四、连锁企业的发展趋势(略)

五、连锁经营的优势和在美国经济中的积极作用(略)

六、几点启示和建议(略)

【范例3】北欧纺织品市场调研报告

北欧四国的纺织品市场调研报告

北欧四国××、××、××和××所需的纺织品大部分依靠进口。因此,如何进一步扩大我国在北欧的纺织品市场,是值得我们深入研究的课题,也是这次市场调研的目的。

一、北欧市场对纺织品的要求

北欧虽然属于世界上最富有的地区之列,但对纺织品的要求则是中、低档的居多,人们对穿着也不甚讲究。如春季,天气多云有雨,温度变化大,人们多贴身穿一件衬衣,套上一件羊毛衫,外面是一件夹克衫;如遇到晴天温度升高,可随时脱掉外面的一件,或披在肩上;夏天,一般只穿一件衬衫或针织即可。

在款式上,××大陆上流行的款式在这里基本上都可以接受。订货一般由卖方提供样品,或要求对样品稍加改动。

颜色以淡雅为主,虽也有鲜艳的颜色,但也多为单色。花型的特点是单、素、碎。一般由卖方提供花型样品。

在质地方面,喜欢全棉或涤棉混纺,毛衫外套喜欢用化纤的。

讲究颜色搭配。如帽子、内外衣、裤子和袜子要配色;床单、毛毯套、枕套要配色;床上用品多与毛巾、浴巾要配色;每个家庭平均每年用××条毛浴巾,成套地购买或更换,这当然不是用坏了才换,而是根据流行色的变化而进行更换。

北欧冬季寒冷多雨,人们喜欢运动。运动装的需求量很大。现在流行的是闪光尼龙绸运动衣,内衬羽绒或腈纶棉等,质地轻软。当地生产一部分,主要从国外进口。

每年的订货季节。对夏令品种为×月订货,年底前交货,每年的×月开始销售;冬令品种在×月订货,次年3月前发货,×月开始销售;毛巾、床上用品等销售不受季节影响,全年均可订货。订货后×个月内提供销售样品,作为推销之用。如不能及时提供销售样品,会失去推销机会。

二、需要注意的问题

北欧市场对我国纺织品的需求很大,我国出口产品在其市场上也具有较大的竞争力。因此,我国纺织品对北欧市场的出口是有一定潜力的。

要做好对北欧市场的出口工作,需要注意以下几个问题。

1. 充分利用配额。对于实行进口许可证的××国和××国,应利用有限的配额,多搞一些高档次的品种,增加出口量。对于实行进口配额制的××国和实行全球配额制的××,则要选择对路的品种,充分利用该国的配额数量。

2. 花型和价格要有竞争性。××进口的纺织品,绝大部分来自××、××和××等国,虽然有的从中国××和×国转口,价格较优惠,但定量少、花型变化快。

3. 按时交货,应尽量缩短运输途中时间。有的进口商反映我国的货物在海上运输时间过久,影响了季节销售。为了解决这个问题,有的口岸已经开始使用大陆桥发货。随着"一带一路"的开启,集装箱可以通过铁路运达北欧四国的任何主要城市,运输时间大大缩短而且安全,客户对这种运输方式很感兴趣。有的口岸还采用从内地经中国××转××的×××船舶公司的定期班轮,效果也很好,客户很满意。

写作要领

一、国际商情调研报告概述

国际商情调研是运用科学方法,对当前世界经济与贸易的现状、变化趋势,以及对各国市场商品的供求情况或重要经济现象进行直接调查、认真研究,以分析市场发展和产品营销活动的客观现状,探索市场运作规律性的书面报告文书。

二、国际商情调研报告的作用

国际商情调研报告是反映商情调查分析研究成果的一种书面文字,是研究世界经济贸易、市场现状和发展变化的重要手段,为公司和企业的经营决策提供参考。

国际商情调研报告是外贸部门认识世界市场,取得商情信息的最基本的方法。它能正确反映情况,揭示世界经济贸易市场变化的特点及变化的原因,做出恰当的结论并提出合理的建议,为有关部门和企业制定政策、确定具体的经营策略提供信息和依据。国际商情调研是外贸业务工作的重要组成部分,对促进我国对外经贸业务的发展起着重要作用。

三、国际商情调研报告的特点

1. 真实性。

国际商情调研的真实性包括材料真实可靠和方法灵活多样两方面。写入商情调研的一切材料,包括历史资料、现实资料、统计数据和典型案例等,都应出之有据,准确无误。在调查方法上,可以根据调查对象和范围,选取适当的调查方法,诸如现场观察法、调查询问法、实验探测法和数据统计法等。调查方法正确,灵活多样,才可以得出真实可靠的结论。

2. 科学性。

科学性包括两个方面:一是认真分析研究,从调查出来的材料中找出规律性的东西,抓住世界商情发展变化的基本趋势;二是准确、谨慎地下结论。在推导、判断的基础上做结论,要力求准确、可靠,经得起推敲和时间的考验,同时分寸感强,不言过其实。在结论基础上提出的建议也应切实可行,具有预见性、科学性和指导性。

3. 实用性。

国际商情调研是适应外贸部门与企业制定贸易决策而产生和存在的,其效用在于促进外贸业务的繁荣与发展。它收集的外国和地区的市场消费需求信息和企业营销活动信息都应与开展经营业务有直接关系,都是为了指导涉外经营活动。因此商情调研能帮助外贸部门和企业采取有利决策和重要措施,产生实实在在的经济效益,实用性大。

四、国际商情调研报告的分类

根据调研对象和反映内容的不同,国际商情调研可分为:国别(地区)调研、市场调研、商品调研和客户调研。

1. 国别(地区)调研。

国别(地区)调研是指对某一国家(地区)的一般情况作广泛了解,对同贸易有关的情况作重点考察的综合性调查研究。调查的主要内容有:①基本政治情况——政治制度、对外政策、对外关系、对我国的态度等;②基本经济情况——主要指物产资源、工农业生产概况、对外贸易概况(包括进出口商品贸易结构、贸易对象、外汇关税等);③社会情况——人口、风俗、习惯、宗教信仰、地理环境等。

2. 市场调研。

市场调研是对国际商品市场复杂、多变情况的调查研究,目的在于分析、预测国际市场上我国进出口商品的供求关系和价格变动,提出有关商品的经营方案。要求研究者研究某一市场对某类商品的需求、容量,了解在该市场某类商品的供应来源及客户情况,了解某类商品的销售情况、消费对象、消费的季节变化等。此外,还须注意对该市场的政治、经济、文化等背景资料的研究。

3. 商品调研。

商品调研是对某一类商品的特点、生产、消费、进出口的调查研究。主要内容包括有关商品的品质、品种、规格、款式、商标、包装装潢和出口情况,以及进口国对这类商品的要求,其他国家同类产品的品质、包装等各方面的特点及销售情况。

4. 客户调研。

客户调研是对国外客户多方面情况的调查研究。目的在于正确选择交易对象,以便使我们的外贸活动建立在可靠有利的基础上。主要内容一般包括客户的政治背景、政治态度、客户的资信情况等,"资"指资金,即客户的注册资本、实交资本、资金融通能力;"信"指信誉、信用、经营作风、经营范围和经营能力等。

五、国际商情调研报告的写作格式

国际商情调研报告的一般格式包括标题、前言、正文、结尾四个部分。

1. 标题。

标题是国际商情调研的题目。好的标题既要概括全文的基本内容,又要写得准确、简洁、醒目。国际商情调查的标题是根据其调查研究的内容拟定的。标题一般有以下几种形式:

(1)概括出调查研究的内容。这类标题一般是概括出被调查研究的国别、地区、市场、内容、范围等,如《法国当前服装市场与消费动向》《印度鞋类产品的消费情况》。

(2)直接揭示出观点或提出问题。这类标题是针对调查到的商情,直接揭示观点或提出问题,如《日本市场花生价格下降》《充分发挥劳动力资源丰富的有利条件,积极扩大劳务出口》。一般来讲,揭示问题的商情调研报告常常用提问式标题,这样可以使题目发人深省,如《中国货为什么在×国打不开销路》。

(3)双重标题。这类标题既揭示出调查研究的主要内容,又揭示出观点或提出问题。这类标题往往采用正、副标题。如"明春汇价继续下跌,但不会失控(正标题)——造成美元疲软原因有四"(副标题)。

标题的写作力求准确、精练、简洁、新颖、醒目。

2. 前言。

国际商情调研报告的前言是其开头部分,主要是对调查研究的目的、时间、地点、对象、范围、主旨、方式、方法等作概括的介绍。这部分在语言运用上力求简明、扼要。

有的商情调研不写前言,而是开门见山地进行情况介绍,陈述调研的主要内容,揭示调研的主要观点。这种写法一般运用于调研内容简短、单一的调查研究报告。

3. 正文。

正文是国际商情调研报告的主干,包括情况介绍、预测、建议三大部分。

(1)情况介绍。这部分内容是对调查得来的材料、数据加以分析、解释、说明。解释、说明的方法是多种多样的,可以用文字叙述,也可以用数字、图表表示。无论采用什么方法,都要把情况介绍得准确、具体、详尽,从而为结论、预测和建议打下基础。

（2）预测。这部分内容是通过对资料的分析研究，预测今后市场情况的变化趋势。预测应当具有严格的真实性和科学性，因为预测是否正确，将直接关系到决策部门做出的决策、采用的措施是否恰当。因此，这部分的写作必须严肃、慎重。

（3）建议。这部分内容是对调查研究的情况做出正确的判断后，提出准备采取的对策、措施和策略。这是国际商情调研报告的最终目的。

4. 结尾。

结尾起归纳总结、前后呼应的作用。这部分的写作，一般是重申观点，以引起有关部门的注意、重视。有的商情调研没有结尾部分，或只在建议部分后用话语简单带过。这种写作往往用于不写前言的商情调研报告。

六、国际商情调研报告写作注意事项

写作国际商情调研报告，必须以国家的外交、外贸方针政策为指导，并以此作为观察问题、分析材料的准绳，要求做到叙事清楚、观点明确、材料翔实、结构严谨、语言简明、文理通顺、持论有据。同时还应注意以下几点：

1. 必须及时获取丰富、具体、准确的资料。"及时"是商情调研的生命，商情调研的主要目的是为决策机关或为具体的工作人员展开工作提供决策依据，若资料不及时，则会使信息的时效丧失，起不到依据作用。资料是写作商情调研报告的基础，若资料不丰富、不具体、不准确，就难以说明真实情况，难以得出正确的结论和准确的预测。

2. 必须善于从错综复杂的原始资料中概括出真实、可靠、有参考价值的结论。外贸商情调研的资料来源是多渠道的，各种不同来源的资料在内容、形式上往往有较大的差异，有的还具有很大的虚假性，因此，需要写作者具有较强的鉴别、分析和理解能力，能够去伪存真，去粗取精，准确筛选出有价值的信息。

3. 要对提取的资料做科学、系统的分析和研究，真实客观地反映市场情况。

4. 翻译外文资料必须准确无误，译文要恰当地使用国际贸易、经济写作专用术语和词汇。

第六节 涉外商务谈判方案

 参考范文

【范例1】关于引进××公司矿用汽车的谈判方案

关于引进××公司矿用汽车的谈判方案

五年前我公司曾经引进了××公司的矿用汽车,经试用性能良好。为适应我矿山技术改造的需要,打算通过谈判再次引进××公司矿用汽车及有关部件的生产技术。××公司代表将于×月×日应邀来我处洽谈。

一、谈判主题

以适当价格谈成××台矿用汽车及有关部件生产的技术引进。

二、目标设定

1. 技术要求。

矿用汽车车架运行15000小时不开裂;在气温为40℃条件下,矿用汽车发动机停止运转8小时以上,在接入220伏电源后,发动机能在30秒内启动;矿用汽车的出勤率在85%以上。

2. 试用期考核指标。

一台矿用汽车试用10个月(包括一个严寒的冬天);出勤率达85%以上;车辆运行3750小时,行程31250公里。

3. 技术转让内容和技术转让深度。

利用购买××台车为筹码,××公司无偿(不作价)地转让车架、厢斗、举升缸、转向缸、总装调试等技术;技术文件包括图纸、工艺卡片、技术标准、零件目录手册、专用工具、专用工装、维修手册等。

4. 价格。

20××年购买××公司矿用汽车,每台车单价为××万美元;五年后的今天如果仍能以每台××万美元成交,那么定为价格下限;五年时间按国际市场价格浮动10%计算,20××年成交的可能性价格为××万美元,此价格为上限;小组成员在心理上要做好充分准备,争取以价格下限成交,不要急于求成;与此同时,在非常困难的情况下,也要坚持不能超过上限达成协议。

三、谈判程序

第一阶段:就车架、厢斗、举升缸、转向缸、总装调试等技术附件展开洽谈。

第二阶段:商订合同条文。

第三阶段:价格洽谈。

四、日程安排(进度)

20××年4月5日上午9:00～12:00,下午3:00～6:00为第一阶段;

4月6日上午9:00～12:00为第二阶段;

4月6日晚7:00～9:00为第三阶段。

(注:较长的谈判应每一阶段都有具体的方案)

五、谈判地点

第一、第二阶段的谈判安排在公司总部洽谈室。第三阶段的谈判安排在××饭店××厅。

六、谈判小组分工

主谈:×××,为主谈判小组总代表。

副主谈:×××,为主谈判提供建议,或伺机发言。

翻译:×××,随时为主谈、副主谈担任翻译,还要留心对方的反应情况。

成员A:负责谈判记录和技术方面的条款。

成员B:负责分析动向、意图,负责财务及法律方面的条款。

××公司矿用汽车引进小组

二〇××年×月×日

【范例2】涉外合资商务谈判方案

涉外合资商务谈判方案

一、时间

20××年×月×日~20××年×月×日

二、地点

××有限责任公司总部

三、内容

1. 合资双方已确定的内容。

(1)合资公司生产产品;标准配置、选装配置清单、价格;产品技术资料说明。

(2)合资公司生产产品计划、年产量、销售量。

(3)引进产品国产化进程。

(4)合资公司名称。

(5)合资公司结构图。

(6)双方出资方式。

(7)合资公司年限。

2. 合资双方尚需谈判内容。

(1)成立×××合资公司的经营报告起草。

(2)合资公司地点。

(3)合资公司产品售价。

(4)合资公司产品销售、售后服务、配件供应方式。

(5)董事会人员及高级管理层。

(6)合资公司技术中心。

(7)合资公司工厂规划。

(8)合资公司工厂总面积及工厂平面布置图。

(9)合资公司人员及工资。

(10)合资公司生产工人培训。

(11)合资公司进口件成本、国产件成本。

(12)合资公司各种费用消费计划。

(13)合资公司各种收入及经营状况。

(14)合资公司产品的许可权。

四、谈判的目标

1. 引进产品散件价格,不能高于国内其他同类合资厂的引进价。

2. ×××公司技术作价,争取谈到最低限。

3. 投资总额为×××万元、注册资本为×××万元。

4. 双方出资形式。

五、谈判程序

第一阶段:商定经营报告的内容。

第二阶段:商定出资形成。

第三阶段:价格洽谈。

六、日程安排(略)

七、谈判小组分工

主谈:×××为我方主谈判代表。

副主谈:×××为主谈判助手,为主谈提供建议或参与谈判。

成员 A:负责谈判记录和技术方面的条款。

成员 B:负责分析动向、意图、财务及法律方面的条款。

成员 C:负责翻译及后勤事务。

××有限责任公司合资谈判小组

二○××年×月×日

写作要领

一、对外贸易谈判的概念

对外贸易谈判是商品贸易交易双方为达成某项交易而进行的面对面的洽商。谈判方案即事先对洽谈项目,交易条件,谈判的方式、方法、步骤以及可能出现的问题或采取的应变措施等,做出具体安排的书面报告。

二、对外贸易谈判的内容及格式

1. 首部。

(1)标题由谈判事由加"谈判方案"组成。

(2)简要介绍谈判背景及洽谈内容。

2. 正文。

(1)谈判的主题,即洽谈的中心内容。

(2)谈判的目标。目标要定得合理,要有适度的弹性。

(3)谈判的策略和方法。只有善用谈判技巧,才能达到预期目的。

(4)谈判程序。要根据洽谈内容分成若干步骤进行,把握好进度。

(5)谈判人员分工。

3. 尾部。

(1)附有对方案内容有说明、补充意义的材料作为附件。

(2)制定方案单位名称并加盖公章。

(3)注明制定方案时间。

第七节　出口商品价格方案

参考范文

【范例1】日用品出口价格方案

布胶鞋出口价格方案

一、××市布胶鞋价格会议纪要

在中国××进出口总公司的召集和主持下,于20××年×月×日至×日在××市召开了布胶鞋价格会议,出席的口岸、公司有××××、××××、××××……与会代表结合目前上述各口岸的具体情况,以提高经济效益为中心,研究制定了新的价格方案。

该价格方案是最佳方案价,各分公司对报价不得低于该方案价。由于该方案价的制定是依据全国平均的进货成本和平均9%的费用水平计算的,所以各档次、地区的价格在经济效益上均在全国平均核定成本之内,如果某些口岸个别品种的进货成本和费用水平超过全国平均水平,则必须降低进货成本和费用水平,或者相应地提高售价。

1. 价格的调整以20××年×月××物价会议的美元方案价为基价,调价幅度详见附表。

2. 会议对档次未做调整,仍以20××年×月××物价会议的档次划分为准。

3. 对××国布胶鞋和运动鞋分别提价5%和7%,具体如下:(略)。

4. ××国××胶鞋的价格由××特别协商小组统一研究制定。

5. 其他货币兑美元的汇率按总公司的通知执行。

6. 今后各口岸开发的新品种暂按同档同类价归档试报,无档可靠者,可暂按换汇成本不超过××元人民币开价,待下次价格会时,再正式讨论归档。

二、××鞋出口价格方案(略)

附表:(略)

×××进出口公司
二○××年×月×日

【范例2】食品出口价格方案

牛羊肉罐头出口价格方案

××市××局:

20××年下半年以来,各种土畜产品、农副产品的交易开始由滞销变畅销,多数商品的价格止跌回升,中东市场也随之活跃。我公司对该地区出口羊肉罐头,这两年来因市场停滞、交易减少而造成库存积压,已曾两次降低出口价格以维持市场。随着市场的活跃,当地客户的羊肉罐头库存减少,上年年底市场需求开始恢复,年初已出现供应趋紧之势,国外客商询盘渐增,市场正在逐步好转。为了提高经济效益,减少亏损,根据不同商品不同市场掌握好销售时机的原则,我公司于上月初对黎巴嫩和毛里求斯等客户报价时,对圆罐咸羊肉适当提价已获成功。几次交易,客户均接受我方对24×340克圆罐咸羊肉每箱CFR×××美元的报盘(分别成交800箱和200箱)。预计需求在今年内会有上升。鉴于我供货计划减少而国外需求增加,为了适应国外市场高质、高价好销的购货心理,我们应在抓好质量、保证品牌的同时,适当提高出口价格,以增收外汇减少亏损。目前我公司 24×340 克咸羊肉罐头 CFR 价为每箱装×××美元,梯罐装××××美元(换汇成本梯罐××××美元,圆罐×××美元),建议在此基础上提价 10%,即

24×340 克咸羊肉圆罐每箱 CFR 价×××美元;

24×340 克咸羊肉梯罐每箱 CFR 价×××美元。

如装托盘,另加每箱××美元托盘费,这样,换汇率可降至××××美元左右。

咸牛肉罐头圆罐仅为中国香港和新加坡所需要。梯罐产品市场虽时有零星成交,但尚无固定销路。由于我公司货物的质量、口味、检疫、农残等问题,远东市场尚未打开,在中东也竞争不过阿根廷、巴西等国的同类产品,故不宜提价。其价格应是:

24×340 克梯罐咸牛肉罐头每箱 CFR 价×××美元;

48×340 克梯罐咸牛肉罐头每箱 CFR 价×××美元;

48×340 克圆罐咸牛肉罐头每箱 CFR 价×××美元。

以上方案妥否,请批示。

×××进出口公司
二○××年×月×日

写作要领

一、出口商品价格方案的概念

出口商品价格方案是在对国际商品市场价格的现状及趋势做出深入分析的基础上,对非大宗出口商品价格事先做出调整和安排意见的书面文书。

二、制定出口商品价格的作用

能否科学合理地制定商品价格,是商业企业经营成败的重要因素之一,这是因为:

1. 科学合理地制定商品价格,有利于商业企业购销业务的开展,促使商

品正常流转和企业经营计划的实现。

2. 科学合理地制定商品价格有利于稳定市场,保障消费者利益,满足消费者需求,从而不断扩大企业的良好声誉。此外,科学合理地制定商品价格,还有利于巩固和扩大企业在市场竞争中的地位。

三、出口商品价格方案的格式与内容

1. 首部。
(1)标题由年度加事由加"出口价格方案"组成。
(2)审批者:审批价格方案的上级部门。
2. 正文。
(1)国际市场上该商品的价格现状以及形成该状况的原因,如需求、生产、库存、竞争、贸易政策等。
(2)对商品价格的预测、具体建议以及具体价格制定等。
(3)由于需上级部门审批,则结尾一般都用"以上方案妥否,请批示"等语句。
3. 落款。
(1)制定方案的单位加盖公章。
(2)注明日期。

第八节　涉外贸易协议书

参考范文

【范例1】贸易仲裁协议

××国进出口总公司与××公司仲裁协议

××国进出口总公司(以下称甲方)委托××公司(以下称乙方)在××地区代销××商品。甲、乙双方于20××年×月×日签订了正式经销合同。

该合同第×条规定:"经销时间:从20××年×月×日至20××年×月×日,为期1年。"该合同第×条规定:"经销数量在合同有效期内,乙方为甲方代销A、B、C、D四种规格的××(品牌名称)商品,总金额不少于×××万元(折合人民币)。"乙方接受甲方所提供的××商品,代销5个月后,市场销售实况说明接受甲方所提供的××商品不受用户欢迎,因此致电甲方,要求将B、C、D三种规格的××商品数量改为A种规格的××商品。但是,甲方提出B、C、D三种规格的××商品往返运费全部由乙方负责承担,乙方拒绝。双方为此相持不下。因此共同表示将此案件提交中国国际经济贸易仲裁委员会裁决,并商定下列条款,供双方共同遵守。

一、此案按照中华人民共和国有关法律规定裁决。

二、仲裁庭的一切裁决都是终局裁决,甲乙双方应无条件地服从。

三、本案仲裁费用,由败诉方承担。

本协议一式四份,甲、乙双方各执两份。

甲方:××国进出口总公司(章)　　　乙方××公司(章)

代表:×××(签字)　　　　　　　　　代表:×××(签字)

二○××年×月×日　　　　　　　　　二○××年×月×日

【范例2】贸易代理协议书

贸易代理协议书

本协议于20××年×月×日在×××签订,协议双方为:

名称:中国×××公司(以下称甲方)

地址:中国××省×××市

名称:×国××贸易公司(以下称乙方)

地址:××国×××市

双方一致同意按下列条款签订本协议。

第一条　定义

1.1 产品:本协议中所称"产品",系指由甲方制造并以其销售的(产品名称)和随时经双方以书面同意的其他商品。

1.2 地区:本协议中所称"地区",系指×国。

1.3 商标:本协议中所称"商标",系指(商标全称)。

第二条　委托及法律关系

2.1 委托:在本协议有效期内,甲方委托乙方作为其代理,以便在"地区"获得"产品"的订单。乙方愿意接受并承担此项委托。

2.2 法律关系:本协议给予乙方的权利和权力只限于给予一般代理的权利和权力,本协议不产生其他任何关系,或给予乙方以代表甲方或使甲方受其他任何协议约束的任何权利,特别是本协议并不构成或委派乙方为甲方的代表、雇员或合伙人。双方明确和理解并同意,在任何情况下,乙方可能遭受的任何损失,无论部分或全部,甲方均不承担责任。

2.3 指示:乙方应严格遵守甲方随时发来的指示。由于乙方超越或违背甲方指示而造成的任何索赔、债务和责任,乙方应设法保护甲方利益并赔偿甲方因此而遭受的损失。

第三条　甲方的责任

3.1 广告资料:甲方应按实际成本向乙方提供合理数量的"产品"样品、样本、价目表、广告宣传用的小册子及其他有关"产品"推销的辅助资料。

3.2 支持推销:甲方应尽力支持乙方开展"产品"的推销;甲方不主动向乙方代理"地区"的其他客户发盘。

3.3 转介客户:除本协议另有规定外,如"地区"其他客户直接向甲方询价或订购,甲方应将该客户转介乙方联系。

3.4 价格:甲方提供乙方的"产品"价格资料,应尽可能保持稳定,如有变动应及时通知乙方,以利推销。

3.5 优惠条款:甲方提供乙方获致订单的条款是最优惠的。今后如甲方向"地区"其他客户销售"产品"而提供比本协议更有利的条件时,甲方应立即以书面方式通知乙方,并向乙方提供比此项更有利的条件。

3.6 保证:甲方担保凡根据本协议出售的"产品"如经证实在出售时质量低劣,并经甲方认可,则甲方应予免费修复或调换。但此项免费修复或调换的保证,以"产品"在出售后未经变更或未经不正确地使用为限。除上述保证外,甲、乙双方均同意不提供任何其他保证。

第四条　乙方的责任

4.1 推销:乙方应积极促进"产品"的推销,获取订单,并保持一个有相当规模和足够能力的推销机构,以利于"产品"在"地区"的业务顺利开展和扩大。

4.2 禁止竞争:乙方除得到甲方书面同意外,不准协助推销与本协议"产品"相同或类似的其他国家商品,或将本协议内"产品"转销其他国家和地区。

4.3 最低销售额:在本协议有效期间的第一个十二个月内,乙方从"地区"客户获得的"产品"订单,总金额应不少于××万元,以后每十二个月递增×%。

4.4 费用:在本协议有效期内,乙方应承担在"地区"推销和获取"产品"订单的全部费用,如广告费、旅费和其他费用,本协议另有规定者除外。

4.5 "产品"价格与条件:乙方保证按照甲方在本协议有效期内随时规定的价格和条件进行推销。在获取订单时,乙方应充分告知客户,甲方的销售确认书或合同内的一般条款以及任何订单均须经乙方确认接受后方为有效。乙方收到的"产品"订单,应立即转给甲方以便于确认或拒绝。

4.6 督促履约:乙方应督促客户严格按照销售确认书或合同的各项条款履约。例如及时开立信用证等。

4.7 市场情况报道:乙方应负责每月(或每季)向甲方提供书面的有关"产品"的市场报道,包括市场上同类产品的销售情况、价格、包装、推销方式、广告资料、客户的反映和意见等。如市场情况发生重大变化时,乙方应及时通知甲方。

第五条 佣金

5.1 佣金率及支付方式:凡经乙方获得并经甲方确认的订单,甲方在收妥每笔交易全部货款后,将按发票净售价付给乙方×%佣金。为了结算方便,佣金每月(季)汇付一次。如有退货,乙方应将有关佣金退还甲方。

5.2 计算基础:上述"发票净售价"系指甲方开出的"产品"发票上的总金额(或毛售价)减去下列费用后的金额,但以这些费用已经包括在毛售价之内者为限:

(1)关税及货物税。

(2)包装、运费和保险费。

(3)商业折扣和数量折扣。

(4)退货的货款。

(5)延期付款利息。

(6)乙方佣金。

5.3 甲方直接成交的业务：凡乙方"地区"的客户，虽已了解甲乙双方的贸易关系，或经甲方转介于乙方，但仍坚持与甲方直接交易，则甲方有权与之成交，保留×%佣金于乙方，并将此项交易作为本协议第4.3款最低销售额的一部分。

如乙方"地区"的客户在中国访问期间（包括参加在中国举办的各种交易会）与甲方达成"产品"的交易，目的港为乙方代理"地区"者，甲方有权接受其订单，但不为乙方保留佣金，亦不计入上述最低销售额。

5.4 超额佣金：如乙方在本协议有效期内积极推销"产品"并超额完成年度最低销售额（按实际出运金额计算），甲方对超额部分除支付规定的佣金外，应另付乙方奖励佣金：超额×%时，奖励佣金为×%；超额×%及以上时，奖励佣金为×%。奖励佣金在年度终了由甲方结算后一次汇付乙方。

第六条 协议有效期

本协议有效期为××年，期满自动失效，如双方同意延续本协议，任何一方应在期满××天前用书面通知对方以便相互确认。

第七条 协议的终止

7.1 终止：协议双方应认真负责地执行各项条款。在下列条件下，一方须以书面形式通知另一方立即终止本协议或取消其中某一部分：

（1）如一方未能履行本协议的任何一项义务，而此项违约在接到另一方书面要求纠正的通知后××天内又未能加以纠正。

（2）如一方自动或被迫申请宣告破产，自动或被迫申请改组、清理、解散。

（3）如发生违反本协议第8条有关商标使用或注册的情况。

（4）如发生本协议第9条不可抗力事由，一方在超过××天期限后仍无法履行其义务时。

7.2 终止的影响：本协议的终止并不解除双方按照本协议规定业已产生并未了结的任何债务。凡在协议终止前由于一方违约致使另一方遭受的损失，另一方仍有权提出索赔，不应受终止本协议的影响。

乙方特此声明：由于终止本协议而引起的损害，乙方放弃要求补偿或索赔，但终止本协议前甲方应付乙方的应得佣金仍应照付。

第八条 商标

甲方目前拥有和使用的商标、图案，及其他标记，均属甲方产权，未经甲方特别以书面同意,乙方均不得直接或间接地、全部或部分地使用或注册。即使甲方特别以书面同意乙方按某种方式使用,但在本协议期满或终止时,此种使用应随即停止并取消。

关于上述权利,如发生任何争议或索赔,甲方有权立即单方面取消本协议并且不承担由此而产生的任何责任。

第九条 不可抗力

任何一方由于人力不可抗拒事由,以致直接或间接地造成任何迟延或无法履行本协议全部或部分条款时,另一方不得提出索赔要求。此类事由包括:水灾、火灾、风灾、地震、海啸、雷击、疫病、战争、封锁、禁运、扣押、战争威胁、制裁、骚乱、电力控制、禁止进口或出口,或其他非当事人所能控制的类似原因,或双方同意的其他特殊原因。

有关一方应在事故发生后××天内以书面形式通知另一方,并提供当地有关机构的证明文件,证明不可抗力事故的存在。

第十条 仲裁

凡有关协议或执行本协议而发生的一切争执,双方应通过友好协商解决。如协商不能解决,双方同意提交中国国际经济贸易仲裁委员会按该会的仲裁规则进行仲裁。仲裁裁决是终局的,对双方都有约束力。任何一方不得再以诉讼或其他方式向法院或其他机构申请变更。仲裁费用由败诉一方负担,仲裁裁决另有规定者按照规定办理。

第十一条 转让

本协议任何一方在未经征得另一方书面同意之前,不得将本协议规定的任何权利和义务转让给第三者。任何转让,未经另一方书面明确同意,均属无效。

第十二条 协议生效及其他

12.1 生效日期:本协议自双方签字之日起立即生效。

12.2 未尽事宜:本协议如有未尽事宜须加补充或修改时,应以书面形式提出并经双方正式授权的代表签署后方能生效。

12.3 标题:本协议各项条款的标题仅为方便而设,不应限制或影响协议中任何条款的实质。

12.4 全部协议:本协议系双方关于本协议主题的全部协议和谅解。除本协议有明文规定者外,以前其他有关本协议主题的任何条件、声明或保证,无论是以书面或口头提出的,对双方都无约束力。

12.5 正式文本:本协议及附件以中文和英文缮就,每种文本有二正二副,签署后双方各执正副本各一份,两种文本具有同等效力。

12.6 政府贸易:本协议不适用于双方政府之间的贸易或甲方与乙方政府之间达成的交易,亦不适用于易货贸易或投标交易。

甲方:中国××贸易公司(签章)　　乙方:××国××公司(签章)
代表:×××　　　　　　　　　　　代表:×××
二○××年×月×日　　　　　　　　二○××年×月××日

写作要领

一、涉外贸易仲裁协议书概述

涉外贸易仲裁协议书是指在国际贸易活动中,当事人双方同意将彼此之间已经发生或可能发生的贸易争议或纠纷交付仲裁机构仲裁解决的一种书面协议。

涉外贸易仲裁协议书的写作内容与格式如下:

1. 标题。标题由仲裁双方名称加"仲裁协议书"组成。

2. 正文。

(1)写明争议提交仲裁机构名称,以及仲裁规则。

(2)争议事项及金额。

(3)仲裁人员、开庭审理地点。

(4)仲裁约束力。

3. 尾部。

(1)双方当事人的名称、地址、通信方式,并由代表人签字盖章。

(2)签订日期及地点。

二、涉外贸易代理协议书概述

在国际贸易活动中,出口企业与外商进行商品交易、经济合作,在协商一致的基础上,最后都需要签订协议书或合同书。外贸代理协议指出口企业与国外代理商就贸易中双方的共同目标、权利、义务和业务关系、法律关系等进行磋商而达成的书面协议。

在撰写涉外贸易代理协议时,应当注意以下几方面内容:

1. 代理的权限及义务。

代理商的权限,或限于为委托人寻找买主、中介交易,或代委托人缔约,以及规定是否授予独家代理商以约定商品的专营权。

2. 代理佣金。

代理方式是委托关系,不拥有货物的所有权,不承担风险,而由委托人向他支付佣金。在代理协议中,除明确规定佣金率外,还规定佣金的计算。

第九节　国际商务谈判纪要

参考范文

【范例】国际商务谈判纪要

国际商务谈判纪要

×××股份有限公司(以下简称甲方)与×××股份有限公司(以下简称乙方)就建立合资公司一事,于20××年×月×日在×××股份有限公司本部举行商洽,在"真诚合作、互利互惠、共同发展"的基础上,就建立合资公司的事宜达成如下共识:

1. 投资总额、注册资本。

双方初步讨论了合资公司的投资总额及注册资本,分别为×××万元和×××万元。

2. 双方出资比例、出资方式。

(1) 出资比例:双方初步商定按甲方占合资公司注册资本的51%,乙方占合资公司注册资本的49%的出资比例建立合资公司。

(2) 出资方式

甲方以土地作为出资的一部分,其余以现金作为出资,如与×××高新技术产业开发区(以下简称开发区)商谈土地价格时,应有乙方代表同时参加。

乙方以技术转让费作为出资的一部分,其余以现金作为出资,至于技术转让费的作价,有待将来谈判时确定。

3. 公司名称。

×××有限责任公司。

4. 董事会及董事。

董事会由双方各出×名董事组成,共××人。

甲方建议董事会设董事长和副董事长各1人,由中、外双方每×年轮换担任,第一个×年董事长由甲方担任,副董事长由乙方担任。为避免董事会表决时出现僵局,双方对不同重要程度的事项的决策办法在合资公司章程中确定。

5. 总经理、经理层。

甲方建议合资公司设总经理和副总经理各1人,第一个×年总经理由乙方提名,董事会任命,副总经理由甲方提名,董事会任命。对总经理、副总经理的提名权每×年轮换一次。

6. 合资公司的员工来源。

甲方认为中国有十分丰富的劳动力资源,同时甲方承诺向合资公司提供部分熟练工人、精通业务的技术及管理人员。

7. 产品及零配件报价(略)。

8. 商标。

双方初步商定合资公司的商标需重新设计,但原则为:

(1)有利于合资公司的形象建立。

(2)有利于强化双方现有商标在中国市场的影响力。

9. 产品销售。

(1)国内销售。

双方认为在合资公司建立的初期,合资公司的产品由甲方现有的销售网络代理。但合资公司应逐步培养自己的销售队伍。

(2)海外销售。

乙方原则上同意其海外销售网络代理销售合资公司的产品。

10. 合资公司年限。

根据中国合资法律法规,双方同意合资公司首期合作为××年,逾期双方可协商延长。

11. 厂址(略)。

××股份有限公司(章)　　　　××股份有限公司(章)
代表:×××(签字)　　　　　　代表:×××(签字)
二○××年×月×日　　　　　　二○××年×月×日

 写作要领

一、国际商务谈判纪要的概念

国际商务谈判纪要,是记载谈判的指导思想、谈判目的、谈判议程、谈判内容、谈判结果的书面记录性文件。

国际商务谈判纪要是在谈判记录的基础上整理而成的,集中反映了谈判的基本精神和议题、结果,是下一步签订协议或合同的依据。有些谈判纪要经过会谈双方签字确认后,还可以作为意向书出现,从而起到法律依据的参考作用。

二、国际商务谈判纪要的结构和写作方法

1. 标题。

由谈判事由和文件名称构成,如《关于汽车零部件进口价格的会议纪要》。

2. 正文。

开头:谈判情况综述,包括谈判时间、地点、谈判双方国别、单位名称或谈判代表姓名、谈判目的、取得的主要成果或就哪些问题达成了初步协议。

主体:大体包括以下三方面的内容:第一,双方取得一致意见的主要目标及其具体事项;第二,双方的权利和义务;第三,需要进一步磋商的问题,或为了留有余地,写明"对未尽事宜,另行协商"字样,以便以后具体化或更趋完善。

3. 落款。

双方谈判代表签名,谈判日期。

参考文献

1. 习近平．习近平谈治国理政[M]．北京:外文出版社,2017－11.
2. 习近平．在中国共产党第十九次全国代表大会上的政治报告[M]．北京:人民出版社,2017年.
3. 陈建中．社会主义市场经济理论研究[M]．北京:中国经济出版社,2013.
4. 陈建中,陈星野．实用经济文书写作指要[M]．北京:中国经济出版社,2012.
5. 陈建中著．中国特色社会主义理论研究[M]．北京:知识产权出版社,2014.
6. 陈建中主编．现代物流新论[M]．北京:人民出版社,2013.
7. 陈建中主编．中国流通经济体制改革理论新探[M]．北京:人民出版社,2014.
8. 陈建中,等．社会信用管理体系建设构想[M]．北京:中国经济出版社,2009.
9. 陈建中,等．中国图书流通体制改革研究[M]．北京:中国经济出版社,2013.
10. 陈建中．编辑工作与出版产业发展[M]．北京:中国经济出版社,2013.
11. 陈建中,吕波编著．营销策划文案写作指要[M]．北京:中国经济出版社,2010.
12. 陈建中,王少波编著．外来务工人员法律援助读本[M]．北京:中国经济出版社,2010.
13. 陈建中,解进强编著．外来务工人员社会权益保障读本[M]．北京:中国经济出版社,2013.

14. 陈建中等主编. 降低流通成本 提高流通效率[M]. 北京:中国经济出版社,2013.

15. 熊越强主编. 商务写作与实训[M]. 北京:清华大学出版社,2008.

16. 张小乐主编. 实用商务文书写作[M]. 北京:首都经济贸易大学出版社,2008.

17. 李玉珊主编. 商务文案写作[M]. 北京:高等教育出版社,2008.

18. 杨文丰主编. 现代经济文书写作[M]. 北京:中国人民大学出版社,2008.

19. 柯琳娟主编. 企业财务文书写作技巧与范例[M]. 北京:人民邮电出版社,2009.

20. 年素英主编. 财务文书写作与管理制度范本[M]. 北京:中国纺织出版社,2009.

21. 樊丽丽主编. 企业常用业务文件[M]. 北京:中国经济出版社,2009.

22. 张凤丽主编. 营销写作[M]. 杨凌:西北农林科技大学出版社,2007.

23. 宋湛编著. 人力资源管理文案[M]. 北京:首都经济贸易大学出版社,2008.

24. 倪宁主编. 文案必备全书[M]. 北京:中央编译出版社,2007.

25. 张易主编. 企业常用商务文书[M]. 北京:中华工商联合出版社,2007.

26. 晓佳编著. 商务文书范本大全[M]. 北京:中国言实出版社,2007.

27. 王舒编著. 新编商业计划书写作一本通[M]. 北京:中国致公出版社,2007.

28. 工程资讯网[EB/OL]. http://plan.cu-market.com.cn.

29. 天霸商场网[EB/OL]. http://mammon.tbshops.com.

30. 公务员在线[EB/OL]. http://www.gwy101.com.

31. 莲山课件[EB/OL]. http://www.5ykj.com.

32. 中华企管培训网[EB/OL]. http://www.qgpx.com.